Verlag Edition Hochfeld

Der honorige Privatier Sigismund von Bratz lädt die Familie zu einem Treffen nach Lindau, wo er ein großzügiges Inselhaus bewohnt. In der ihm eigenen, direkten Art bespricht er mit seinen Nachkommen seine Vorstellungen, wie mit dem Familienerbe verfahren werden soll. Alle seine drei Kinder sind der Einladung gefolgt: sein jüngster Sohn Martin, ein Pfarrer, seine Tochter Cornelia, eine Musiklehrerin, und der älteste Sohn Eberhard, der es als Berufssoldat bis zum Feldwebel gebracht hat. Zwei Tage nach dem Familientreffen wird Sigismund von Bratz erschlagen vor dem Cavazzen aufgefunden. Schielin ermittelt in seinem zehnten Fall im Umfeld einer verzwickten Familiengeschichte.

J. M. Soedher lebt und arbeitet als Schriftsteller in Bächingen a. d. Brenz und in Lindau (Bodensee). Er ist Autor der Romantrilogie Mauchin und der Krimireihe Schielins Fälle sowie zahlreicher weiterer Romane und Bildbände.

Schielins zehnter Fall

Golgbrunnen

Verlag Edition Hochfeld

1. Auflage
November 2021
Verlag Edition Hochfeld

Umschlagkonzept, Fotos und Gestaltung: Verlag Edition Hochfeld
Lektorat: Isabelle Dreikandt, Memmingen
Satzherstellung: Fotosatz Amann, Memmingen
Kartenillustration: Pete Monaghan für das ›Atelier am See‹, Lindau (B)
Gesamtherstellung: C.H.Beck, Nördlingen
Printed in Germany

ISBN: 978-3-9484900-7-2
www.edition-hochfeld.de

Weh euch, Schriftgelehrte und Pharisäer, ihr Heuchler,
die ihr gleich seid wie die übertünchten Gräber,
welche auswendig hübsch scheinen,
aber inwendig sind sie voller Totengebeine und
alles Unflats!

Matthäus 23,27

Für Jutta

Golgbrunnen ist ein Kriminalroman. Handlung und Personen sind frei erfunden. Etwaige Namensgleichheiten oder Ähnlichkeiten mit lebenden Personen oder Ereignissen sind rein zufällig und unbeabsichtigt.

Personenregister

Sigismund von Bratz – Anwalt, Lebemann, Sammler, Opfer
Martin von Bratz – Pfarrer
Eberhard von Bratz – pensionierter Feldwebel
Cornelia von Bratz – ehemalige Musiklehrerin
Janina Ball – Assistentin des Opfers
Dr. Wilhelm von Trehle – Notar
Dr. Berger – Notar
Josefa und Johann Bilscher – Immobilienverwalter
Adalbert Enderle – Zeuge
Ariane und Helmut Freyer – Geschwisterpaar, Zeugen

Das Team

Conrad, »Conny«, Schielin – Bodenseekommissar und Mordermittler
Ronsard – Conrad Schielins französischer Esel
Lydia Naber – blonde, drahtige Kriminalkommissarin und engste Mitarbeiterin von Conrad Schielin
Robert Funk – Sachbearbeiter für Eigentumsdelikte, Connaisseur mit Faible für eine gehobene Büroausstattung
Adolf Wenzel, »Wenzel« – wird nur bei seinem Nachnamen genannt, da er seinen Vornamen nicht leiden kann; arbeitet mit Robert Funk zusammen
Kimmel – zumeist mürrischer Chef der Kripo Lindau
Erich Gommert, »Gommi« – die gute und chaotische Seele der Kripo
Hundle – Gommis Hund, ein phlegmatischer Straßenhund aus dem Tierheim
Jasmin Gangbacher – jüngste, technikaffine Ermittlerin

Walter Lurzer – österreichischer Kollege der Kripo Bregenz und Freund Schielins
Marja – Schielins Frau
Lena und Laura – Schielins Töchter
Albin und Erna Derdes – Schielins Nachbarn

Familienbande

Der Abend nahte und es war still geworden zwischen den Mauern der Inselstadt. Gerade zu dieser Zeit, mitten im Frühjahr, wurde einem gewahr, wie lange die Spanne der dunklen Monate doch angehalten hatte.

Die letzten Sommer, voller Licht, weichem Wasser und Wärme, wirkten noch ein wenig aus der Erinnerung nach, und machten Hoffnung auf wärmere Tage. Verbunden mit dieser Perspektive auch die Zuversicht, von den Zwängen des langen Winters, der Isolation, den Masken und den dunstigen Brillen, eben von dieser ganzen anderen Geisterwelt, die mit einem Mal wie aus dem Nichts kommend um einen herum erstanden war, befreit zu sein.

Die armselige Linde vor St. Stephan und Münster leuchtete in zurückhaltendem Grün. Das Pfingstfest stand vor der Tür. Weit und breit allerdings nichts von Heiligem Geist.

Stattdessen Menschen, die hurtig über den Marktplatz huschten. Vom Parkplatz zwischen den Kirchen knallten Autotüren. Die Glocke des Münsters dröhnte drei Viertelstunden über die Dächer hinweg, zur Seefläche hin.

Als habe sie das Signal gegeben, öffnete sich die große Holztür von St. Stephan und fragmentierte Orgelklänge wischten hinaus auf den Platz. Dort wurde man einer stolzen Gestalt gewahr, die den Raum ganz für sich vereinnahmte. Ein Mann. Groß gewachsen, mit breiten Schultern.

Im Moment war er aus dem breiten Tor des Heilig-Geist-Spitals getreten und nahm den Weg über das Kopfsteinpflaster hinüber zum Stift in Richtung Theatercafé. Er trug einen dunklen Hut mit breiter Krempe und der fein gewirkte Wollmantel schwang sanft um seine Beine.

Die zwei Frauen, die ihm entgegenkamen, grüßten ihn freundlich und er deutete im Vorübergehen in altmodischer Manier an, seinen Hut zu lupfen. Er schien es eilig zu haben. Seine kräftige Erscheinung und die energischen Schritte, das alles ließ ihn jünger wirken als er war, denn Sigismund von Bratz hatte die Siebzig schon überschritten. Sein energetischer Gang korrespondierte gut mit seinem kantigen Gesicht, dem breiten Kinn und seiner hohen Stirn.

Gleich am Theatercafé schwenkte er nach rechts in den Hinterhof, durchschritt die Passage, blieb kurz an den Fenstern stehen und sah in den Altemöllerschen Stoffladen, aus dem warmes Licht drang. Zwei Frauen hielten zwei Rollen mit französischen Stoffen und es schien, als könnten sie sich nicht zwischen freudig lichtem Hellblau aus Montpellier und dem bukolischen Oliv aus der Provence entscheiden. »Beide«, sagte Sigismund von Bratz, ohne dass man ihn drinnen hätte hören können, und setzte seinen Weg fort in die Maximilianstraße, wo er nach einem kurzen Stück hinter der Tür eines jener alten Bürgerhäuser verschwand, die ihr Alter mit einer Allee von Eigentümerwappen dokumentierten. Der Weg führte ihn durch einen dunklen Gang mit grob behauenen Querbalken, die so niedrig waren, dass er sich bücken musste. Er gelangte in einen Innenhof, von wo ihn ein moderner Aufzug entlang der Außenfassade nach oben brachte. Purer Luxus!

In seiner Wohnung angekommen, nahm er erleichtert den Hut ab, hängte den Mantel auf einen Bügel, lockerte die Krawatte ein wenig und folgte dem Verlauf der alten Holzdielen durch mehrere Räume bis zu einer Wendeltreppe, die ihn ins Dachgeschoss brachte.

Dort traf man auf die Regalreihen und Vitrinen einer riesigen Bibliothek. An den wenigen freien Stellen zwischen den Regalen hingen Gemälde an der Wand, vorwiegend Impressionisten.

Einige Stelen gab es, auf denen Bronzefiguren ruhten – allesamt weibliche Akte – beim Tanz, bei handwerklichen Arbeiten oder liegend.

Im hinteren Bereich, in eine gemütliche Nische gerückt, beleuchtete eine moderne LED-Lampe einen ebenso eleganten wie schlichten Schreibtisch.

Dort saß eine junge Frau.

Sie war von der Ankunft des Mannes in keiner Weise aus der Ruhe gebracht und blickte unbeeindruckt, als sei nichts gewesen, auf ihren Bildschirm.

Sigismund von Bratz ließ ein halblautes Ächzen hören und sank in den alten Ledersessel mit den abgewetzten Armauflagen, ganz in der Nähe. »Und?«, fragte er knapp und musterte die Vitrinen, aus denen die farbigen Buchrücken alter, ledergebundener Erstausgaben schimmerten.

Die Frau stellte ihre Arbeit nun ein und rollte mit ihrem Bürostuhl ein Stück nach hinten. Die Rädchen knarzten ein wenig auf dem Holz.

Er sah sie nicht an.

»Was meinen Sie konkret mit – *und*?«

»Ja was schon … kommen sie meiner Einladung nach … die Früchtchen meiner Lenden, oder gab es Gemotze und Gemosere?«

Sie lächelte mitleidig. »Nein, alles im grünen Bereich. Ihre misanthropische Sicht der Dinge ist in diesem Falle widerlegt: Alle haben zugesagt. Martin kommt allein, ebenso Conny, Eberhard allerdings mit seiner Frau …«

Sigismund von Bratz knurrte, und sie war froh, es nicht verstanden zu haben. Sie wählte einen sachlichen Ton. »Ich habe die Ferienwohnungen herrichten lassen, was ganz praktisch ist, da Vermietungen im Moment ja eh nicht möglich sind. Die ersten Buchungen liegen übrigens für Ende Juni vor und von da an komplett bis Ende Oktober – alle drei Wohnungen ausgebucht.«

Er nickte. »Sehr schön, sehr schön … so soll es sein. Sollen die drei mal schön da unten in der Salzgasse sein. Hier im Haus möchte ich keinen von ihnen während der Tage haben. Bleiben Sie also hart, Janina, auch wenn man Sie bedrängen wird. Eberhard und seine Elvira … vor allem die … sie wird es als Affront empfinden …«

Janina Ball war ungnädig, ohne dabei vorwurfsvoll zu klingen: »Na, das ist es ja auch … ein Affront.«

Er drehte seinen Kopf und sah kurz zu ihr hinüber. Seine blauen Augen blitzten. »Haben Sie heute Ihren frechen Tag?«

Sie rollte unbeeindruckt an den Schreibtisch heran und begann auf der Tastatur zu tippen.

»Ich möchte keinen von ihnen hier im Haus haben, so ist es ganz einfach, und ich bin mir sicher, wenn Sie sie kennengelernt haben, können Sie meinen von Herzen kommenden Wunsch in diesem Punkt wirklich verstehen«, er unterbrach sich und setzte mit etwas weniger bestimmender Stimme fort, »außerdem möchte ich Sie am Samstag dabeihaben.« Er wendete sich von ihr ab und ließ seine Augen über eine der Vitrinen gleiten.

Sie unterbrach ihre Arbeit und sah auf. »Mich?! Bei Ihrem Familientreffen?«

Er nickte.

»Neiiin …«, lachte sie abwehrend, »das halte ich für keine gute Idee!«

Er beschwichtigte. »Es handelt sich ja auch nicht um ein Familientreffen im herkömmlichen Sinn.«

»Das kann man wohl sagen … es werden die Fetzen fliegen und ihre *Nachkommen*, wie Sie sie abschätzig nennen, werden die Tippse ihres Vaters gerade da nicht dabeihaben wollen.«

Er wiegte seinen Kopf und murmelte vor sich hin. »Oh, damit liegen Sie sicher nicht falsch, dass man Sie als *Tippse* wahrnehmen wird. Doch ich bin es, der die Entscheidungen trifft, und ich möchte Sie dabeihaben. Zuerst hatte ich ja überlegt den guten Doktor Berger zu bitten, aber das würde der Veranstaltung nun doch eine zu dominante, formelle Note geben …«, er wendete sich ihr zu: »Janina … ich möchte Sie wirklich bitten dabei zu sein … ohne Funktion. Sie müssen nichts schreiben, keinen Kaffee kochen, niemanden bedienen … einfach nur anwesend sein.«

Seine Stimme klang belegt, als er fortfuhr. »Stellen Sie sich doch einfach vor … Sie gehörten dazu.«

Jetzt war es sie, die ächzte.

Da sie ihm dieses Thema betreffend nichts mehr entgegnete, wertete er dies als Zustimmung.

Entspannt sank er nun in die weichen Polster des Sessels. »Und nach diesem Wochenende, Gott gebe, es möge schnell vorbeigehen, werden wir zwei ein Gespräch miteinander führen.«

Sie sah kurz auf, nickte ihm zu, räumte einige Sachen am Schreibtisch zurecht, schaltete den Bildschirm ab und deutete durch den Raum zu einem Stehpult. »Das klingt wie eine Einladung zu einem Kritikgespräch.« Ihre Stimme wurde leiser und bekam einen unzufriedenen Ton. »Übrigens – die Dokumente sind allesamt fertig und was noch von Ihnen unterschrieben werden muss, liegt da drüben. Ich würde sie heute gerne mitnehmen und morgen früh bei der Post aufgeben – auch wenn mir das zutiefst zuwider ist.«

Er sah zur Decke und rollte mit den Augen. Seine Stimme klang begütigend, als spräche er mit einem Kind. »Oh nein … darüber müssen wir doch nun wirklich nicht mehr reden … ich denke, das haben wir wahrhaftig zur Genüge getan. Es ist gut so … und wir zwei reden nächste Woche.« Er hob sich etwas mühsam aus dem Sessel, ging quer durch den Raum zu einem Stehpult und unterschrieb auf jenen Feldern, die sie mit kleinen, gelben Post-it-Zetteln gekennzeichnet hatte.

»Wie geht es denn Ihrer Frau Mutter?«, rief er in den Raum, drehte sich ein wenig zur Seite, dass es ihr unmöglich war, sein Gesicht zu sehen. Angestrengt lauschend wartete er so auf eine Antwort.

»Was soll ich sagen … es geht von Tag zu Tag schlechter. Ich habe mich um einen Platz im Hospiz bemüht und nächste Woche wird es wohl mit der Verlegung klappen. Nebenbei bemerkt – Dr. Trehle hat mir sehr dabei geholfen. Er kennt hier ja Gott und die Welt.«

Sie stand auf und kam zu ihm. »Ich will sie deshalb heute noch besuchen … es ist spät geworden.«

Er trat zur Seite, dass sie den Stapel der Dokumente nochmals durchsehen und einpacken konnte. »Soso, der alte Trehle war Ihnen also behilflich, das ist ja interessant. Haben Sie denn noch Kontakt zu ihm?«

»Mhm … Kontakt wäre zu viel gesagt. Seit der Übertragung der Immobilien eben, und ab und an musste ich mich noch bei ihm melden, wegen alter Unterlagen, oder Plänen, oder einfach seinem Wissen über das alte Haus in der Salzgasse. Da gibt es viel, das niemals dokumentiert worden ist oder sich auf Plänen findet.«

Sigismund von Bratz sah sie nachdenklich an. »Mhm … aber ja … ja, ich verstehe schon.« Er hob in der Folge an etwas zu sagen, holte dafür tief Luft, hielt die dadurch entstehende Spannung einen Moment lang, blickte ihr in die Augen – doch sprach er keinen Ton und die Anspannung in seinem Körper löste sich mit dem Ausatmen. Danach ging ein Ruck durch seinen Körper. »So! Jetzt will ich Sie nicht länger aufhalten, schon gar nicht von einem Besuch bei Ihrer Mutter. Vielen Dank in jedem Falle, dass Sie so lange gewartet haben. Ich hätte gedacht eher zurückzukommen, doch ich wurde wieder einmal aufgehalten. Bestellen Sie ihr meine herzlichen Grüße. Und vergessen Sie trotz dieser Anstrengungen nicht unseren Termin am Samstag, und wichtiger noch, am nächsten Freitag bei Dr. Berger. Er ist wichtig, wirklich wichtig … vor allem für Sie.«

Sie lächelte zurückhaltend, um nichts sagen zu müssen. Was wollte er nur die ganze Zeit mit diesem Termin bei Berger? Als gäbe es nichts Wichtigeres im Moment für ihn. Sie wünschte einen schönen Abend und fragte, trotzdem sie in Eile war: »Benötigen Sie noch etwas?«

Er verneinte und sie verließ den Raum durch eine Tür seitlich des Schreibtischs. Dabei war ihr anzusehen, wie schwer die Metalltüre sein musste, als sie sie aufzog. Eine Forderung der Versicherung – einbruchssicher.

Er sah ihr nach und machte eine sorgenvolle Miene. Weit weniger eloquent bewegte er sich wieder zur Wendeltreppe und ging hinunter in die Wohnung, wo er ans Fenster trat und hinunter in die Maximilianstraße sah. Sie kam ihm bald ins Blickfeld und sein Blick folgte der eleganten Erscheinung, bis sie hinter der letzten Arkadensäule des Sünfzen in der Bindergasse verschwand. Nicht unbedingt der kürzeste Weg zum Heilig-Geist-Spital, aber vielleicht lockte sie ja auch der Blick durch die Fenster auf die Stoffrollen, oder in die gute Stube bei *Zeller*, wo noch Nachverkauf stattfand.

Sigismund von Bratz ging hinüber ins Wohnzimmer, suchte eine Schallplatte hervor. Dynamisch und nicht zu herausfordernd sollte es sein. Seine Suche führte ihn zum Regalfach, welches *Sir Solti* vorbehalten war. Die Wahl zwischen Brahms *Sinfonie No 1* und Dvořáks *Neuer Welt* war nicht leicht, er entschied sich aber für Letztere. Dröhnende Pauken und gellende Hörner – danach war ihm heute. Während des Anfangsknisterns schenkte er einen kräftigen Schluck *Macallen* ins Glas und sank zufrieden auf das Sofa.

Seine Hand fasste ins Leere, als er die treue Fetja in alter Gewohnheit streicheln wollte. Leere. Er wurde traurig darüber. Aufregende Tage standen ihm und auch Janina Ball bevor, dessen war er sich sicher.

*

Janina Ball hatte tatsächlich den Weg in die Bindergasse genommen, um wenigstens flüchtig im Auktionshaus Zeller zu schauen, ob es etwas Interessantes im Nachverkauf gäbe. Auch an den Fenstern zum Stoffladen in der Passage war sie für einen Moment stehen geblieben. Es war eben ein heimeliger, intimer Winkel, an dem man stehen bleiben konnte, um ungeniert durch ein Fenster zu blicken, als wäre es ein Schaufenster.

Ihr weiterer Weg brachte sie allerdings nicht zum Heilig-Geist-Spital, sondern ein kleines Stück weiter, zu ihrer Wohnung am Kirchplatz, mit dem Blick hinunter auf die pittoreske Häuserreihe der Fischergasse. Sie mochte die Abgeschiedenheit hier oben unterm Dach, ganz abgesehen vom Luxus, den See riechen, hören und sogar fühlen zu können.

Jetzt aber brauchte sie das Alleinsein. Zu kompliziert, aufregend und aufwühlend waren ihre letzten Besuche bei der Mutter gewesen – und nicht minder die langen Auseinandersetzungen mit Sigismund von Bratz.

Es war schon bald Sommer und immer noch krallte sich die Kälte fest. Die Nächte kamen noch lange nicht auf zweistellige Temperaturen. Es fröstelte sie und schnell loderten ein paar Scheite im Schwedenofen. Schon der Blick durch die Glasscheibe auf die Flammen wärmte ein wenig.

Sie streifte einen alten, weiten Wollpullover über und streifte ziellos durch die Räume, ohne recht zu wissen, was sie tun wollte oder sollte. Ihre Gedanken ließen sich nicht ordnen und ihre Gefühlswelt befand sich eh im Ausnahmezustand.

Sie ging schließlich zurück ins Wohnzimmer, öffnete eine Flasche *Gigondas* und goss den beinahe schwarzen Wein in ein großes Glas. Nur an den Rändern war ein dunkles Rot zu erkennen. Die Holzscheite knackten bereits laut und die erste Wärmewelle war fühlbar. Sie nahm einen kräftigen Schluck und schmeckte ihm mit geschlossenen Augen lange nach. Opulent!

Langsam sank sie in die weichen Kissen der Couch. Ihre Tasche lag in der anderen Ecke und immer wieder ging ihr Blick dort hinüber, wo eine Ecke des großen Kuverts mit den Dokumenten hervorlinste.

Was sollte sie tun? Was war richtig, was war falsch? Sie spürte ihr Herz, wie es begann viel härter und schneller zu schlagen, als es das sollte. Eine Weile hing sie so hin- und hergerissen in den Kissen – trank, sah den Flammen zu und grübelte. Dann sprach sie laut zu sich selbst: »Nein, so etwas macht man einfach nicht! Ich werde es nicht zulassen!« Sie ließ sich auf die Seite fallen, balancierte mit dem Weinglas und mit der anderen Hand angelte sie sich den Tragegurt der Tasche und zog sie zu sich. Entschlossen holte sie das Kuvert hervor, warf einen grimmigen Blick darauf, ging hinüber zum Ofen, öffnete die Glastür und warf es in die Flammen.

Sie setzte sich zurück und starrte auf das Feuer. Zuerst war sie etwas erschrocken, denn es dauerte einen Moment, bis die Flammen das Kuvert zur Beute nahmen. Einige Sekunden lag es völlig unversehrt auf den Scheiten, als wäre es unberührbar. Dann aber fraßen sich blaue Linien auf dem cremigen Weiß des Papiers entlang und hinterließen schwarze zerbrechliche Schichten. Dennoch dauerte es viel länger, als sie erwartet und erwünscht hatte, bis alles zu Asche zerfiel. Wieder so eine Marotte von ihm – Sigismund von Bratz legte Wert auf hochwertiges Papier. Mit achtzig Gramm gab er sich nicht zufrieden. Sie kicherte, was eher als Werk des Weins, denn als authentische Gemütsregung zu werten war. Sie fühlte sich insgesamt wohler – die Wärme, der Wein, die Stille hier oben und: Diese Dokumente gehörten dem Teufel. Sie setzte sich auf und schenkte nochmal nach. Schließlich war sie nicht nach Lindau gekommen, um alles zu verlieren, was ihr etwas bedeutete – jedenfalls nicht kampflos. Dann eben Familientreffen, dachte sie und prostete einer imaginären Person im Raum zu, bevor ihre Gedanken wieder bei Sigismund von Bratz landeten. Was hatte er wirklich vor? Es war doch sonst nicht seine Art, so spontan und unvorbereitet an die Dinge heranzugehen? Hatte er am Ende eine Rolle für sie vorgesehen? Würde er …? Sie nahm abermals einen kräftigen Schluck. Nein, mit diesen Leuten wollte sie einfach nichts zu tun haben. Es war nicht ihre Familie und es waren nicht ihre Probleme. Allein der Gedanke an diesen Eberhard bereitete ihr ein Gefühl von Übelkeit. Sie würde dabei sein, die Klappe halten und auf ein schnelles Ende hoffen.

*

Nachkommenschaft

Sigismund von Bratz betrat zusammen mit Janina Ball den Raum, an dem seine Nachkommenschaft sich bereits um den alten Eichentisch versammelt hatte. Er leitete seine Begleiterin zu einem bequemen Sessel an der Seite und trat an den ehrwürdigen Tisch heran. Seine langen Finger berührten die grobe Tischplatte. Wie viel hatte dieser Tisch schon erlebt!? Keiner wusste genau zu sagen, wann und durch wen er in den Besitz der Familie gelangt war. Ein Schreiner, der sich einmal einer Restaurierung angenommen hatte, meinte, gute zweihundert Jahre dürfte er allemal auf dem Buckel haben.

Sigismund von Bratz zog die Finger vom Holz, von wo ein unpassender Impuls kam, für das, was er hier zu sagen hatte. Er wusste aus eigener Erfahrung, welche Last es bedeuten konnte, in der Erbfolge einer Familie zu stehen, deren Vorfahren Beachtenswertes vollbracht hatten, die erfolgreich waren. Eine wirkliche Bürde für die Nachgeborenen, die im Schatten dieses aufgehäuften Renommees erwachsen werden mussten und deren Leben sich zwangsläufig im Schatten einer imaginären Messlatte vollzog. Selbst im Alter ließ es einen nicht los, und selbst dann nicht, wenn alle, denen man etwas hätte beweisen müssen oder wollen, schon längst unter der Erde lagen. Man kam eben nicht aus seiner Haut. Er setzte ein Lächeln auf und sah in die erwartungsvollen Mienen. Es tat ihm leid, keinen innigeren Kontakt zu diesen dreien entwickelt zu haben. Es tat ihm wirklich leid.

Er nickte Cornelia zu, die ihre zur Synthese gewordene missmutige Miene zeigte und mit dem Kopf zu Janina Ball wies. »Was soll sie hier?«

Er ging gar nicht darauf ein. Aus welchem Grund auch. Wenn man Entscheidungen bereits getroffen hatte, musste man sie nicht mehr erläutern und erklären – das war Zeitverschwendung.

Stolz und mit ernstem Blick richtete er sich auf. Cornelia ließ sich zu einem vergifteten Lächeln hinreißen. Ihr Bruder Martin, der neben ihr saß wie ein Konfirmand, entschied sich für ein eher anbiederndes Grinsen.

Gegenüber hockte Eberhard, die Ellbogen auf den Tisch und das stoppelige Kinn auf die Hände gestützt. Er war da aus anderem Holz geschnitzt. Seine Augen blitzten den Alten zornig an. Verschlagenheit und Rücksichtslosigkeit standen ihm ins Gesicht geschrieben. Immer noch tobte es der hässlichen Szene wegen, die zuvor im Hausgang stattgefunden hatte, als der Alte in herrischer Weise deutlich machte, dass er Wichtiges mit seinen Nachkommen zu bereden hatte, und wie wenig seine Schwiegertochter dabei etwas verloren hätte. Elvira von Bratz war bleich und zitternd vor Wut davongegangen.

Sigismund von Bratz wendete sich vom Tisch ab und ging einige Schritte durch den Raum. An mancher Stelle knarzte der wellige Dielenboden. Er trug bequeme braune Lederschuhe und spürte die Furchen und Kanten des Bodens. Seine abgewetzte Cordhose hatte er nicht durch einen Anzug ersetzen wollen, und er fand das beige Hemd samt dem Jackett mit den dezenten Caros passend für diese Veranstaltung. Es war keine Beerdigung. Zumal die behagliche Hose über tiefe Taschen verfügte, in denen er gerne seine Hände verschwinden ließ. So wie gerade, wo er gelassen auf und ab ging, als wäre er in Gedanken versunken.

Mit einem Mal blieb er stehen und richtete sich mit dröhnendem Bariton an diejenigen am Tisch. Enttäuschung schwang in ihr, eine tiefe Bitterkeit. »Die Familie von Bratz hat immer außergewöhnliche Charaktere hervorgebracht, immer und über die Jahrhunderte hinweg. Ich denke nicht, euch den Stammbaum in Erinnerung rufen zu müssen, an dem ihr kleine Zweiglein sein dürft!«

Er sah in die Runde. In den Augen, die sich trauten, seinen Blick zu erwidern – Schweigen.

»Diese Charaktere in unserer Familie, von denen ich da rede – es waren in der Mehrzahl Offiziere, Geistliche und Juristen – und jeder in seinem Metier weithin geschätzt, berühmt, berüchtigt oder verschrien, wie auch immer. Doch gleich in welche Richtung das Pendel der jeweiligen Charaktere auch schlug, handelte es sich doch immer um überdurchschnittliche Persönlichkeiten – im Guten, wie im Schlechten. Niemals aber war diese Familie von Mittelmaß heimgesucht. Immer! Immer gab es diejenigen, die über außergewöhnliche Fähigkeiten verfügten. Einer unserer Mediziner war Leibarzt eines badischen Markgrafen und lebte trotz seiner libertären Lebensweise doch recht gut«, er wies mit der Hand in den Raum, »er leistete sich dieses herrliche Inselhaus, das zum Stammsitz unserer Familie wurde.« Er wartete einen Moment, bevor er weitersprach. »Ich selbst erinnere mich an einen Pfaffenonkel, ein exzellenter Exeget, der bedeutsame Schriften über das Markus-Evangelium publizierte, die seinerzeit in den berufenen Kreisen heftig diskutiert wurden. Ja, und er hat es doch tatsächlich gewagt die Sekretärin des Dekans seiner Universität zu schwängern und in der Folge dieses Fehltritts alles, wirklich alles seines bisherigen Lebens für diese Frau hinter sich zu lassen. Ihr könnt euch heute gar nicht mehr vorstellen, welch ein ungeheurer Skandal das war! Eure Großmutter hat sich furchtbar geschämt – einige Monate lang hat sie weder ihre literarischen Zirkel, gesellschaftliche Anlässe oder Konzerte besucht. Ich habe Fotografien gesehen von dieser Sekretärin – fürwahr – dieses Husarenstück kann man dem frommen Mann nicht übelnehmen. Er hockte nicht feige auf einer zweiten, dritten oder sonst unbedeutenden Pfarrstelle herum, um seine Unfähigkeit, seine Faulheit oder das ewig Pubertäre zu konservieren, nein, und er schrieb auch keine heimlichen Beschwerdebriefe über Kollegen an Dekane und Bischöfe, nein, das tat er nicht. Er war weder faul noch unfähig und wenn er stritt, so immer mit offenem Visier.«

Martin bekam einen puterroten Kopf und weite Augen. Woher, woher wusste der Alte von seinen Mails …? Er musste schlucken.

Janina Ball drückte sich in den Sessel und wäre gerne ganz darin verschwunden. Vom ersten Augenblick an hatte sie geahnt, wie unpassend und peinlich es werden könnte, doch ihre Vorstellung erwies sich als zu zahm. Wenngleich Sigismund von Bratz nicht anklagend, auch nicht höhnisch oder beleidigt klang. Vielmehr kam, was er zu sagen hatte, erzählerisch über seine Lippen, wie bei jenen begabten Erzählern und Rezitatoren von Anekdoten, Zitaten oder Bonmots. Nur waren seine Worte nicht abstrakt, sie hatten vielmehr ganz konkrete Adressaten. Und die saßen vor ihm.

Er schüttelte nun den Kopf, als ob er die letzten Gedanken endgültig loswerden wollte, und tat einige Schritte im Raum, bevor er weitersprach. »Die Frauen unserer Familie! Die Frauen! Echte Weiber – so elegant sie sich auch kleideten und so kapriziös ihr französisch auch klang, hinter dem sie zum einen sich, zum anderen ihre Wünsche, Begierden und Obsessionen versteckten. Von einer Horde Kinder hätten sie sich nicht verrückt machen lassen, genauso wenig, wie von einer Horde wilder Kerle.« Etwas mitleidig wanderte sein Blick von Cornelia zu Eberhard, und nun mischte sich tatsächlich ein ärgerlicher Schlag in die sonor vorgetragene Rede. »Ja, wilde Kerle, die gab es zuhauf. Sie waren aber, insbesondere dann, wenn sie die Konventionen sprengten, niemals spießig, kleinkariert und mittelmäßig – immer schwang das Gewagte dabei mit, der große Wurf. Mir jedenfalls ist keiner bekannt geworden, der es nötig gehabt hätte, seinem Sohn die Frau auszuspannen.«

Eberhard verzog seine Miene und schluckte einen Fluch hinunter.

Sigismund von Bratz hatte sich von der Seele geredet, was er loswerden wollte und seine Stimme wurde weniger eindringlich. Die Zeit für die Dokumente des Notars war nun gekommen, und damit für den rein formellen Teil dieser Veranstaltung. Er sah nachlässig über die Unterlagen, als er leise und ruhig sprach. »Das bestehende Vermögen meines Zweiges derer von Bratz wurde in den vergangenen Monaten in eine Stiftung überführt.« Er sah kurz auf. »Vollständig.«

Als er keine Regung feststellte, fuhr er fort. »Der hierfür tätige Stiftungsrat hat sich konstituiert und die beteiligten Personen sind unterrichtet worden – allein der Vorsitz ist noch festzulegen.« Er unterbrach und sah auf seine Nachkommen. Seine Stimme wurde nachgerade milde. »Ihr werdet eine angemessene Zahlung erhalten, sie wurde bereits angewiesen. Damit wären alle Ansprüche abgegolten. Dr. Berger hat alles vorbereitet, alles was man so benötigt, für die Familienakten und das Finanzamt.«

Janina Ball reichte ihm die kleinen Päckchen, die wie Geschenkpackungen geschnürt waren, eingewickelt in altes Ölpapier.

Sigismund von Bratz reichte jedem seiner Nachkommen eines der Dokumentenpacken und fühlte sich angenehm erleichtert, als er die übersichtlichen Stapel endlich losgeworden war. Was jetzt kommen würde, gleich wie, hatte für ihn keine Relevanz mehr. Er setzte sich in den freien Ledersessel, lächelte und fragte: »Und wie geht es euch sonst so? … erzählt doch.« Er wies hinaus in den Nebenraum: »Die Situation erlaubt es nicht ein Restaurant aufzusuchen, so habe ich etwas kommen lassen.«

*

Schielin kam von der Weide zurück, wo er Ronsard aufgesucht hatte, der seit einigen Tagen schon seltsam heiser klang. Es bedrückte ihn, weil er sich nicht erklären konnte, wie ein Esel heiser werden konnte, gerade so, als hätte er eine heftige Erkältung. Es wäre im Grunde nichts Außergewöhnliches gewesen, lebte man nicht in diesen Zeiten, in denen jedes Räuspern, Husten und Nießen als Bezeugung einer weltumspannenden Seuche wahrgenommen werden konnte. Völlig gleich, ob Mensch oder Tier.

Wieder im Haus angekommen, ging es ihm nicht besser, denn hier schwang Marjas Aufforderung an ihn mit, sie zu diesem Konzert zu begleiten. Wie sie fachmännisch referiert hatte, ließen die Inzidenzen den Besuch eines Konzertes unter freiem Himmel nun endlich wieder zu. Es ging im Grunde nicht um Musikalität. Eine ihrer engsten Freundinnen sang in einem Chor, und dieser war ihm durchaus bekannt. In der Vergangenheit war er dem Programm dieser Singgruppe recht erfolgreich aus dem Weg gegangen, doch das Konzert am Freitag vor Pfingsten würde ihm nur erspart werden, wenn entweder die Inzidenzen in die Höhe schnellten, was er hoffte, oder wenn irgendwo eine Leiche herumlag. Sogar eine neue Krawatte hatte Marja ihm geschenkt, was er für einen hinterhältigen Schachzug hielt.

So wie die Dinge standen, gab es wenig, was ihm noch helfen konnte zu entkommen. Die Inzidenz sank weiter, womit nur die Option auf eine Leiche blieb, am besten eine, die deutlich sichtbar gemeuchelt worden war. Es war ein gänzlich unfrommes Hoffen und ein wenig schämte er sich auf für die auf Abwege geratenen Gedanken, doch der Tod konnte ja durchaus nützlich sein, ohne direkt kriminell von Bedeutung zu werden. *Kein Schaden ist ohne Nutzen*, lautete ein alter Spruch, und wenn schon ein Mensch vom Leben zum Tode gebracht wurde, so wäre es ganz schrecklich, wenn nicht doch ein kleiner Ertrag für Unbeteiligte damit verknüpft wäre.

In derart krude Gedanken vertieft wanderte er hinüber in Richtung Waldrand und zur Weide. In solchen Situationen der Ausweglosigkeit war das Zwiegespräch mit einem Esel eine gute Methode der Verarbeitung. Ronsard machte auch keine Zicken. Er schnaubte den zwei Friesen ein hässliches Eselschnauben über den Hintern, kam angetrabt und streckte seinen Grind zum Streicheln über den Zaun.

Manchmal war der Streichelnde der Gestreichelte. Ronsard nahm sich ausnehmend Zeit, tat alles Eselmögliche – blies die Nüstern, schnaubte verächtlich, wackelte mit den Ohren, mit dem Kopf, mit dem Schwanz und ließ Schielin dadurch etwas beruhigter zum Haus zurückkehren.

Den ganzen Freitag über schaute der immer wieder auf das Display des Bereitschaftshandys, auf welchem nie mehr als die Uhrzeit zu lesen war: Kein Piepsen, kein Vibrieren, keine Nachricht leuchtete rettend am Display auf.

Er verpasste der Krawatte mit den Elefanten in zahllosen Ansätzen einen professionellen zweifachen Knoten. Das Bereitschaftshandy gab immer noch keinen Pieps von sich. Ganz anders als einige Zeit später der Chor.

Im Grunde stand ja der Sommer vor der Tür, dazu Pfingsten samt Heiligem Geist – alles hinlänglich fröhliche Rahmenbedingungen. Die Freizeitsänger hingegen hatten sich für eine Passion entschieden, weil die im März ausfallen musste und nun eben mal einstudiert war.

Passion ist traurig. Jesu Tod ist traurig. Das Wetter war traurig. Doch alles erfuhr noch eine Steigerung mit dem Einsetzen der ersten Harmonien, besser gesagt, Tonfolgen.

Schielin litt mit. Die Krawatte war zu eng gebunden. Marja schielte ungehalten zu ihm hin, als er begann, an dem Ding rumzufummeln.

Vorne auf der Bühne – großes Theater. Streicher, Sänger, ein aufgeregter Dirigent und zwischen der Musik immer wieder Menschen, die Rezitative vortrugen mit einem Übermaß an Pathos.

Vorlesen ist keine einfache Angelegenheit. Vor allem wenn der Lesende aufsah und angesichts der Menschen vor ihm erschrak.

Schielin sah zu Boden, denn er wollte niemanden erschrecken. Auch das goutierte Marja nicht, weil es in der Tat nach Desinteresse aussah, und so sah er gefasst nach vorne und wartete auf das Ende.

Drohnenspur

Nach Wochen der Kälte kam der Sonntagmorgen mit einer unerwartet heiteren Maifrische über den See. Auf den jungen Blättern der Bäume schimmerte feiner Tau in den Strahlenbündeln der Sonne, die gerade den Pfänderhang bei Möggers überschritten hatte.

Schielin trat aus dem Haus und geriet mitten hinein in das wilde Konzert der Rotkehlchen, Amseln, Mönchsgrasmücken und Buchfinken. Er lauschte eine Weile – tatsächlich, ein Sprosser war auch dabei.

Drüben an der Weide am Waldrand hing noch ein Streifen Morgendunst.

Es war ein Privileg, aus der Tür zu treten und inmitten der Natur zu sein.

Er ging hinüber zur Weide. Ronsard machte ihm gerade etwas Sorgen und kaum, dass er an seinen Esel dachte, schrie der auch schon. Es klang schrecklich – rauh, viel zu leise für einen Esel dieser Statur. Schielin sah bestürzt hinüber zur Weide. Dieses Gekrächze wollte sich einfach nicht bessern. Mit schnellen Schritten ging er hinüber.

Nach wenigen Schritten erschnupperte er Reste von Zigarettenqualm in der frischen Morgenluft – er roch es gerne. Albin Derdes war also schon da. Gleich darauf entdeckte er ihn hinter dem Pferdeanhänger, wo er lässig lehnte und den Rauchschwaden nachsah, die er in den Morgen blies.

Er machte ihm nicht sonderlich Hoffnung mit seiner etwas mürrischen Begrüßung. »Guten Morgen der Herr. Hast du des gehört grad, ha!? Ja hör nur emole wie des Vieh krähe tut! Ich sag dir …, wenn der emole koi Corona hot … gell!«

Schielin warf ihm einen grantigen Blick zu und sah zu Ronsard, der langsam auf ihn zukam. Am jungen Birnbaum leuchtete ein Ast in besonders frischem Grün herüber.

Als Ronsard die Mehlschnauze über den Zaun hob, spürte Schielin unweigerlich einen Reflex des Zurückweichens – und das ärgerte ihn noch mehr.

»So ein Quatsch«, entgegnete er Derdes.

Der nahm ungerührt zwei tiefe Züge und blies den Rauch langsam und genüsslich in den beginnenden Tag, so, als handele es sich um ein Ritual, eine spirituelle Handlung.

»Von wegen Quatsch. Von meiner Erna die Cousine ihrem Schwager seine Nichte … deren Freundin, die hat eine Katz gehabt … und!?«

»Was und!?«, blieb Schielin unfreundlich.

»Ja Corona hat die gehabt …, wenn ich's dir sag, und bei andere Viecher ist des auch attestiert worden – hab ich gelesen … bei Löwen und Hund …«

»Quatsch.«

»Loss en halt emole testen, den Kerle, dann weiß man's. Und von wegen Quatsch … ich sag da nur Dänemark … Nerze.«

Schielin lenkte ein. »Er wird halt erkältet sein, Albin. Das Jahr war so kalt bisher. Noch letzte Woche Nachtfrost und so geht das seit Wochen.«

Albin Derdes schüttelte den Kopf. »Ein erkälteter Esel … sowas hab ich ja noch nie gehört.«

Schielin schimpfte in den Himmel hinein. »Ja wo sollt denn ausgerechnet er Corona herhaben, oder?«

»Wer weiß, was sich so rumtreibt … hier oben.«

»Ja du zum Beispiel! Und überhaupt, wo ist deine Maske?«

»Du, hör auf … von meinem Schulfreund Eugen, dem sein Schwager sein Bruder, der läuft nur noch mit Maske rum – ganz allein im Wald beim Spazieregehe … Maske! Des ist doch auch net gsund, oder? Und außerdem bin ich geimpft … zwoimal scho.«

Schielin holte die Tüte mit den Kräutern hervor, eine Extraportion Meerrettich dabei, und Ronsard fraß sie ihm gierig aus der Hand.

Er streichelte ihm über den Nasenrücken und redete leise mit ihm. Eigentlich machte er einen ganz gesunden Eindruck, aber wer wusste schon zur Zeit, was möglich und was unmöglich war. Ein Esel mit Corona. Das hätte ihm gerade noch gefehlt.

»Was machst du überhaupt schon hier … hast du Dienst?«, fragte Derdes.

Schielin fuhr Ronsard über die Schnauze, die sich gesund anfühlte. »Nein, kein Dienst und keine Bereitschaft. Funk ist heute dran. Morgen geht's wieder los.«

»Ah. Na, da habt ihr ja einen schönen Sonntag. Ich fahr nach Leupolz zur Verwandtschaft und ihr … geht's ihr runter auf die Insel, oder kommt eines von de Mädle zu Besuch?«

Schielin schüttelte energisch den Kopf. »Auf die Insel!? Bist du verrückt. Da trampeln sich doch alle auf den Füßen rum und lang vor Mittag ist der Parkplatz am Karl-Bever-Platz garantiert wieder gesperrt. Wir bleiben hier, ein wenig im Garten sitzen, lesen, schauen …«

»Ja, des klingt nach einem Plan … gut so in denne verrückte Zeiten, wo nix mehr gilt, net emole die alten Wahrheiten …«

»Und welche wären das?«, fragte Schielin.

»Ein gfresserts Geschäft geht immer, so hat es früher geheißen. Ja do schau dich nur um … schau dich nur um!«

Schielin schwieg und sein Nachbar drückte umständlich die Glut des Zigarettenstummels an der Bordwand des Anhängers aus und tappte langsam zurück zum Haus.

*

Der Pfingstsonntag verging wie alle Tage zuvor. Die Kühle ließ kein sommerliches Fühlen aufkommen, was sich auch am Pfingstmontag nicht besserte. Trotzdem drängten und drängelten ganze Gruppen aus dem Hinterland dem Ufer zu. Die Kreisverkehre wurden zu Stau-Fallen und der Parkplatz am Karl-Bever-Platz zu einem Grab der Geduld. Besonders, weil die Spiegelfläche des Sees so nah und lockend herüberleuchtete.

Schielin blieb der Insel fern. Nutzte die kurze Zeit des Sonnenscheins, um im Garten zu sitzen und zu lesen, verbrachte den Tag ansonsten auf dem Sofa bei Musik oder auf der Weide bei Ronsard. Marja probierte in der Küche neue Teigvarianten aus. Lena und Laura hatten keine Zeit, um auf Besuch zu kommen – kurzum: es waren genussvolle und erholsame Stunden.

Am frühen Morgen des nächsten Tages wurde Schielin durch den sonaren Klingelton seines Smartphones geweckt. Marja sollte davon nicht geweckt werden, weshalb er schnell danach griff, wobei er es wegschob und es polternd auf den Holzboden schlug. Er fluchte leise.

Noch bevor er das Gespräch annahm, sah er den Namen des Anrufers *Robert Funk* am Display leuchten. Er schlurfte hinaus in den Gang, wo er im zerfledderten Sessel Platz fand. »Bin da Robert … sprich!?«

»Sorry für die frühe Störung.«

»Schon okay, was ist los?«

»Ich bin hier am Marktplatz vor dem Cavazzen … männliche Leiche, stumpfe Gewalteinwirkung am Schädel … eigenwilliger Tatort.«

»Alles klar, bin gleich da«, sagte Schielin und befand sich schon auf dem Weg ins Bad.

Kimmel fiel ihm ein, der ausgerechnet heute, nach langer krankheitsbedingter Abwesenheit, seinen ersten Tag haben würde. Gerne hätte er ihn in Empfang genommen. Ärgerlich. Am Freitag hätte es weit besser gepasst.

Wenig später rollte er mit dem Wagen über die Seebrücke und kürzte verbotswidrig ab, indem er am Kreisverkehr direkt an der Heidenmauer vorbei über die Schmiedgasse zum Marktplatz fuhr.

Flache graue Wolken hatten sich in der Nacht über den See geschoben. Die Straßen war feucht und wenn es auch gerade nicht regnete, war doch bald damit zu rechnen.

Er stellte den Wagen gegenüber vom Fidelisbäck ab. Im Laden brannte schon Licht.

Robert Funk stand nur ein Stück entfernt, vor dem Eingang des Cavazzen, und winkte ihm.

Trassierbänder sperrten den Bereich zwischen Bürgerhaus und Neptunbrunnen ab. Den Rest erledigten die Bauzäune, die hier seit Monaten zur Dauereinrichtung geworden waren.

Funk leuchtete ihm mit einer der modernen Lampen, die ein grelles weißes Licht erzeugten: »Bauarbeiter haben ihn gefunden, als sie in den Cavazzen wollten. Das war gegen Nullvierdreißig. Sie haben sofort angerufen und soweit ich es verstanden habe auch nichts angerührt oder verändert – weder an der Leiche noch rundherum.«

Schielin sah ihn fragend an.

»Rumänen und Bulgaren. Ihr Vorarbeiter spricht deutsch,

der kommt aber erst zwischen sieben und acht. Wir haben das bisher mit einer Mischung aus Englisch, Deutsch und Akrobatik bewältigt.«

Schielin lief, während Robert Funk berichtete, in größerem Abstand schweigend um den Toten.

»Männliche Leiche, Alter zwischen sechzig und siebzig, vornehm gekleidet wie du siehst – Tweed-Anzug, gebundene Fliege, Trenchcoat. Die Lage ist unverändert. Am Schädel rechts unterhalb und oberhalb des Ohres klare physische Einwirkung … stumpf mit Blutaustritt. Die Haare sind völlig blutverschmiert.«

Schielin kam wieder heran und kniete auf Höhe des Kopfes nieder. »Kannst du hier mal leuchten?«, bat er Funk.

Mit einem Kugelschreiber hob er den Trenchcoat leicht an. »Sehe ich das richtig … der Boden ist unter dem Toten nass?«

»Ja, genau so ist es. Und am Kopf sind, jedenfalls soweit man es hier feststellen kann, keine weiteren Verletzungen vorhanden. Weder an der Stirn, noch an der linken Schädelseite.«

»Mhm … seltsam, nicht wahr? Hätte man ihn hier an Ort und Stelle niedergeschlagen, müsste er vom Fall ja weitere Verletzungen aufweisen.«

»Das müsste so sein«, bestätigte Funk und fuhr fort: »Im rechten Ohr ein Propfen mit angetrocknetem Blut und Rinnspuren über die Backe zum Hals … am Boden aber kein Tropfen. Kann auch vom Regen nicht weggewaschen worden sein. Es hat ja nur genieselt.«

Schielin sah ihn an. »Das hier ist niemals der Tatort. Bei der Kopfverletzung müsste da richtig Blut am Boden sein, und er liegt auch irgendwie komisch da, oder? Findest du nicht auch? Ein so großer Kerl müsste ganz anders liegen, hätte man ihn hier mit diesem Schlag niedergeschlagen.

Mehr der Länge nach, aber der hier hat seine Knie so stark angezogen, und die Arme … eigenartig. Das müssen wir auf alle Fälle dokumentieren. Hast du irgendwelche Fesselungsspuren entdecken können?«

»Nein, das nicht. Die Handgelenke habe ich mir schon eingehend angesehen. Riesenpratzen – und auch insgesamt ein stattlicher Kerl … gewesen … sicher einsneunzig groß. Ich habe auch keine Dokumente bei ihm gefunden, allerdings konnte ich auch noch nicht richtig nachsuchen. Ich wollte auf dich warten und auf Lydia und die Auffindesituation nicht verändern. Sie ist übrigens auf dem Weg und müsste auch gleich da sein. Sie bringt das Zelt und die Drohne mit. Wir müssen mit Regen rechnen.«

Schielin sah zum Himmel. »Ja, es schaut nach Regen aus.« Er ging ein paar Meter weiter weg und besah sich die Fundstelle genauer. Inzwischen war es auch hell genug, um die unterschiedliche Farbgebung des Kopfsteinpflasters erkennen zu können. Schielin stutzte, denn der Tote – er lag nicht irgendwo auf dem Marktplatz, sondern exakt auf jenem Steinring, der den Standplatz des historischen *Golgbrunnens* markierte.

Er wollte das vorerst für sich behalten. Kaum jemand erinnerte sich ja noch an die geschichtsbeladene Stelle mitten auf der Insel, die so unscheinbar daherkam. In diesem Fall allerdings konnte dieser Fleck durchaus eine Bedeutung haben, vor allem, weil es gerade nicht der Tatort, sondern der Ablageort war.

Bald darauf kam Lydia. Sie parkte den Kombi vor Schielins Wagen und lud die Alukoffer aus. »Guten Morgen, die Herren. Na das nenne ich mal einen Start in die Woche. Auf Twitter und Facebook gibt's ja so Hashtags für Fotos zum Wochenstart, ob ich ihn mal dafür fotografieren soll?«

Funk informierte sie in kurzen Sätzen über die bislang noch dürftigen Erkenntnisse, während sie die Drohne startklar machte. Sie gähnte: »Also ich hab den Corona-Mist ja noch nicht gehabt, aber irgendwie scheint das alles auf mich zu wirken. Ich bin so müde … vielleicht habe ich Long-Covid-Müdigkeit … es fühlt sich allemal so an.«

Die Drohne surrte gleich darauf in den trüben Morgenhimmel. Video und Fotos waren schnell aufgenommen und das Tatortzelt wurde über dem Toten aufgebaut. Kaum war das geschehen, sank ein feiner Nieselregen herab.

Zwei Kleintransporter rollten über das Kopfsteinpflaster; der Streifenpolizist winkte sie ärgerlich weiter, als sie langsamer fuhren, um zu gaffen. Er plärrte ihnen ein paar ruppige Worte durch die Seitenscheibe.

Lydia hob die Stimme ein wenig an: »Außentemperatur auf Körperhöhe acht Grad plus, Körpertemperatur neunzehn Grad. Die Kerntemperatur dürfte etwas höher liegen, aber vermutlicher Todeszeitpunkt … mal so über den Daumen gepeilt … Mitternacht plus X. War schon ein Arzt hier?«

Der Streifenpolizist war herangekommen und machte einen langen Hals. »Mitternacht? Und des bei der Ausgangssperre …«

Lydia warf ihm einen abschätzigen Blick zu. »Verkehr regeln … einfach Verkehr regeln …«

Funk trat zu Schielin. »Arzt, ach herrje … das hab ich ganz vergessen zu erwähnen. Natürlich war der Notarzt schon da. Aber der musste gleich wieder weiter. Am Rohrach ist ein Auto in einer Kehre geradeaus in den Wald gerauscht … drei Insassen … es ging ja nur um die Feststellung des Todes, alles andere erledigt ja die Rechtsmedizin.«

Schielin legte ihm kurz die Hand auf die Schulter. »Alles

klar. Weißt du, ich muss ständig an Kimmel denken … der tut mir richtig leid, gleich so in die Woche zu starten, nach der langen Abwesenheit. So richtig fit soll er auch noch nicht sein.«

»Wenn die Woche schon mit Dienstag anfängt«, merkte Funk an und half Lydia.

Baustellenlärm füllte bald den Kern der Lindauer Insel. Laster, Bagger und andere Baufahrzeuge rollten langsam am grauen Zelt vorbei. Einige Schaulustige standen herum, und mit dem ersten wirklichen Tageslicht kam ein Leichenwagen vorgefahren. Funk fuhr zurück zur Dienststelle, um den erforderlichen Schreibkram zu erledigen, während Lydia und Schielin vorerst auf der Insel blieben. Lydia telefonierte angeregt im Schatten des Neptuns und lief dabei hektisch auf und ab. Enttäuscht berichtete sie Schielin: »In der Ulmer Rechtsmedizin geht gar nix, die sind völlig überfüllt. Er muss nach München, Frauenlobstraße, und auch da ist erst frühestens Ende der Woche mit einem Gutachten zu rechnen.«

Schielin zuckte mit den Schultern und sah über den Platz. Das Zelt war bereits wieder abgebaut. Er deutete auf eine aus unregelmäßigen weißen Strichen bestehende Linie, die den Fundort des Toten tangierte. »Was sind das für weiße Flecken auf dem Boden?«

Lydia folgte seinem Blick. »Schaut aus wie Kalk oder heller Zement. Von der Baustelle vielleicht?«

Er nickte gedankenversunken. Das klang im Grunde logisch. »Ja schon … Baustelle könnte sein, aber über das Pfingstwochenende hat hier doch keiner gearbeitet und nach dem Regenguss am Samstagmittag sollte von so einem Zeug nichts mehr zu sehen sein.«

Lydia nickte. »Ich nehme ne Probe davon und wir

schauen uns diese Spur mal auf dem Drohnenvideo an. Da lässt sich eh mehr erkennen. Übrigens, Wenzel kommt mit Gommi zur Unterstützung … wir suchen den näheren Bereich doch noch ab, nicht wahr?«

»Auf jeden Fall«, antwortete Schielin und sah auf die Front des *Hauses zum Baumgarten*, »und mit der Obduktion, das dauert mir zu lange. Wir machen deshalb doch noch selbst eine Leichenschau. Organisierst du den Amtsarzt und gibst beim Bestattungsinstitut Bescheid?«

»Mache ich, aber der Amtsarzt wird sicher an der Coronafront eingespannt sein.«

»Kann sein, ja … probier dein Glück mal. Falls er keine Zeit hat, kriegen wir vielleicht den Notarzt nochmal dazu.«

*

Lydia erschrak, als sie Kimmel am späten Vormittag auf der Dienststelle das erste Mal seit langem wiedersah. Ein Schatten seiner selbst. Fahles, eingefallenes Gesicht, die Bewegungen ohne Kraft – es war ein Jammer.

Im Büro warf sie Schielin nur einen Blick zu und auch er schüttelte bloß stumm den Kopf. Sie brauchten gar kein Wort darüber zu verlieren, um eins zu sein darin, wie schlecht es Kimmel immer noch ging und wie weit er noch von seiner einstigen Präsenz entfernt war.

Corona hatte zudem zu räumlichen Veränderungen auf der Dienststelle geführt. Robert Funk war aus seinem Salon ausgezogen und nutzte nun den ehemaligen Besprechungsraum, während der in Funks Büro umgezogen worden war, denn dort gab es zwei große Fenster und die Abstandsregeln konnten umgesetzt werden. Was gleich blieb, war das Aroma von frischem Kaffee, wenngleich inzwischen eine

Espressomaschine neben dem Wasserkocher knatterte und ab und an ein alkoholschwangerer Dunst von Desinfektionsmitteln in der Luft hing.

*

Für Mittag stand die erste Besprechung an, um die ersten Erkenntnisse zum neuen Fall auszutauschen. Kimmel nahm an der Stirnseite des neuen Tisches Platz. Stumm sammelten sich die anderen. Schielin und Lydia, gleich darauf kam Gommi dazu und zuletzt Wenzel. Robert Funk war schon nach Hause gegangen, weil er die ganze Nacht unterwegs gewesen war.

»Herzlich willkommen zurück«, sagte Schielin und lächelte Kimmel an.

»Ich weiß, ich sehe scheiße aus«, lautete dessen trockene Antwort, »aber zuhause rumhocken, das ging einfach nicht mehr.«

Wenzel grinste. »Das kann man wohl sagen, Mensch. Und dann so ein Start am Montag, der ein Dienstag ist, mach bloß langsam … wir haben den Laden schon im Griff.«

Kimmel lächelte und ächzte laut. »Aaalso – was haben wir denn Schönes?«

Schielin war noch mit Unterlagen befasst und sah kurz zu Lydia – sie sollte berichten.

»Tja … schön schaut anders aus. Robert wurde gegen Nullfünf verständigt. Eine leblose Person vor dem Cavazzen, gleich in der Nähe der Baustelle. Die Einwirkung von stumpfer Gewalt an der rechten Schädelseite war schon im ersten Drüberschauen mehr als deutlich. Er hat den Fundort gesichert und der zugezogene Notarzt hat den Tod der Person bestätigt – wie es aufgrund der Auffindesituation auch zu erwarten war. Wir haben alles dokumentiert und auch Filmmaterial vorliegen.«

»Fundort?«, fragte Kimmel nach.

»Ja. Die Spurenlage weist auf einen Fundort hin – der Tatort war es definitiv nicht. Du kannst dir das später in der Bildmappe mal ansehen – keine Blutspuren an der Ablagestelle, obwohl es zu einer massiven Blutung gekommen sein muss.«

»Ah, interessant.«

Lydia fuhr fort. »Bei dem Toten handelt es sich um den neunundsechzig Jahre alten Juristen Dr. Sigismund von Bratz. Er besitzt ein Anwesen auf der Insel, in der Maximilianstraße. Die Anschrift ist auch als Hauptwohnsitz angegeben. Vornehme, hochwertige Kleidung, gepflegtes Äußeres, keinerlei Bestände über ihn in unseren Datenbanken und Fahndungsdateien, also IGVP und INPOL negativ. Todesursache dürfte ein Schlag mit einem stumpfen Gegenstand an die rechte Schädelseite, knapp oberhalb des Ohres, gewesen sein. Bislang gehen wir von einem einzigen Schlag aus, müssen aber auf das Ergebnis der Obduktion warten. Wir haben teilweise getrocknete Blutpropfen im Ohr und im Mund gefunden. Wie gesagt, der massive Einriss der Schädelhaut muss eine starke Blutung verursacht haben. Das Kopfsteinpflaster unter dem Leichnam war nass, die Oberbekleidung des Toten war trocken. Er muss demzufolge nach dem Ende des Regens abgelegt worden sein. Wir ermitteln derzeit noch den genauen Zeitpunkt des Regenbeginns – es muss aber so gegen Nullzwei gewesen sein. Die Leiche wird in die Pathologie nach München kommen, da Ulm einen Leichenstau hat. Wir haben vorhin im Beerdigungsinstitut noch eine Leichenschau durchgeführt und haben dabei keine weiteren Verletzungen feststellen können. Keine Hämatome, Schnitte, Stiche und dergleichen.

Auch die Kleidung zeigt keinerlei Spuren einer Auseinandersetzung oder eines Kampfes. Der Amtsarzt hat eine Blutprobe entnommen, wodurch wir einen toxikologischen Schnelltest durchführen können – Alkohol, Drogen … die Standards eben.«

»Mhm … und Angehörige?«

»Wir waren bereits am Haus und haben geklingelt, aber ohne Erfolg. Ich rufe immer mal wieder unter der Telefonnummer an, die wir bisher rausbekommen haben, aber auch da bisher kein Erfolg.«

Lydia tippte gleich wieder auf ihr Smartphone und ließ die Wahlwiederholung laufen.

»Seltsam … das ist seltsam«, sagte Kimmel ein wenig versonnen, »gibt es Hinweise auf Raub?«

Schielin schüttelte den Kopf und hob gerade an etwas zu sagen, als aus dem Lautsprecher von Lydias Smartphone die Stimme einer Frau zu hören war: »Hallo?«

Lydia legte ihren Zeigefinger auf die Lippen und sagte. »Ja … hallo, mit wem spreche ich?«

»Mit wem spreche ich denn!?«, lautete die brüske Antwort, »Sie rufen doch hier an.«

»Das ist richtig. Mein Name ist Lydia Naber. Ich bin von der Kriminalpolizei Lindau. Mit wem spreche ich also?«

Es entstand eine Pause. Dann fragte die Stimme der Frau: »Ist etwas passiert?«

»Könnten wir persönlich miteinander reden? Frau …«

»Ja … schon … Ball, mein Name ist Janina Ball.«

Lydia nannte die Anschrift der Maximilianstraße. »Ist das korrekt, Frau Ball?«

»Ja, ich bin da … ich bin da … können Sie mir aber sagen, weshalb sich die Kriminalpolizei hier meldet?«

»Sind Sie eine Verwandte von Herrn Dr. Sigismund von Bratz?«

Die Stimme aus dem Lautsprecher verlor ihre Selbstgewissheit und klang nun unsicher. »Nein … Ja …«

»In welcher Beziehung stehen Sie denn zu Herrn von Bratz?«

»Beziehung? Ich bin seine … also, ich bin seine Assistentin und warte schon den ganzen Vormittag … wir hatten ein Gespräch vereinbart … was ist denn passiert … er ist nicht erschienen, er ist überhaupt nicht im Haus …«

»Wir sind gleich bei Ihnen«, sagte Lydia und stand auf. Schielin war schon auf dem Weg ins Büro.

Kimmel wandte sich somit an Wenzel. »Also kein Raub?«

»Nein. Dafür gibt es bislang keine Hinweise. Er hatte ja die Geldbörse noch bei sich, mit Kredit- und Scheckkarten, Bargeld, so um die einhundert Euro. Das kommt nicht in Richtung Raub. Allerdings – kein Smartphone weit und breit. Ist seltsam in der heutigen Zeit.«

Kimmel fragte ihn nach einem anderen Fall, der ihn interessierte, wobei es ihm aber sehr schwergefallen war, die Berichte alle zu lesen. »Und deine Sache mit dem Erpresser? Ich muss sagen, ich habe nur drübergesehen … was macht der?«

»Na, der wird wegen Blödheit verknackt und sonst nichts anderem«, lachte Wenzel.

»Erzähl!«

»Stell dir vor – er hat das Erpresserschreiben an seinem Laserdrucker daheim ausdrucken lassen.«

Kimmel sah zur Decke und rollte mit den Augen. »Nein! Das gibt's nicht. Auf seinem Laserdrucker … zuhause?«

»Wenn ich es dir sage.«

»Und die Verabredung zur Geldübergabe hat er ganz konspirativ aus einer Telefonzelle gemacht«, sprach Wenzel verschwörerisch weiter.

Kimmel überlegte, wo es überhaupt noch Telefonzellen gab, und fragte schnell: »Münzen oder Karte?«

Wenzel kicherte leise: »Kartentelefon.«

»Oh Mann. Wieso haben wir nicht öfter solche Täter.«

»Ich sag ja – der war so dämlich, der muss das studiert haben. Die Telefonkarte hat er übrigens mit seiner EC-Karte gezahlt, weil er nicht wusste, dass es keine Münztelefone mehr gibt. Jedes Prepaid wäre besser gewesen als die konspirative Nummer, die er da abgezogen hat. Vielleicht zu viele Krimis geschaut ... nun ja. Die Verhandlung ist morgen am Nachmittag in Kempten. Landgericht. Ich schätze so um die sechs Jahre wird er kriegen, die Untersuchungshaft angerechnet und gute Führung vorausgesetzt, da wird er in gut drei Jahren wieder raus sein.«

»Drei Jahre«, wiederholte Kimmel versonnen, »drei Jahre ...«, und Wenzel wusste nicht so recht, was genau er damit meinte.

*

»Ganz schön viel los für einen Dienstag, der ein Montag ist«, meinte Lydia, als sie über die Seebrücke fuhren und dort auf große Gruppen von Fußgängern und Radfahrern stießen, die entweder zur Insel hinüberfuhren oder von dort kamen. Einige der Radfahrer hatten sogar Masken angelegt.

Ein gelangweilter Westwind ließ ab und an eine Böe aufflackern, die ungehalten an den Flaggen riss. Gerade wurde *Portugal* ein wenig aufgestöbert.

»Gartenmöbelshow«, blieb Schielin wortkarg und ließ den Wagen langsam dahinrollen.

Lydias Blick ging hinaus in die Bregenzer Bucht. Kein Boot war auf der weiten Seefläche zu sehen, und seit der Sturm die Trauerweide auf der Insel Hoy geköpft hatte, war ein über die Jahre vertraut gewordener Fixpunkt nicht mehr wie gewohnt im Fokus. Die Augen stocherten auf der Wasserfläche herum und suchten, was im Gehirn noch gespeichert war.

Ein Fischer kam mit seinem langen Metallboot vom kleinen See her, unterquerte die Seebrücke und zog an der Spielbank vorbei hinaus zu den Stellen, an denen er seine Netze ausgelegt hatte. Er stand im Heck, hielt die Führung des Außenborders in der Hand und vermittelte ein beinahe majestätisches Bild.

Sie passierten die klar gestalteten Flächen, die sich einer Esplanade gleich um die neue Inselhalle breiteten, und bogen dann zum Paradiesplatz ein, wo sie den Wagen abstellten und das restliche Stück zu Fuß gingen.

Am Gebäude des alten *Gasthof zum Lamm* lag immer noch eine Aura des Niedergangs. Hier war nur Passage möglich, während droben, vor den Arkaden in der Maximilianstraße, sich Tisch an Tisch reihte, um den Espressotourismus abzufertigen.

Lydia liebäugelte im Vorübergehen mit einer Bluse im Schaufenster an der Ecke. Vom Hafen her dröhnte das Horn eines Dampfers. Sie erschrak regelrecht von der Wucht des Schalls und blieb kurz stehen – wie lange hatte sie das schon nicht mehr gehört?

Schielin machte einen kleinen Schlenker zum Weinhaus Frey hin und äugte in das Schaufenster. Whiskeys standen diesmal im Fokus – Aberfeldy, Knockando, Macallen, Red Breast …

Sie trafen sich wieder in der Mitte der Maximilianstraße und wendeten dem hässlichen Kubuscontainer der Schnellteststation den Rücken zu.

Sie langten nun schnell an ihrem Ziel an und kaum hatte Schielin den Klingelknopf berührt, surrte der Türöffner auch schon, als hätte drinnen jemand auf ihre Ankunft gewartet.

»Hoppla«, sagte er zu Lydia. Aus dem Lautsprecher war eine Frauenstimme zu hören, die belegt klang. »Gehen Sie bitte in den Innenhof und nehmen Sie den Aufzug dort.«

Sie taten wie geheißen und langsam zog die Kabine nach oben, wo sich von allein die Türen öffneten und sie zuerst in einen Vorraum gelangten und vor eine schwere Metalltür, die sich aber sogleich öffnete. Eine junge Frau stand vor ihnen. »Frau Janina Ball?«, fragte Lydia und wurde durch ein zurückhaltendes Nicken bestätigt, »Wir hatten telefoniert.« Sie nannte ihre Namen.

»Bitte kommen Sie mit mir«, wurden sie aufgefordert.

Lydia musterte die Frau, die mit dynamischen Schritten vorweg lief. Sie schätzte sie auf Mitte dreißig. Sehr sportliche Ausstrahlung. Die dunklen, lockigen Haare reichten bis knapp zu den Schultern, was sie beim Gehen schwingen ließ. Sie trug eine weit geschnittene schwarze Hose mit cremefarbenen Streifen, darüber eine Seidenbluse. Ein feiner Hauch Parfum war zu riechen – Chanel. Insgesamt eine äußerst elegante Erscheinung. An der Hand glänzte ein Ring aus geknüpften Goldfäden, um den Hals trug sie eine schlichte Perlenkette.

Ihr Gesicht allerdings war fahl und die bernsteinfarbenen Augen hatten nicht den Glanz, den sie an anderen Tagen vielleicht gehabt hätten.

Sie gelangten in einen großzügigen Raum, in welchem ein schlichter moderner Schreibtisch nahe der Wand stand und im freien Raum eine lederne Sitzgruppe um einen Glastisch gruppiert war. An den Wänden Gemälde, Stiche und Zeichnungen. Alles in allem *Understatement* der noblen Art.

Janina Ball atmete geräuschvoll aus und bot ihnen mit einer galanten Handbewegung Platz an. »Bitte bedienen Sie sich, wenn Sie etwas trinken möchten … ein Espresso vielleicht?«

Lydia winkte ab und entschloss sich, von Sigismund von Bratz nicht in der Vergangenheitsform zu sprechen. »Nein, vielen Dank, Frau Ball. Sie sind also die Assistentin von Herrn von Bratz?«

»Ja, das bin ich.«

»Und Sie wohnen hier in diesem Haus?«

»Nein, ich habe eine Wohnung hier auf der Insel, ganz in der Nähe vorne am Kirchplatz, nur drei, vier Minuten zu Fuß.«

Ihre Stimme klang heiser und flattrig, was ganz im Gegensatz zu der selbstbewussten Art stand, wie sie sich ihnen gegenüber im Ledersessel präsentierte: straffe Körperhaltung, offener Blick. Es sah professionell aus. Nach jemandem, der es gewohnt war Gespräche zu führen, zu verhandeln, Unangenehmes auszudiskutieren.

»Und wer lebt in diesem Haus?«, fragte Schielin.

»Sigismund von Bratz.«

»Alleine?«

»Ja.«

»Gibt es Familienangehörige?«

»Ja, die gibt es. Drei Kinder. Sie sind zur Zeit in Lindau.«

»Zur Zeit, sagen Sie … wie ist das zu verstehen?«, hakte er nach.

Sie wirkte etwas unsicher und überlegte, wie sie antworten sollte. »Nun, wie soll ich es beschreiben … am Pfingstsamstag fand ein … ein Familientreffen statt … hier im Haus. Seine drei Kinder waren dazu eingeladen – zwei

Söhne und eine Tochter. Sie sind in den Ferienwohnungen hier auf der Insel untergebracht, auch nicht weit von hier, drunten in der Salzgasse. Sie leben ansonsten an anderen Orten – in Landsberg und München und Martin irgendwo in der Oberpfalz.«

»Mhm … Familientreffen«, murmelte Schielin nachdenklich, was ihr Zeit verschaffte, ihrerseits Fragen zu stellen. Sie hob sich dazu leicht aus dem Sessel: »Aber was ist denn um Himmels willen passiert!? Die Kriminalpolizei erscheint hier im Haus … ich kann mir nichts, aber auch gar nichts vorstellen, in das Herr von Bratz verwickelt sein könnte. Wo ist er denn jetzt!? Sitzt er am Ende in einer Zelle?! Nach Ihrem Anruf habe ich sofort Kontakt mit Dr. Berger aufgenommen – der Anwalt, der Herrn von Bratz vertritt.« Ihren letzten Worten hatte sie eine besonders drohende Note verleihen wollen, was ihr jedoch misslang, sodass es ein wenig albern wirkte.

Lydia sah zu Schielin. Der erklärte mit nüchternen Worten. »Frau Ball. Herr von Bratz ist heute in den frühen Morgenstunden am Marktplatz tot aufgefunden worden. Aus diesem Grund sind wir hier.«

Lydia registrierte jede Regung ihres Gegenübers – die Mimik, die Hände, die Füße, wie der gesamte Körper sich verhielt. Janina Ball ließ nur ein erschrockenes »Ah … tot aufgefunden worden«, hören. Ganz langsam sank sie in den weichen Sessel zurück und Lydia nahm ein kleines Zittern um die Mundwinkel wahr. Die Gesichtshaut hatte schlagartig auch noch den Rest an Farbe verloren, wodurch kleine, blaue Äderchen unter dem dunklen Teint ihres Halses erkennbar wurden.

»Wann haben Sie ihn denn zuletzt gesehen, Frau Ball?«, fragte Lydia schnell, um sie vor allem am Weinen zu hindern. Sie mussten zuvor so viel wie möglich erfahren.

Es dauerte eine Weile, ehe die Antwort kam. Die Stimme war dünn und zittrig. »Gestern. Gestern am frühen Nachmittag.«

»Und wo?«

»Hier. Wir hatten uns hier getroffen, weil …«, sie stoppte und sprach nicht weiter.

Schielin sagte nach einigen Sekunden: »… weil …«

»Weil wir noch einige Unterlagen fertigmachen mussten. Am Mittwoch kommt der Interessent für ein Buch und die Verträge … die Verträge sollten unterschriftsreif sein.«

Lydia fragte: »Wissen Sie, mit wem er sich treffen wollte … hatte er Termine gestern Abend?«

»Nein. Er hatte definitiv keine Termine. Zumindest weiß ich von keinen.«

Schielin hakte nach: »Natürlich … das Familientreffen. Seine Kinder sind ja hier in der Stadt zu Besuch. Er hat sich sicher mit ihnen getroffen.«

Sie schüttelte langsam den Kopf und ihre Locken schwangen wie in Zeitlupe nach. »Nein, nein, das halte ich für ausgeschlossen. Er hat sich nicht mit ihnen getroffen. Nicht mit ihnen zusammen und auch mit keinem von ihnen.«

»Sie scheinen sich da sehr sicher zu sein«, setzte Lydia nach.

»Ja. Da bin ich mir sicher.«

»Wenn Sie sich so sicher sind, gibt es wohl einen Grund dafür.«

Janina Ball war verunsichert und versuchte, im Allgemeinen zu bleiben. »Dieses Treffen am Samstagnachmittag war keine Zusammenkunft im Sinne eines freudigen Wiedersehens von Familienangehörigen, verstehen Sie? Es ging um gewisse Zukunftsentscheidungen und da gab es unterschiedliche Positionen. Es war kein sonderlich harmonisches Treffen, müssen Sie wissen.«

»Streit?«, fragte Schielin.

Sie wusste nicht recht, wie sie die Frage beantworten sollte. »Nein, Streit im Sinne von Streit gab es nicht. Wie gesagt, es ging um einige Zukunftsentscheidungen und da gab es unterschiedliche Ansichten. Ich bin jedenfalls überzeugt davon, dass es kein Treffen danach gegeben hat.«

»Wo waren Sie denn gestern Abend? Sind Sie nach ihrem Treffen mit Herrn von Bratz noch hier im Haus geblieben?«

»Nein. Ich war am Nachmittag zuhause und am Abend lange zu Besuch bei meiner Mutter, sie liegt im Heilig-Geist-Spital und wird diese Woche ins Hospiz verlegt.«

Ihre Erschütterung war sichtbar, hörbar und fühlbar. Es tat Lydia ein wenig leid, weiterfragen zu müssen. »Sie sprachen gerade von einem Dr. Berger, der Herrn von Bratz vertreten hat. Wäre dieser Anwalt denn zu sprechen?«

Janina Ball stand wortlos auf und ging zum Schreibtisch.

»Ach ja, und hätten Sie die Kontaktdaten der Kinder?«

Sie kam mit einer Visitenkarte wieder und auf einem roten Notizzettel waren Namen und Telefonnummern notiert. »Dr. Berger steht zu Ihrer Verfügung, und was die Nachkommen angeht, müssten Sie sich eben mit ihnen in Verbindung setzen. Ich …«

Lydia lächelte sie an. »Ja, Frau Ball, das erledigen schon wir selbst. Sie verwendeten allerdings den Begriff *Nachkommen*? Es klingt ein wenig eigenartig.«

Schielin war dankbar für ihre Frage, denn auch ihm war dieser Begriff aufgefallen, der in diesem Kontext sehr distanziert wirkte.

Janina Ball lachte leise und bitter auf: »Ja, so hat er sie eben genannt – *meine Nachkommen*.«

Schielin fragte: »Sie sprachen vorhin vom Interessenten eines Buches, der für Mittwoch angekündigt war. Wie kann man das verstehen?«

Janina Ball sah ihn ernst an. »Es war kein … kein normaler Tod, nicht wahr? Sonst wären Sie nicht hier und würden derartige Fragen stellen. Wie ist er denn gestorben?«

Lydia Naber wendete sich ihr zu. »Frau Ball, dazu können wir im Moment noch nicht viel sagen. Ihre Vermutung ist allerdings richtig – es war kein natürlicher Tod. Und ich glaube mir vorstellen zu können, wie schwer die Situation für Sie ist. Wir benötigen im Moment allerdings so viele Informationen wie möglich und da haben wir wohl nur Sie als Ansprechpartner, wenn ich die Situation richtig einschätze.«

Janina Ball atmete gequält und laut aus, ließ sich kurz zusammensacken, verblieb in dieser energielosen Haltung, bis ein Ruck durch ihren Körper ging. Mit einer temperamentvollen Bewegung erhob sie sich und sagte: »Kommen Sie bitte mit!«

Durch weitere Räume mit alten ausgetretenen Dielen und Parkett gelangten sie zu einer breiten Wendeltreppe und von dort nach oben in das Dachgeschoss. Eine breite, massive Türe gewährte den Zugang in einen weiten Raum mit offenem Gebälk, der durch moderne LED-Installationen indirekt illuminiert war. Beeindruckend waren die langen Regalreihen mit Büchern. In den Lücken dazwischen hingen entweder Gemälde, oder es standen schlichte Sockel da, auf denen eine Skulptur zur Geltung gebracht wurde.

»Das schaut sehr wertvoll aus«, meinte Lydia, »sollte man nicht vermuten, hier mitten auf der Insel und im Dachgeschoss eines alten Hauses.«

Janina Ball ging zur Wand und tippte dort auf einem Display einige Zahlen ein und öffnete anschließend eine der Regalvitrinen. »Panzerglas«, sagte sie dabei, »so schwer, man kann es nur schieben und nicht wie eine Tür an Scharnieren befestigen.« Sie zog Seidenhandschuhe über und holte ein Buch heraus, welches sie vorsichtig auf das Stehpult legte und aufschlug. »Diese Ausgabe soll verkauft werden – fünf Bände insgesamt. Wissen Sie, jedes Jahr werden in Auktionshäusern abertausende Kunstgegenstände und Kunstwerke versteigert. Einige Objekte heben sich durch ihre Machart, ihre Nutzung, ihre früheren Besitzer oder ihre Umwidmung – also durch ihre Lebensgeschichte – von den übrigen ab und wecken dadurch das Interesse und zuweilen auch die Gier der Auktionatoren. Sie sehen hier einen Band der *Storia naturale degli uccelli, trattata con metodo e adornata di figure intagliate in rame e miniate al naturale.* Ein ornithologisches Werk und geschaffen hat es Savierio Manetti im Auftrag der toskanischen Großherzogin Maria. Bis zur Fertigstellung sind mehr als zehn Jahre vergangen. Mit insgesamt mehr als sechshundert handkolorierten Stichen und der größten Anzahl an Vogelarten gilt es als das eindrucksvollste Buch über Vögel seiner Zeit. Besonders die lebhafte Darstellung der Vögel, deren Verhalten und Posen als humorvolle Darstellungen der damaligen italienischen Gesellschaft verstanden werden, verleiht diesem Kunstwerk seinen besonderen Charakter. Ein wahres Sammlerstück!«

»Klingt teuer. Welchen Preis muss man sich vorstellen?«, fragte Lydia.

»Wir hatten hundertachtzigtausend Euro vereinbart, sollte der Interessent mit dem Zustand zufrieden sein .... und er wird zufrieden sein.«

Schielin sah sich um. »Aha. Dann ist das alles hier sehr viel Geld wert, nicht wahr?«

»Oh ja ... sehr, sehr viel wert«, sagte sie nüchtern und brachte das Buch zurück in die Vitrine.

»Wertvolle Bücher – darauf muss man auch erstmal kommen. Bisher dachte ich da nur an Gemälde und Skulpturen.

Was ist denn das teuerste Buch auf diesem Markt, wenn es das überhaupt gibt?«, fragte Lydia, um diese Frau, die hinter ihrer professionellen Art ihre Erschütterung verbarg, am Reden zu halten und vorerst abzulenken.

»Oh, natürlich gibt es jenes *teuerste Buch*. Sozusagen die *Mona Lisa* unter den Büchern. Es ist der *Codex Leicester*. Der Name lässt gar nicht auf seinen Schöpfer schließen: Leonardo da Vinci, wer auch sonst. Es handelt sich um eine Sammlung mit zweiundsiebzig gebundenen Blättern und darunter ist auch die bekannteste Schrift unter seinen wissenschaftlichen Publikationen. Es geht darin um Theorien zu unterschiedlichen Themenbereichen, wie der Bewegung von Wasser, aus welchem Grund der Mond leuchtet und zu Fossilien. Im Jahr 1717 hat es ein gewisser Thomas Coke erworben, nicht zu verwechseln mit dem Seefahrer Cook. Dieser Coke wurde später zum Graf von Leicester – daher auch der Name dieses Werks. Im Jahr 1980 hat es ein gewisser Bill Gates für neunundzwanzig Millionen Dollar erworben, und ehrlich gesagt, ich habe keine Ahnung, was er damit anfängt.«

Schielin sah sich um. »Eindrucksvoll, Frau Ball. Und wo wir gerade dabei sind – was ist das wertvollste Buch in dieser Bibliothek?« Er ging im Raum umher und warf auch einen Blick auf den so schlichten wie eleganten Schreibtisch. Offensichtlich der Arbeitsplatz von Janina Ball, denn einige der Fotos darauf zeigten sie als junges Mädchen und später schon als erwachsene Frau in Ballettschuhen. Ballett – dass passte zu diesem Typ, fand Schielin.

Janina Ball holte einen Schlüsselbund aus dem Rollcontainer unter ihrem Schreibtisch, steuerte eine der Vitrinen an und öffnete sie. »Es ist keine Bibliothek, sondern eine Sammlung. Und hier stehen sie, die Goldstandards dieser Sammlung: *Birds of America*, von James Audubon. Es existieren lediglich einhundertundneunzehn vollständige Erstausgaben davon. Er … ich meine damit Herrn von Bratz … er hat es vor über zwanzig Jahren für siebenhunderttausend Dollar auf einer Auktion in Paris ersteigert. Vor zehn Jahren kam eine Ausgabe für unglaubliche zehn Millionen unter den Hammer. Zwei andere Erstausgaben wechselten im vorigen Jahr für 8,3 Millionen und für 7,4 Millionen den Besitzer. Es dürfte mit Abstand das Wertvollste hier sein.«

»Und diese Werte lassen Sie einfach so hier rumstehen«, fragte Lydia etwas fassungslos.

»Natürlich … rumstehen«, ihre Stimme bekam eine traurige, den Tränen nahe Klangfarbe, »er hat seine Schätze immer wieder herausgenommen, darin gelesen und sich daran gefreut … wirklich sehr gefreut.« Sie deutete in die Ecke gegenüber: »Da drüben im alten zerzausten Ledersessel, oder drunten im Salon, und dazu, je nach Stimmungslage, einen Bordeaux, Scotch oder Cognac, manchmal auch eine Zigarre. Außerdem – lassen Sie sich nicht von den alten Mauern täuschen, das ist hier ein Hochsicherheitstrakt. Türen, Dachfenster, Alarmanlagen, Rauchmelder, Bewegungsmelder, Detektionskontrolle, Zutritts- und Zugriffskontrollsystem … schaut nicht danach aus, ist aber alles vorhanden. Die Versicherungen sind da ungnädig. Einmal im Jahr wird die Zertifizierung überprüft. Allein die Brandschutzmaßnahmen waren verrückt teuer, denn die Vitrinen sind bei Aktivierung der Sprinkleranlage wasserdicht verschlossen … im Grunde alles ein Wahnsinn, aber er war völlig ergriffen von seinen Schätzchen.«

»Unglaublich …«, sagte Lydia und sah sich skeptisch um. Was sich so alles in den alten Inselhäusern versteckte. »Haben Sie denn ein Lieblingsbuch?«

Janina Ball ging zu einem gegenüberliegenden Regal und

holte vorsichtig einen alten Lederband hervor, blätterte darin und rezitierte: »*Sollt'st du, Bächingen, dein Glück nicht fühlen?* Eines der Bücher aus der Sammlung Franziskas von Hohenheim. In Bächingen an der Brenz steht ihr ein wenig in Vergessenheit geratenes Rittergut. Eine herausragende Frau und Ausnahmeerscheinung in ihrer Zeit. Sie war zuerst Mätresse, später zweite Ehefrau des württembergischen Herzogs Carl Eugen. Gebildet, klug und mit den großen Geistern ihrer Zeit in regem Kontakt. Im Bächinger Schloss war ihre gewaltige Bibliothek, die leider ab Mitte der Siebziger im Antiquariatshandel zerstückelt wurde.« Sie klappte das Buch zu und zeigte den Buchrücken. »Was die Bücher besonders wertvoll macht, ist der Einband aus Marmorpapier und ihre goldenen Initialen *FH* auf dem Buchrücken, dazu noch der ovale Exlibris-Stempel *GS* von Gottlob Freiherr von Süßkind auf dem Buchdeckel – ein Nachfahre, der die Bibliothek im neunzehnten Jahrhundert hatte katalogisieren lassen.«

Schielin ging im Raum herum und suchte nach irgendwelchen Details, die ihm vielleicht weiterhelfen konnten. Ein ganzes privates Museum, voll mit wertvollsten Büchern und Kunstwerken – und der Besitzer erschlagen am Seeufer. Wo war die Schnittstelle?

Lydia hielt Janina Ball mit Fragen vorerst fest. Wer wusste, wann sie wieder diesen Raum betreten konnten, wenn die *Nachkommen* erst einmal das Regiment übernommen hatten. Insgesamt eine exotische Situation – schon jetzt. Wertvolle Bücher also. Sie blieb dran und fragte: »Was macht Bücher denn überhaupt wertvoll?«

Janina Ball drehte sich um und sah nach Schielin, während sie antwortete: »Der Verfasser natürlich, je bekannter desto interessanter. Das Erscheinungsjahr, die Buchauflage, also Erstauflage oder Sonderauflage. Die Seltenheit eines

Buches, seine Ausstattung, wie Buchschmuck oder Illustrationen, und natürlich der rein physische Zustand.«

»Also geht es überwiegend um alte, seltene, gut erhaltene Bücher berühmter Autoren«, fasste Lydia zusammen.

»Die Sammlung hier ist etwas breiter aufgestellt. Wir haben auch Stücke aus dem 20. und 21. Jahrhundert.«

Schielin kam wieder zu den beiden.

»Ah«, sagte Lydia.

»Ja, befreundete Sammler in Rorschach haben zum Beispiel eine Erstauflage des *Drachenläufers* von Khaled Hosseini für gut dreitausend Franken verkauft. Es gibt einen beachtlichen Markt für signierte Erstausgaben von J. K. Rowlings *Harry Potter*. Da haben wir schon Preise von fünfzigtausend Euro gesehen und mehr.«

»Wo liegt der Schwerpunkt Ihrer Sammlung?«, fragte Schielin.

»Siebzehntes bis zwanzigstes Jahrhundert … Erstausgaben … erstklassiger Zustand … Kunst, Botanik, Ornithologie, Bodenseeregion.«

Janina Ball liefen Tränen über die Wangen. Trotzdem sprach sie weiter: »Mit Belletristik konnte er wenig anfangen, jedenfalls, wenn es um das Sammeln ging. Wissen Sie, dass die Erstauflage von *One Hundred Years of Solitude* von Gabriel Garcia Marquez nur eine Auflage von achttausend Stück hatte? Viele Titel sind bestens erhalten und angesichts des Welterfolgs sind die paar Exemplare, die gehandelt werden, durchaus bei etwa zwanzigtausend Euro angesiedelt.«

Sie gingen wieder hinunter und ließen sich den Wohn- und Arbeitsbereich zeigen. Da im Moment keine Zeit war, die Unterlagen am Schreibtisch in Ruhe durchzugehen, nahm

Lydia das MacBook und iPhone mit, die auf dem Schreibtisch lagen, und versiegelte die Tür zum Arbeitszimmer. »Und hier in der Wohnung – alles in Ordnung und Ihnen ist nichts Ungewöhnliches aufgefallen?«

»Nein, überhaupt nichts Außergewöhnliches. Alles ist so wie es sein sollte«, lautete die Antwort und Janina Ball sah Lydia lange traurig an.

Beim Hinausgehen fragte Schielin: »Welchen Beruf hatte Herr von Bratz eigentlich … war er Kunsthändler?«

»Nein, überhaupt nicht. Jedenfalls nicht hauptberuflich«, sie schüttelte den Kopf, als würde sie sich selbst wundern, »ein schnöder Jurist. Er war drei Jahrzehnte als Justitiar eines großen, internationalen Unternehmens tätig und hat sich vor etwa zehn Jahren zur Ruhe gesetzt. Die Bücher, die Skulpturen und Gemälde sind reine Passion, seine wahre Leidenschaft. Eine echte Sammlerseele – kaufen, tauschen, verkaufen … und das alles eher nach Gesetzmäßigkeiten, die sich durch die Sammlung selbst ergeben, und weniger mit dem primären Ziel Gewinne zu generieren. Das … das erfordert seine finanzielle Stellung auch nicht.« Sie blieb stehen und lächelte. »Vor einigen Wochen erst … da war er an einem Giacometti dran, und wie hat er sich geärgert, als es nicht geklappt hat.« Sie lachte und für den Moment war es so, als lebte er noch. Schnell wechselte ihre Miene wieder vom beglückten Ausdruck in jenen der Trauer.

Sie gingen nach unten auf die Ebene der Wohnung. Auf dem Weg dorthin blieb Janina Ball unvermittelt stehen. »Was wird denn jetzt? Ich meine, ich muss mich doch um die Beerdigung kümmern. Ich weiß gar nicht, wie das jetzt gehen soll. Muss ich etwas tun?«

Lydia warf Schielin einen schnellen Blick zu. »Aus welchem Grund wollen Sie sich um die Beerdigung kümmern, Frau Ball? Sie sagten doch, die … *Nachkommen* … die Kinder … sie wären alle hier in Lindau.«

»Ich werde mich darum kümmern … ich muss mich darum kümmern. Er hat es so festgelegt.«

»Wie bitte?«

Janina Ball ging weiter. »Sigismund von Bratz hat festgelegt, ich solle mich um die Angelegenheit einer Beerdigung kümmern, falls ihm etwas geschehen sollte. Herr Dr. Berger wird Ihnen das erklären, wenn Sie mit ihm sprechen.«

»Falls ihm etwas geschehen solle? Wann ist diese Festlegung getroffen worden?«

»Vor etwa einem halben Jahr.«

»Hatte er denn Grund anzunehmen, es würde ihm etwas geschehen?«

»Nein, das nicht. Er wollte es so. Wer weiß schon, was morgen sein wird.«

»Sie kümmern sich auch um das Haus und alles andere?«

»Ja. Es ist so festgelegt worden. Ich weiß, das ist sehr kompliziert und das schon unter normalen Umständen, angesichts dieser Faktoren ist es allerdings wirklich nur sehr schwer zu erklären, wenn überhaupt.«

»Wir werden in den nächsten Tagen noch einige Fragen an Sie haben, Frau Ball, und uns melden, ja?«

Sie nickte.

»Und noch etwas. Er hatte kein Smartphone dabei. Das iPhone auf seinem Schreibtisch – war es das einzige?«

»Ja, er hatte nur das. Allerdings hatte er es wirklich selten dabei.«

Als Schielin und Lydia in den Aufzug traten, fragte sie: »Wo ist er denn jetzt … ich meine … kann man … kann ich ihn nochmal sehen?«

»Wie gesagt, wir melden uns bei Ihnen«, antwortete Schielin unverbindlich.

Die Türen schlossen sanft und der Aufzug fuhr hinab.

»Eine ganz eigene Welt da droben«, meinte er und blickte versonnen drein.

»Ja, durchaus«, entgegnete Lydia, »... und diese Janina Ball erst. Was für eine Erscheinung. Einnehmend, distanziert, sympathisch, eigenartig – zu ihr fallen mir viele konträre Positionen ein. Ich werde nicht so recht schlau aus ihr ... Assistentin? Glaubst du das? Ob sie was mit ihm hatte?«

»Könnte sein. Mich beschäftigt eher das Familientreffen und diese enormen Werte der Sammlung.«

»Hast du ihre Reaktion gesehen? Sie war völlig schockiert von der Todesnachricht ... alles in ihr hat sich zusammengezogen. Ich habe echt Sorge gehabt, dass sie umkippt. Sie hat sich jedoch so schnell gefangen und ist die ganze Zeit über sehr kontrolliert geblieben, was ich beachtlich finde. Ich werde mal ein wenig recherchieren, was sie für einen Hintergrund hat.«

»Tu das.«

*

Dunkle, von Westen heranziehende Wolkenbänder beschleunigten die Dämmerung. Der Wind frischte auf und fegte in alle Ecken und Winkel. Er brachte eine unangenehme Kühle mit und erst der Regen, der gegen Mitternacht einsetzte, milderte das Kalte ein wenig.

Am folgenden Morgen leuchteten die ersten Sonnenstrahlen über einen geläuterten See, dessen Uferkonturen klar und scharf erschienen. Mit bloßem Auge war die Uferlinie von

Rorschach zu erkennen und darüber, eingebettet in das grüne Schwingen der Appenzeller Hügel, die Kirche St. Johannes von Mörschwil. Die Klarheit schien auch dem Schall Raum zu geben, denn von der Rheinmündung her war das Grollen und Dröhnen der schweren Kiesladungen zu hören, wenn sie aus den Baggergreifern in die Lastschiffe donnerten.

Der sanfte Regen hatte jeglichen Staub aus der Luft entnommen und Laub und Gräser gespült. Das Grün in der Natur trat grüner hervor als zuvor. Von den Gipfeln des Säntis und Altmann leuchteten ausladende Schneefelder und die Seefläche entgegnete mit einem unergründlichen Blau. Nur die Fischer waren wie immer und bei jedem Wetter mit ihren Motorbooten draußen an ihren Netzen und Reusen. Kein einziges Segel war zu entdecken.

Ganz nahe an den Seeimpressionen kauerte Janina Ball in der Kissenecke der Ledercouch im großzügig geschnittenen Salon der Wohnung in der Maximilianstraße. Kein Laut drang von außen herein, keine Illusion von Seeglück und keine Impression einer gnädigen Natur kam ihr in den Sinn. Sie wusste ihre Gedanken nicht zu ordnen. So lange war es noch gar nicht her, dass ihr das Leben, ihr Leben, als geordnet und gut gefügt erschienen war. Und nun trieb sie das Schicksal vor sich her. Ob sie Sigismunds Kinder in Ruhe lassen würden? Eher nicht. Und die Polizei? Auch – eher nicht. Wie lange ihre Mutter noch leben würde? Wer wusste es.

*

Droben in Aeschach saß derweil Schielin am Schreibtisch und telefonierte. Lydia, ihm gegenüber, tippte an den Bildunterschriften zur ersten Bildmappe des neuen Falls. Auf dem Drohnenvideo hatte sie zuvor etwas entdeckt, das sie mehr als nur interessant fand. Schielin hatte sie von ihrer Entdeckung noch nicht berichten können, weil der einfach nicht vom Telefon wegkam.

Sie sah gerade wieder einmal hinüber und dachte, na dann später in der Besprechung eben. Sie tippte Zahlen in den Rechner und murmelte Formeln vor sich her, die sie von einer Seite im Internet ablas. Immer wieder schweiften ihre Gedanken zum Vorabend hin ab, an dem sie doch noch einen Termin mit Janina Ball im Beerdigungsinstitut wahrgenommen hatten. Sie hatten die Information bekommen, dass die Leiche schneller als geplant nach München gebracht werden sollte.

Keiner der drei Nachkommen hatte von dieser Möglichkeit eines letzten Abschieds Gebrauch machen wollen.

Janina Ball war sehr gefasst gewesen. Langsam und bedächtig war sie um den Stahltisch gegangen. Das beige Tuch, welches den Körper vollständig überdeckte, hatte man bis zur Hüfte herabgezogen. Die kalte Blässe des toten Körpers beeindruckte sie ebenso wenig wie die fürchterliche Verletzung des Schädels. Lydia sah sie noch vor sich, wie sie dem Toten sanft über die Oberarme strich. Ihr Atem war die ganze Zeit ruhig und gleichmäßig geblieben und keine einzige Träne war über die Wange gelaufen.

Lydia hatte ihr anschließend das Verzeichnis gezeigt, in welchem aufgelistet war, welche Utensilien sie bei dem Toten gefunden hatte: Ledergeldbörse Aigner, Personalausweis, Führerschein, Mastercard, Amex, EC-Karte, Saison-Card der Bodenseeflotte, einhundertsiebenunddreißig Euro und dreiundvierzig Cent, zwei Goldringe von Ringfinger rechts, ein Weißgoldring von Ringfinger links, zwei Goldringe von Mittelfinger rechts.

Sie hatte einen kurzen Blick darauf geworfen, gleich wieder zum Toten geschaut und gefragt: »Und seine Uhr?«

Diese Frage hatte bei ihnen zu einiger Verwirrung geführt, denn sie hatten keine Uhr am Toten gefunden.

»Meinen Sie eine Armbanduhr, oder eine Taschenuhr?«, hatte Schielin gefragt.

»Eine Armbanduhr, eine *Patek Philippe Grandes Complications*. Er wäre nie ohne sie außer Haus gegangen … ausgeschlossen … niemals.«

Und auf ihre Frage, ob es sich um eine wertvolle Armbanduhr handele, war die lakonische Antwort erfolgt: »Das würde ich schon sagen. So um die fünfzigtausend Euro.«

Fünfzigtausend Euro am Arm – das war für manche Zeitgenossen alleine ein Motiv für einen Mord. Die neue Information zur Armbanduhr hatte es erfordert, nochmals die Wohnung in der Maximilianstraße zu durchsuchen. Bad, Schlafzimmer, Wohnzimmer, Salon, Ankleidezimmer, Schränke, Kommoden, Regale, Vitrinen – weit und breit nichts von einer Armbanduhr zu sehen.

Sie sah zu Schielin, der immer noch am Hörer hing. Verdammt.

Was die goldenen Fingerringe anging, hatten sie noch keine Wertangabe erhalten, doch wertvoll waren sie ganz sicher auch. Spazierengehen … am See … in der Nacht? Nein, das war nicht die Sache von Sigismund von Bratz, hatten sie auf ihre Frage zur Antwort erhalten. Sein Ding war eine weiche Couch, ein Ledersessel, Musik, Wein, Whiskey oder Cognac und gute Musik dazu, wobei letzteres für ihn Klassik bedeutete, vorzugsweise Streichquartette oder Piano. Morgenspaziergänge, die unternahm er allerdings, gleich nach dem Frühstück und sobald für normale Menschen eine ausreichende Helligkeit vorhanden war – so soll er es formuliert haben. Eine Runde um die Insel, eine Runde um den kleinen See, oder zu Fuß hinüber in den Lindenhofpark und wieder zurück. Ein klassischer Vertreter des alten Churchillschen Bonmots *No sports.*

Und diese Armbanduhr erst. Sie hatte sich Fotos im Internet angesehen und war überrascht, wie schlicht dieses Kunstwerk daherkam, und so gar nicht protzig. Auf den Fotos vom Tatort, die sie nach diesem Detail untersucht hatten, wurde ersichtlich: Sigismund von Bratz trug keine Uhr am Armgelenk, was die Annahme nicht unwahrscheinlich machte: Jemand hatte dem Toten zwar die Uhr abgenommen, die wertvollen Ringe waren dagegen an den Fingern geblieben. Es war und blieb eine komplizierte Angelegenheit.

*

Seit Kimmel nach langen Wochen der Krankheit wieder zurück auf der Dienststelle war, wich Hundle keinen Meter von seiner Seite.

Nicht dass er aufdringlich gewesen wäre, das in keiner Weise. Wie ein Schatten folgte er ihm, blieb neben seinem Schreibtisch liegen, folgte ihm, wenn er das Büro verließ und auch jetzt hatte er sich unter dem Tisch nach einigem Hin- und Herdrehen geräuschvoll niederfallen lassen. Ein Teil seines Leibes lag auf den Füßen Kimmels, der diesen losen Kontakt mochte und es daher vermied, diesen wohligen Zustand durch eine Bewegung zu gefährden. Er eröffnete die Besprechung müde. Einem matten Ächzen folgte eine nicht weniger flaue Handbewegung in Richtung Schielin.

Der übernahm sofort und berichtete von den Ergebnissen des vergangenen Tages. Wenzel hatte zusammen mit

Gommi die Nachkommen aufgesucht und die Todesnachricht überbracht. Seiner Schilderung nach war bei keinem der drei ein besonderes Erschrecken oder Trauer feststellbar gewesen. »Alle drei ziemlich komische Typen, vor allem der Älteste von ihnen ... Eberhard. Der hat keinen Ton gesagt. Und seine Schwester, das ist auch eine ganz verdruckte ... macht auf unangenehme Weise einen biestigen Eindruck. Es kam mir fast so vor, als wären sie alle drei nicht annähernd erschüttert gewesen ... sie waren eher ... verärgert, ja, verärgert ist wohl die treffende Beschreibung. Und der Pfaffe ... der war schon ein wenig erschrocken, aber nicht über den Tod seines Vaters. So kam es uns jedenfalls vor.« Er sah zu Gommi, der seine Ausführungen mit einem Nicken bestätigte.

»Ihr habt keine Details genannt?«, fragte Schielin.

»Nein. Nur, dass die Umstände des Todes noch aufgeklärt werden müssen und die Leiche in die Rechtsmedizin überführt wird.«

Lydia hakte nach: »Und keiner von den dreien wollte ihn nochmal sehen?«

Wenzel schüttelte den Kopf. »Null. Wie gesagt ... ein eigenartiges Verhalten, das ich gar nicht so richtig einordnen kann. Keiner von denen hat uns reingebeten, sondern das lief alles an der Tür ab. Was für ein Pack.«

Gommi ließ einen abschätzigen Laut hören und unterstrich damit Wenzels letzte Einschätzung.

Nach kurzer Diskussion kamen sie überein, dass die drei zur gleichen Zeit vernommen werden sollten – gleich am Nachmittag. Robert Funk würde sich den Pfarrer vornehmen, Wenzel die Musikerin und den Feldwebel würde Schielin auf die Dienststelle bestellen. Wenzel beschrieb ihn als den skrupellosesten Typen der drei.

Kimmel kam auf die Armbanduhr zu sprechen und es entwickelte sich ein intensiver Diskurs darum.

Wenzel war währenddessen in Gedanken an einem anderen Ort und einem Ereignis, das ihn beschäftigte. Er hatte am Vormittag bei der Inselhalle gestanden und hinaus auf das Wasser geblickt. Ein Turmfalke war über ihn hinweggeflogen, über die Liegeplätze der Motorboote hinweg, ein Stück auf den Kleinen See hinaus, bis er mit einem Mal wendete und im Sturzflug dem Seepavillon zufiel, wo er eine Kohlmeise schlug, die dort unaufmerksam mit einem Büschel Hundehaare beschäftigt war, das sie aufgesammelt hatte. Ein energetischer Vorgang, schnell, zielgerichtet und grausam. Falken fliegen nicht spazieren, dachte Wenzel. Sie fliegen nicht herum, um uns Menschen zu gefallen und Natur zu spielen. Sie sind Natur, sie sind beständig auf der Suche nach Gelegenheiten. Er mischte sich, überraschend für die anderen, wieder in die Diskussion ein. »Warum nicht!? Warum nicht? Sollte jemand vom Wert dieser Uhr gewusst haben und auf eine Gelegenheit gewartet haben sie zu kriegen, so halte ich das durchaus für ein hinreichendes Motiv einen Mord zu begehen. Fünfzigtausend Euro – eine Armbanduhr! Und die trägt der einfach so am Handgelenk spazieren. Also für mich ist das schon ein Motiv … gibt's doch alles! Falken fliegen nicht spazieren …«

Lydia zog die Augen zusammen. Was hatte er da eben von Falken gesagt?

Wenzel fuhr fort: »Neulich erst droben im Enzkreis bei Pforzheim … da hat einer einen Jäger und Waffensammler umgebracht, nur um an dessen Knarren zu kommen – dreiundzwanzig Gewehre und vier Kurzwaffen«, er fasste sich kurz an die Stirn, bevor er fortfuhr, »… und in Sibirien haben sie einen Medaillensammler zu fünfzehn Jahren Lagerhaft verurteilt, weil er eine alte Frau in ihrer Wohnung erwürgt hatte, nur um an ihre seltene Auszeichnung aus dem Zweiten Weltkrieg zu kommen. Wenn Menschen von der Gier erfüllt sind, etwas besitzen zu wollen, dann gibt es kaum ein Halten. Die Armbanduhr ist ein kleines Vermögen wert, selbst bei einem Hehler kommt da hübsch was rüber.«

»Ja schon«, entgegnete Schielin, »wer aber die Uhr abgreifen will und bereit ist jemanden dafür auch totzuschlagen, der sucht an der Leiche doch nach weiteren Wertgegenständen, Ringe, Geldbörse und so weiter. Was meiner Ansicht nach allerdings viel entscheidender gegen die Raub-Variante spricht, ist die Trennung von Fundort und Tatort. Welchen Grund sollte ein Raubmörder haben, den Toten an einem anderen Ort abzulegen. Das wäre doch viel zu gefährlich, wenn es keine bestimmte Funktion für den Täter hätte. Und diese bestimmte Funktion erschließt sich mir nicht – Tatverschleierung, Spurenbeseitigung? Ergibt einfach keinen Sinn.«

Lydia meldete sich nun zu Wort und berichtete von der Auswertung der Videofilme. »Vielleicht habe ich einen Ansatz für die Fragestellung Fundort – Tatort.« Auf den Drohnenvideos hatte sie die weißen Kalkflecken auch erkennen können und diese Strichlinie sogar bis zur Alten Schule und weiter in die Zwanzigerstraße nachverfolgen können. »Ich hatte drei Abstände zwischen den weißen Flecken abgemessen, und kam immer auf exakt achtundneunzig Zentimeter auf dem Straßenbelag.«

Die anderen sahen sie fragend an.

»Naja … geteilt durch Pi mal Dreikommavierzehn … diese weißen Markierungen können ja nur von einem Rad stammen, und das müsste bei diesem Abstand in etwa einen Durchmesser zwischen fünfundreißig und vierzig Zentimetern haben. Meine Recherchen haben mich zum Rad einer Schubkarre geführt, das genau so um die vierzig Zentimeter Durchmesser hat. Das käme hin, je nachdem wie sehr der Reifen aufgepumpt war und durch die Last eingedrückt war …«

Die anderen sahen sie noch immer mit großen Augen an. »Ich meine eine Schubkarre … also das könnte doch wirklich sein … dass jemand eine Schubkarre verwendet hat, um die Leiche fortzuschaffen. Die Spuren weisen vom Sina-Kinkelin-Platz zum Fundort und enden an der Linde am Kirchplatz. Hinten am Bahndamm gibt es doch eine Baustelle, und wo eine Baustelle ist, sollten Kalkzement und eine Schubkarre nicht weit sein.«

Schielin stand energisch auf. »Mensch! Ja, Mensch! Wieso sagst du das erst jetzt!?«

»Vielleicht, weil der Herr Chefermittler die ganze Zeit am Telefon gehangen hat?«, giftete sie ihn an.

»Wir müssen da sofort hin … vielleicht finden wir die Schubkarre.«

Kimmel hob resignierend beide Hände. Er hatte keine Fragen mehr und stand keiner Aktion im Wege. Ganz fix war der Raum leer geworden und ihm kam es so vor, als würden sie vor ihm und seiner Kraftlosigkeit, seiner Unfähigkeit irgendetwas zum Fall beizutragen, flüchten. Er blieb noch eine Weile sitzen – Kraft sammeln. Hundle war trotz des allgemeinen Aufbruchs unbeirrt liegen geblieben. Jetzt drehte er sich und drückte seine Seite an Kimmels Wade. Reha!, dachte der.

Gommi kam zurück, setzte sich dazu und schwieg.

Nach einer Weile sagte Kimmel müde: »Und?«

»Gottseidank bist du wieder da. Es war ja auch furchtbar, was wir da von Kempten herbekommen haben, was du sonst immer erledigst. Da müssen ja ganze Armeen hocken, die Berichte haben wollen, Anfragen stellen – jeden Tag. Ich frag mich, wozu wir die vielen Computerprogramme haben? Aber egal jetzt …«

»Wie geht's Jasmin?«, fragte Kimmel.

»Au weh, die hat dieses Long-Covid und es geht nur langsam besser. Ich hab sie neulich besucht und wir sind eine kleine Runde spazieren gegangen und da hat sie ein paar Mal stehen bleiben müssen, um zu schnaufen … so ein junger Mensch, wie sie ist.«

»Mhm. Ist jemand da, der sich um sie kümmert?«

»Au ja. Sie hat eine Neue … genauso eine rassige, wie sie selbst ist … Schweizerin … aus Gais, aber man versteht sie ganz gut.«

»Na dann.«

Schielin stellte den Dienstwagen direkt am Milchpilz ab. Wenzel parkte dahinter und rief ihm beim Aussteigen zu: »Ich suche mal nach nem Capo.« Robert Funk folgte ihm, während Schielin und Lydia den Bereich um den Maria-Ward-Kindergarten absuchten, wo noch Bauzäune aufgestellt waren; ein Teil war bereits abgebaut und harrte an der Mauer zur Thierschbrücke seinem Abtransport. Zerfleddertes Trassierband hing herum. In einer dunklen Ecke befanden sich ein Haufen mit feinem Kies, zwei, drei Baggerschaufeln Sand und ein großer weißer Batzen, der von einem aufgerissenen Zementsack stammte. Von dort waren einige der Abdruckspuren in nächster Nähe zu sehen, sie führten in Richtung Inselhalle, waren aber im weiteren Umfeld durch die Baufahrzeuge zerfahren worden. »Schaut schon mal nicht schlecht aus«, meinte Lydia, »es müsste ein mindestens handflächengroßer dunkler Blutfleck sein. Vom Regen etwas verwaschen, aber immer noch sichtbar, wenn die hässliche Geschichte auf einer Teerfläche stattgefunden hat.«

Schielin ging weiter in Richtung Kinderspielplatz, wo sich ein Holzkletterwald um den riesigen Elefanten ordnete. Marja hatte ihm erzählt, es würden inzwischen Erwachsene da rumhangeln und rutschen.

Er ging weiter. Drüben am Bahndamm standen Wenzel und Funk, schon im Gespräch mit einer Gruppe Arbeiter in Leuchtwesten. Vom Kreisverkehr oberhalb der Lindenschanze war Motorenbrummen zu hören, das aber vom Gerumpel des Bummelzugs aus Friedrichshafen übertönt wurde, der gerade über den Bahndamm holperte und in Richtung Bahnsteig ausrollte.

Wenzel und Funk kamen zurück. »Die können nicht sagen, ob eine Schubkarre fehlt, weil sie nicht für die Baustelle hier rund um den Spielplatz zuständig sind. Das sind Sachsen, die für die Bahn arbeiten und die Schienen richten.«

Schielin sah sich um. »Wo würdet ihr euch hier mit jemandem treffen wollen? Es ist kalt, es ist dunkel und windig ... Regen kann jederzeit niedergehen.«

»Ein verabredetes Treffen?«, fragte Wenzel. »Gehst du nicht mehr von Zufall aus – denk an das Sprichwort: Gelegenheit macht Diebe.«

»Ich weiß, was du meinst. Es ist schon eine Option, aber ich denke doch, es ging hier um ein verabredetes Treffen.«

Funk deutete in Richtung Kleiner See. »Der Bahndamm selbst ist ja noch gesperrt. Am ehesten vorne bei den Bänken am Kleinen See.«

Sie marschierten über den Spielplatz nach vorne zum Ufer. Der Regen hatte den Wasserspiegel in wenigen Tagen schnell ansteigen lassen. Enten und Blässhühner stieben aufgeregt über die Wasserfläche davon, als sie am Ufer anlangten.

»Was wollte er überhaupt hier?«, fragte Funk laut auf die Seefläche hinaus, »es sind nur drei Minuten von hier bis zu seinem Haus und er hätte sich ja auch dort mit jemandem treffen können.«

Lydia lief hinter ihm vorbei und scannte den Boden, während sie antwortete. »Es sei denn, es handelte sich um jemanden, den er nicht bei sich im Haus haben wollte, und wenn das so war, landen wir wieder bei seinen Nachkommen, die alle drei hier auf der Insel sind, die er aber nicht bei sich im Haus untergebracht hat, weil er sie dort nicht haben wollte.«

Schielin klatschte in die Hände: »Schaun wir uns mal um.«

An dieser durch die Baustellen abgelegenen Stelle des Uferbereichs am Kleinen See waren nur wenige Menschen unterwegs. Ein paar alte Damen gingen spazieren und waren mit einiger Wahrscheinlichkeit dem Maria-Martha-Stift zuzuordnen. Die Sperrung des Bahndamms leitete den Inselverkehr vollständig zur Seebrücke hin und der Lärm der Baustellen am Bahndamm und rund um den Spielplatz wirkte wenig einladend.

Drunten im Wasser pendelten die Boote müde in ihren Liegeplätzen. Aus einiger Entfernung war einer der Motoren zu hören. Eine Gruppe junger Schwäne zog langsam über das Wasser. Immer wieder wischte eine kühle Brise von der Schachener Bucht her und hinterließ ein feines Zittern auf der glatten Wasseroberfläche.

Lydia schlug den Kragen hoch und zog den Kopf ein. Ob es in diesem Jahr überhaupt noch einmal warm werden würde?

Die Kastanienbäume entlang des Uferwegs waren vollständig ergrünt und hatten ihre Blütenstände schon vollständig ausgebracht.

Sie ging weiter in Richtung des Bootsverleihs Hodrius,

wo sich die Uferbefestigung in Form eines Erkers in den See drückte. Dort markierten zwei Bäume den Platz – eine Trauerweide und eine amerikanische Rosskastanie. Ihr Laub spendete der langen Sitzbank Schatten, sofern es denn sommerlich warm war und die Sonne schien, wovon man im Moment weit entfernt war. Der Ort kam einer Premium-Loge mit Seeblick gleich.

Lydias Blick suchte den Boden ab und an den glatten Randsteinen der Uferbefestigung entdeckte sie tatsächlich zwei der markanten Zementspuren. Sofort schlug ihr Herz spürbar und hart. Vorsichtig ging sie weiter, inspizierte Schritt für Schritt den Boden und in der Tat fand sie am Boden, direkt am Geländer, dort wo die Stufen hinunter zum Wasser führten, einen dunklen Fleck.

Sie winkte den anderen, die gleich zur Stelle waren. »Da vorne nur ein paar Meter weiter sind Spuren von unserer imaginären Schubkarre und das hier könnte wirklich Blut sein.«

Wenzel war umgehend zurück zum Auto gegangen, um die beiden Koffer für die Spurensicherung zu holen.

Schielin kniete nieder und betrachtete den dunklen Fleck am Boden und die Fläche rundherum. Wenn das der Tatort gewesen sein sollte, was hatte Sigismund von Bratz hier gewollt und aus welchem Grund hatte der Täter den Körper von hier ins Zentrum der Insel geschafft? Diese Stelle war zur Zeit derart abgelegen – grade das bot einem Täter doch Sicherheit vor Entdeckung. Wozu also der Transport zum Marktplatz? Ging es dabei doch um eine symbolische Handlung?

Er richtete sich auf. »Wir brauchen Taucher … könnte gut sein, dass die Tatwaffe und anderes in den See geworfen worden ist.«

»Läuft schon«, antwortete Lydia von hinten.

Sie suchten die Stelle genau ab, Blut und Zementspuren wurden gesichert, alles fotografiert.

Lydia trat an Schielin heran, der hinüber zum Aeschacher Ufer blickte. Zwei Ruderboote wurden gerade drüben ins Wasser gelassen und von der Tierarztpraxis dröhnte tiefes Hundegebell zur Insel herüber. »Wenn man ihn von hier weggeschafft hat, muss das an der Täterkleidung Spuren hinterlassen haben und bei Bratz ebenso. Ich werde seine Kleidung ins LKA schicken und einen Faserabstrich machen lassen. Vielleicht finden wir da auch noch Haare vom Täter und DNS.«

»Ja, mach das.« Schielin lehnte sich an das Geländer und blickte über den See.

Die Ruderboote hatten inzwischen schon den halben Weg zur Seebrücke zurückgelegt. Er drehte sich um – nach Osten hin lagen das Maria-Martha-Stift, ein Stück weiter die Inselhalle. An einer Befragung würden sie nicht vorbeikommen, aber große Hoffnung auf Zeugen machte er sich nicht. Diese Stelle war eine regelrechte Sackgasse, es bestand Ausgangssperre und die Leute hielten sich daran – Bratz und sein Mörder gehörten nicht dazu. Und was die alten Leute im Stift anging, da machte er sich wenig Hoffnung, einer von ihnen hätte in stockdunkler Nacht etwas mitbekommen. Sicher war er allerdings die Schubkarre betreffend – sie musste von der Baustelle hinter dem Kindergarten stammen. Wenn das hier der Tatort sein sollte, dann hätte jemand die Leiche über Zwanzigerstraße, Alten Schulplatz bis hoch zum Marktplatz karren müssen. Verrückt! Das wäre doch völlig verrückt. Was hat der Täter dann gemacht? Wo war er mit der Schubkarre hin?

»Wir suchen den weiteren Bereich um die Kirchen noch ab«, rief er den anderen zu und setzte sich in Bewegung, »ich laufe und ihr kommt mit den Autos nach.«

Wenzel sah ihn fragend an.

»Die Schubkarre«, sagte Schielin, »das Ding muss doch irgendwo abgeblieben sein.«

*

Als sie später zurück auf die Dienststelle kamen, empfing sie Kimmel schon im Gang und vermeldete, dass Eberhard von Bratz samt Gattin gleich zur Vernehmung erscheinen würde.

Es hatte ihn viel Kraft gekostet, die Termine abzusprechen, zumal seine Gegenüber sich wenig kooperativ zeigten. Auch am Telefon gebärdeten sie sich ganz so, wie Wenzel ihr Auftreten in der Besprechung beschrieben hatte.

Kimmel stand etwas verloren im Türrahmen seines Büros und verfolgte das Treiben im Gang. Lydia winkte ihm zu. »Ich gebe dir gleich Bescheid, was war«, und verschwand im Keller, von wo sie gleich darauf mit einer großen Plastikplane wiederkam und im Vorübergehen sagte: »Wir haben die Schubkarre gefunden … ziemlich sicher.«

Schielin hatte sich ins Büro zurückgezogen und Wenzel war mit Robert Funk gleich wieder nach draußen gegangen. Vielleicht ist das alles normal, dachte Kimmel, doch es ist noch zu schnell für mich, einfach zu schnell. Er schloss die Türe zu seinem Büro und setzte sich vor den Bildschirm. Das Präsidium aus Kempten hatte eine neue Anfrage zu Corona gesendet. Er las den Text mit den vielen fetten, kursiven, unterstrichenen und roten Markierungen mehrmals, bis er verstand, was sie wissen wollten. Gommi hatte recht. Wozu gab es diese ganzen Websites, auf denen man Daten eingab, bestätigte und ganz verrückt wurde an unplausiblen Plausibilitäten? Wozu, wenn schließlich doch wieder Excellisten befüllt wurden. Bürokraten dachten eben nur an eines: Planstellen. Und niemals an Problemlösung.

*

Lydia nahm Robert Funk mit hinunter zur Insel, wo Sigismund von Bratz in einem der mittelalterlichen Häuser in der Salzgasse einige Ferienwohnungen eingerichtet hatte. Cornelia von Bratz wohnte in der obersten Wohnung. Eine alte Steintreppe führte in weiten Rundungen nach oben. In den schmalen, aber hohen Nischen leuchteten LED. Früher standen da Kerzen und Öllichter, die ein schummriges, flackerndes Licht verbreiteten. Für den Moment war diese Vergangenheit für sie beinahe fühlbar und dieser Hauch aus lang vergangener Zeit verschwand, so schnell er gekommen war, als sie an der Wohnungstür klopfte. Unten, am Eingang, hatten sie schon geklingelt und ihre Ankunft angekündigt. Funk war in der untersten Wohnung mit Martin von Bratz befasst. Sie hörte von drunten, wie Robert Funk eingelassen wurde.

Es roch angenehm trocken und würzig nach altem Haus und die Geräuschwelt der quirligen Insel drang nur verhalten bis hierher vor, was dem massiven Steingemäuer zu verdanken war.

Aus der Wohnung war noch immer nichts zu hören und sie klopfte nochmals kräftig an die Holztür.

Schritte waren endlich zu hören – Holzboden. Ein Schlüsselbund klapperte und Cornelia von Bratz öffnete die Tür mit energischem Schwung.

Lydia hielt ihren Dienstausweis hoch und blickte in ein missgünstiges Gesicht, aus welchem ihr ein ärgerliches und unfreundliches »Ja doch!«, entgegenschlug.

Lydia ging wortlos an ihr vorbei in den geräumigen Gang. Breite Holzdielen, an der hell verputzten Wand alte Stiche in bunter Mischung mit modernen Zeichnungen, ein schmales Sideboard. Alles recht stilvoll, wie sie fand.

Sie grüßte beiläufig, ohne sich dieser Frau direkt zuzuwenden, die jetzt mit energischen Schritten an ihr vorbeitappte. Die Haare waren extrem kurz geschoren, grauweiß, das kantige Gesicht wurde auch durch die rahmenlose Brille nicht erquicklicher im Ausdruck.

Freudefrei!, dachte Lydia und lächelte harmlos. In einem netten Wohnzimmer nahm sie in einem alten Ledersessel Platz. Die Lehne war etwas abgewetzt, was eher gemütlich denn schäbig wirkte.

»Ja und?«, fragte Cornelia von Bratz ungehalten.

Lydia holte umständlich ihr Smartphone hervor, steckte das Mikrophon auf und legte es auf den gläsernen Beistelltisch. »Haben Sie was dagegen, wenn ich die Vernehmung aufzeichne?«

»Ja, natürlich habe ich etwas dagegen«, kam es empört, »ich will das nicht!«

Lydia fixierte sie mit professionell freundlichem Blick und meinte mit einem Schulterzucken: »Kein Problem … wäre es Ihnen möglich mit mir auf die Dienststelle zu kommen? Wir müssen protokollieren … Sie verstehen das sicher.«

»Na dann, machen Sie schon …«

Sie legte das Smartphone in aller Gelassenheit auf den Tisch, stellte aber vorher den Timer auf zwölf Minuten und startete ihn, bevor sie ihren Notizblock hervorholte.

Cornelia von Bratz hockte ihr verspannt gegenüber. Die Beine eng zusammen, die Fersen bis an das Sofa gepresst, der Oberkörper nach vorne geneigt und die verschränkten Arme vor der Brust zusammengeschnürt. Man konnte meinen, eine Frau vor sich zu haben, die friert und zugleich an Bauchschmerzen leidet.

Es existierten durchaus Menschen, die in einer solchen Körperhaltung Gelassenheit verspüren, doch bei ihrem Gegenüber war dies nicht der Fall, wusste Lydia. Die Nervosität und innere Unsicherheit traten in der Gesichtsmimik zutage. Im Sekundentakt fuhr Cornelia von Bratz mit der oberen Zahnreihe zwischen den Lippen hervor und kratzte im Bereich des rechten Mundwinkels an der Unterlippe, was sie ungemein unvorteilhaft erscheinen ließ. Lydia ächzte innerlich, wieder einmal einem so in allem mokanten Wesensausdruck gegenübergestellt zu sein. »Wann haben Sie Ihren Vater zum letzten Mal gesehen?«, lautete die erste Frage.

»Am Samstag«, kam die Antwort, ohne jedes Überlegen, so als habe sie genau auf diese Frage schon gewartet.

»Und wann genau da?«

»Wir hatten ein Treffen. Es dauerte von dreizehn Uhr bis kurz nach sechzehn Uhr.«

»Worum ging es bei dem Treffen?«

»Es war ein Familientreffen ...«

Lydia verkniff sich zunächst eine Bemerkung hinsichtlich dieses eher kurzen Familientreffens, fragte aber nüchtern weiter, wer anwesend gewesen sei, wie sie die Stimmung ihres Vaters beschreiben würde und aus welchem Grund sie nicht alle im Haus in der Maximilianstraße wohnten, das doch ausreichend Platz böte.

Sie bekam knappe und insgesamt ausweichende Antworten und die Auskunft, es habe nach dem ominösen Treffen keine Begegnung mehr zwischen Tochter und Vater gegeben, was sie insistieren ließ. »Sie sagten doch, es sei ein Familientreffen gewesen, Frau Bratz?«

»von Bratz ... bitte.«

»von Bratz … natürlich«, wiederholte Lydia und lächelte gutmütig, »es scheint mir doch etwas kurz gewesen zu sein?«

Cornelia von Bratz wollte die Frage mit einem Schulterzucken abtun.

»Kam es denn zu einem Familienstreit?«

»Wie kommen Sie denn darauf?«

»Die Frage liegt doch nahe und wir müssen das unter diesen Umständen in Erwägung ziehen. Kam es zum Streit?«, gab Lydia nicht nach.

Cornelia von Bratz wich aus. »Ich weiß mit dem Wort Streit nichts anzufangen, insbesondere angesichts der Umstände. Wir hatten familiäre Dinge zu diskutieren, es ging um Nachlassregelungen und da darf man schon unterschiedlicher Meinung sein innerhalb einer Familie und wenn Sie das Streit nennen wollen, dann bitte.« Ihre Lippen wurden dünn wie ein Strich und böse Augen blitzten Lydia an.

Die entschloss sich dazu, ein wenig mehr zu provozieren, lehnte sich zurück, schlug die Beine übereinander und sagte: »Hören Sie, es geht hier um eine Todesermittlung … da sollten Sie als eine der Hinterbliebenen doch mit den Ermittlungsbehörden kooperieren.« Bewusst vermied sie in ihrer Frage das Wort *Tochter*.

»Mache ich das etwa nicht?«

»Sie haben Ihren Vater also von Samstagnachmittag, sechzehn Uhr, an nicht mehr getroffen, gesehen, nicht mehr mit ihm telefoniert oder in sonst einer Weise kommuniziert?«

»Das sagte ich doch schon.«

»Mhm. Wenn es im Nachgang zu keinem Kontakt mehr mit Ihrem Vater kam, dann könnten unsere bisherigen Erkenntnisse stimmen, die kein sonderlich harmonisches Treffen schildern.«

Cornelia von Bratz lachte gekünstelt und schrill. »Ach ich kann mir schon vorstellen … das Assistentlein wird wohl Gerüchte verbreitet haben. Erst sich einschleichen und nun das …«

Lydia senkte ihre Stimme: »Bitte … Frau von Bratz … lassen wir das. Ich nehme an, Sie beziehen sich auf Frau Ball?«

»Wen denn sonst!? Ich jedenfalls habe mich nicht mit meinem Vater gestritten.«

»Das klingt für mich so, als haben sich Ihre Brüder da mehr eingebracht?«

Cornelia von Bratz bearbeitete ihre Unterlippe besonders intensiv. »Was auch immer diese Frau Ball behauptet hat – nein, es gab keinen Streit.«

Lydia forcierte: »Unterschiedliche Vorstellungen vielleicht – wovon? Also ich bitte Sie. Das entspricht doch jeder Lebenserfahrung. Sie sind alle drei von weit her angereist, es ist das Pfingstwochenende, Sie treffen Ihren Vater am Pfingstsamstag für gerade einmal drei Stunden, danach wollen Sie über die gesamten Feiertage hinweg keinerlei Kontakt mehr mit ihm gehabt haben und am Dienstagmorgen liegt er tot auf dem Lindauer Marktplatz! Sie werden doch nachvollziehen können, wie wenig realistisch das erscheint! Es muss doch … Irritationen gegeben haben, nicht wahr?«

Cornelia von Bratz schwieg und sah sie aus engen Augenschlitzen an.

Lydia beobachtete sie genau. Keine Regung an den Extremitäten. Keine Veränderung ihrer Sitzposition. Das Gesicht bleich und hart – weniger der Situation geschuldet als vielmehr eine Art Grundhaltung. Verwunderlich war die intensive Abwehrhaltung die Zusammenkunft betreffend, im Gegensatz zur Tatsache, wie wenig der gewaltsame Tod des Vaters eine Reaktion erzeugte. Sie stellte keine Frage, wie er denn genau gestorben sei, wann und wie es mit der Beerdigung weitergehen sollte. Die ganz normalen, menschlichen Dinge eben, die einen umtreiben müssten. Den genauen Todeszeitraum wollte Lydia nicht preisgeben und formulierte die nächste Frage mit einem umfassenden Zeitkorridor. »Nun gut. Was haben Sie denn von Samstagnachmittag an bis Dienstagmorgen gemacht? Wir benötigen das ganz genau bitte.«

Cornelia von Bratz blieb schrill: »Ach! Bin ich jetzt auf einmal verdächtig?« Ein Anklang von Hysterie schwang mit.

»Es ist Routine, reine Routine … also bitte.« Lydia wedelte mit ihrem Kugelschreiber und sah auffordernd hinüber zum Sofa. Die Stille im Raum fiel ihr plötzlich auf. Völlige Stille. Man konnte es kaum glauben, mitten auf der Insel zu sein. Von einer unbekannten Stelle in der Wohnung klang das metronome Klacken einer Uhr.

»Samstagnachmittag und am Abend?«, mahnte Lydia an und überlegte, wie sie diese Frau zum Reden bringen konnte, welches Angebot sie machen konnte, dass sie begann etwas zu erzählen. Alles, was sie an Informationen erhalten konnten, war von Bedeutung und sie sollte sie schon zum Reden bringen. Die Schwierigkeit war nur das Widerborstige dieser Frau, das keine Fassade war, sondern ein Zug ihrer Persönlichkeit.

Worauf, überlegte Lydia, konnte man dieses Charaktermerkmal lenken, um sie zum Reden zu animieren? Vielleicht die Konkurrenz mit ihren Brüdern? Familienangelegenheiten waren immer gut, um einen spaltenden Keil anzusetzen.

»Reine Routine …«, wiederholte Lydia noch einmal.

Ihr Gegenüber gab sich einen Ruck. »Ich war mit meinem Bruder zusammen, am Samstag nach unserem Treffen. Am

Sonntag und Montag war ich allein, draußen auf der Insel spazieren, soweit es überhaupt möglich ist, wo beinahe alles gesperrt ist, und am Abend hier in der Wohnung. Ich habe Musik gespielt. Drüben steht ein Klavier im Zimmer, weswegen ich auch diese Wohnung wollte.«

Lydia kritzelte etwas in ihren Notizblock, um Zeit zu gewinnen und nachzudenken. Sie hatte *mit meinem Bruder* gesagt, wobei es doch zwei Brüder waren. Da war sie, die Einladung. »Ich verstehe nicht recht«, fragte sie unbeholfen, »Sie haben doch zwei Brüder. Mit welchem haben Sie sich am Samstagabend getroffen?«

»Mit Martin natürlich. Eberhard ist mein Stiefbruder.«

Lydia zeigte keine Reaktion auf diese überraschende Antwort, notierte belanglose Worte und sprach ebenso belanglos vor sich hin, ohne dabei aufzusehen. »Naja, Bruder ist nun mal Bruder …«

»Martin … mit ihm hatte ich mich getroffen«, kam es streng.

Lydia sah auf und blickte ihr forschend ins Gesicht. »Wie würden Sie das Verhältnis zu Ihrem Vater beschreiben?«

»Gut.«

»Mhm. Wann hatten Sie vor dem Familientreffen zuletzt mit ihm Kontakt?«

Die Frage verunsicherte sie. Es war ihr anzusehen, dass sie überlegen musste.

»Ist das schon länger her gewesen?«, setzte Lydia nach, »na, Weihnachten doch sicher …«

Cornelia von Bratz schüttelte den Kopf. »Im letzten Sommer.«

»Waren Sie damals hier zu Besuch?«

»Nein, ein Telefonat.«

Irgendwie musste Lydia sie aus diesem kleinen Käfig, in den sie sie bekommen hatte, herauskriegen und in Richtung ihrer Brüder bringen. Zudem half es ihr nicht weiter, wenn sie diese Frau spüren ließ, wie abstoßend ihre Bitterkeit auf sie wirkte, denn schließlich war sie hergekommen, um ein paar Fakten mitzunehmen. Sie lenkte das Gespräch in eine andere Richtung, senkte ihre Stimme ein wenig, sprach langsamer und verwendete betont ihren Namen. »Frau von Bratz, wie würden Sie das Verhältnis Ihres Bruders Eberhard zu Ihrem Vater bezeichnen?«

»Das war sicher nicht das beste Verhältnis, was aber auch an der Situation lag.«

»Welche Situation muss ich mir da vorstellen?«

»Unsere Mutter hat ihn mit in die Ehe gebracht und … und er gehört einfach nicht dazu … bis heute nicht.«

»Er wurde adoptiert, nicht wahr? Er trägt ja den Familiennamen.«

»Ja. Weil unsere Mutter das wollte, weil es eben so schwierig mit ihm war, verstehen Sie?«

»Nein, das verstehe ich nicht. Was war schwierig mit ihm?«, fragte Lydia lockend, als könne sie sich gar nichts darunter vorstellen.

»Der Eberhard war eben schon immer anders«, begann Cornelia von Bratz.

Lydia nahm erfreut wahr, wie sich ihre Körperhaltung entspannte, die Augen das Fixierende verloren und ihre Stimme nicht mehr so spröde klang. »Nur ein Beispiel … als Kinder spielten wir unsere eigenen Spiele, … einmal zum Beispiel, da waren zwei Freunde von uns da und … wir hatten uns die Augen verbunden und er holte Asche aus dem Aschenbecher im Salon und steckte sie Martin und seinen Freunden in den Mund. Die hatten die Augen verbunden und mussten erraten, was sie im Mund hatten …. wissen Sie … Dinge solcher Art eben – immer und überall. Es war schrecklich! Und er hatte ja einige Zeit lang diesen kleinen

Affen, mit dem er überall herumlief ... ein fürchterliches Vieh, aber die zwei gehörten irgendwie zusammen, also der Affe und Eberhard, und dann war der Affe mit einem Mal tot und er hat ihn ... stellen Sie sich vor ... er hat ihn abgezogen, und das Skelett ausgekocht. Es stank fürchterlich ... da war er etwa vierzehn, oder fünfzehn. Ich glaube, Mutter hat das Vater niemals erzählt. Der war ja im Grund auch nie zuhause, immer auf Reisen ... der Beruf eben und er bekam da auch nicht alles mit.«

Lydia tat verhalten überrascht. »Ach ja ...«

Unvermittelt lachte Cornelia von Bratz. Herzlich lachte sie. »Jaja, jetzt fällt es mir wieder ein! Er wollte sich das Skelett als Mobile ins Zimmer hängen, aber das war Mutter letztlich doch zu viel und es gab deswegen heftiges Geschrei. Er war ein kleiner Teufel ... jaja.«

Anscheinend ist er ein großer Teufel geworden, dachte Lydia und sprach verständnisvoll: »Schon eher ein gespanntes Verhältnis ... denke ich.«

»Durchaus, durchaus. Wobei ... wie gesagt, unser Vater war andauernd unterwegs ... diese vielen Verhandlungen, und es war ihm daran gelegen, wenn er zuhause war, dass es harmonisch zuging, und harmonisch, das dürfen Sie mir glauben, war es in den allerseltensten Fällen. Eberhard fand immer eine Gelegenheit, um aus der Rolle zu fallen, was Vater natürlich furchtbar aufgeregt hat. Und als Mutter dann gestorben war, ist es vollends schwierig geworden, weil Eberhard auch ... intellektuell ... verstehen Sie ... den Ansprüchen nicht gerecht geworden ist. Vater war ja Justitiar in einem großen Konzern und immer mit anspruchsvollen Aufgaben befasst ... selbst zuhause.«

»Ja, da klingelt schon mal das Telefon ...«, stellte Lydia sich dumm.

Cornelia von Bratz hob es ein Stück aus dem Sofa. »Telefon!? Was Sie für Vorstellungen haben!? Er hatte ein vollständiges Büro eingerichtet da oben im Haus, mit separatem Zugang. Niemand von uns durfte da hoch, weil er konzentriert arbeiten wollte …«, sie senkte die Stimme, »… im Grunde war es nicht nur ein Büro, sondern es war eine eigene abgetrennte Wohnung. Das mit dem Büro, das war nur Vorwand, glaube ich …« Sie senkte den Kopf und sah einige Sekunden auf den Teppich und sprach alsdann leise und böse, wie zu sich selbst. »Und da hatte er ja auch noch seine Sekretärin, da oben.«

»Sekretärin?«, fragte Lydia leise und dennoch nachdrücklich.

»Ja natürlich, Frau Ball!«

»Aber das passt doch vom Alter her nicht.«

»Neiin, ihre Mutter. Die Mutter von dieser Janina Ball war ganz zu Anfang die Sekretärin meines Vaters.« Ihre Stimme wurde leise, als spräche sie mit sich selbst. »Seine Dachkammer, die Bücher, Gemälde und Frau Ball – das war sein Leben. Mit uns wollte er nicht viel zu schaffen haben.«

»Und diese Frau Ball …?«, gab Lydia einen neuen Impuls.

»Ach. Sie war irgendwann weg.« Sie sah zur Decke und überlegte angestrengt. »Wenn ich mich recht erinnere … das muss so um die Zeit gewesen sein, als die Sache mit dem Affen passiert war … oh, Sie können sich nicht vorstellen, welche Aufregung das ins Haus gebracht hat. Vor einigen Jahren war sie dann wieder hier in Lindau, nach wer weiß wie vielen Jahren. Dreißig Jahre waren es sicher. Alte Geschichten eben. Und jetzt hockt ihr Töchterchen da oben im Dachgeschoss«, sie sah Lydia giftig an und sprach spitz: »Schon seltsam, nicht?«

Lydias Smartphone piepste sonor *DingDang*. Der Timer war abgelaufen.

Perfekt, dachte Lydia, presste mit genervter Miene »Ach,

es ist eine Seuche mit diesen Dingern … entschuldigen Sie bitte. Sie tippte schnell eine Nachricht für Schielin: *Eberhard nur Adoptivsohn, sadistische Neigung, nie dazugehört.*

Solche Informationen waren nützlich, vor allem bei Vernehmungen.

*

Schielin und Wenzel saßen Eberhard von Bratz frontal gegenüber. Wenzel fand es bedauerlich, welch freundliche Ausstrahlung das neue Vernehmungszimmer alleine durch das Fenster bekommen hatte. Den Kerl vor ihnen hätte er lieber in einem dunklen Kellerloch vernommen.

Das stand auch offen, der frischen Luft wegen, die für die Jahreszeit ausnehmend frisch war, und um den Coronamaßnahmen gerecht zu werden.

Bratz hockte mit distanzierter und missmutiger Miene am Tisch, gab sich wortkarg und auf unbeholfene Weise arrogant. Es musste anstrengend für ihn sein, auf dem harten Holzstuhl diese distanzierte Körperhaltung dauerhaft zu demonstrieren – den Oberkörper gezwungen aufrecht, den Kopf dabei beständig in leichter Rücklage, um aus schmalen Augen wenigstens den Eindruck zu erwecken, nach unten zu blicken.

Irgendwann werden dir Kreuz und Schultern richtig wehtun, dachte Wenzel.

An diesem Eberhard passten die Proportionen nicht recht zusammen. Der schmale Oberkörper mit den zu langen Beinen und Armen, ein eiförmiger Kopf mit kurzen Stoppeln auf dem schroffen Schädel, eine versoffene, knollige Nase im Gesicht, die narbige Haut, dazu die breiten Lippen. Im Grunde wirkte er wie eine Karikatur – wäre da nicht etwas latent Gewalttätiges von der Gestalt ausgegangen. Schon vom ersten Moment an war Wenzel diese unterschwellige Aggressivität aufgefallen.

Schielin führte die Vernehmung und es lief schleppend und beschwerlich. Mühsam hatten sie ihm entlocken können, wo er von Samstag bis Dienstagmorgen gewesen war. Über die Familie an sich war von ihm so gut wie nichts zu erfahren. Schielin überlegte gerade, ob und wie er weitermachen sollte, als sein Smartphone vibrierte und er die kurze Notiz von Lydia las. Er verzog keine Miene und schob es etwas zur Seite, um auch Wenzel eine gute Sicht darauf zu ermöglichen.

Eberhard von Bratz zeichnete gerade ein triumphierendes Grinsen auf sein Gesicht. Es war ihm eine Genugtuung zu sehen, wie sie sich mit seiner Destruktivität abplagten. Bei der Bundeswehr hatte er mal einen Kurs besucht, für den sich kein anderer gemeldet hatte. Dabei war es darum gegangen, wie man sich verhält, wenn man von gegnerischen Geheimdiensten befragt werden sollte. Gegenfragen stellen, Fragen nicht verstehen oder mit unsinnigen Antworten entgegnen. Das praktizierte er nun und betonte immer wieder, er könne sich an dies nicht und das nicht erinnern. Forderte wiederholt, man möge ihm erklären, ob er verdächtig sei, wo sie ihn schon nach einem Alibi fragten, und wie sie darauf kämen zu vermuten, er hätte seinen Vater umgebracht. In seiner Fixierung, möglichst wenig preiszugeben, offenbarte er allerdings, wie wenig ihn die Umstände des Todes und die Einbezogenheit in das Geschehen überhaupt berührten. Wie Cornelia von Bratz stellte auch er keine einzige Frage zum Verbleib der Leiche, zu den Modalitäten einer Beerdigung oder zeigte sonst ein Interesse am Schicksal des Toten.

Schielin ließ ihn einstweilen in seiner Selbstgewissheit hocken und stellte ein paar belanglose Fragen und überlegte, wie er mit Lydias Informationen umgehen wollte. Zum Abschluss ließ er ein paar Laute hören, wiegte den Kopf und registrierte, wie Eberhard von Bratz seine angestrengt beibehaltene Körperhaltung entspannte.

Offensichtlich dachte er, die Befragung wäre nun an ihr Ende gelangt.

Fehlanzeige, dachte Schielin und fing mit klarer, fordernder Stimme erneut an. »Nochmal zurück zu Ihrer Familie …«

Eberhard von Bratz sah ihn verdutzt an. Etwas Dummes lag in seinem Blick, das seine Überraschung offenbarte. »Was jetzt!?«

Schielin beachtete ihn nicht und formulierte allgemein, doch mit einem lauernden Unterton: »Wie würden Sie das Verhältnis zwischen Ihnen und Ihrem Vater beschreiben?«

Die erneute Frage erzeugte Ärger bei ihrem Gegenüber, und er presste seine Antwort abwehrend hervor: »Normal eben – mal gut, mal schlecht, wie es eben so ist.«

»Es hatte also keine Bedeutung für Ihr Verhältnis zueinander, dass Sie nur der Adoptivsohn waren, und diese Konstellation führte auch zu keinen speziellen Spannungen zwischen Ihnen … Ihrem Vater … Ihren Stiefgeschwistern?«, flötete Schielin.

Wenzel hatte beide Ellbogen am Tisch abgestützt und blickte ernst, fast böse über den Tisch und nahm den Wirkungstreffer wahr, den das Wort *Adoptivsohn* erzeugte. Es ließ ein regelrechtes Zittern durch den Körper des langen Kerls laufen und der wusste für den Moment überhaupt nicht auf diese Situation zu reagieren. Seine Augen wanderten vom einen zum andern.

Schielin legte nach. »Ihre Stiefgeschwister haben in ihren

Einlassungen darauf hingewiesen, wie sehr dieser Umstand in der Familie zu Problemen geführt hat. Das kann ja auch durchaus so sein und wäre auch kein Einzelfall. Aber – aus welchem Grund suchen Sie das zu verdrängen? Befürchten Sie dadurch in den Fokus unserer Ermittlungen zu geraten?«

»Ich verdränge gar nichts und ich habe auch nichts mehr zu sagen. Wenn Sie mich nochmals befragen wollen, werde ich meinen Anwalt mitbringen.«

Wenzel richtete sich auf und spottete. »Ah, haben Sie den immer dabei?«

»Ich werde jetzt gehen.«

»Das dürfen Sie, wenn wir es Ihnen gestatten. Sie bleiben also sitzen. Wie würden Sie das Verhältnis zu Ihren Stiefgeschwistern bezeichnen?«

»Normal, genauso wie das Verhältnis zu meinem Vater.«

»Sie müssen schon verstehen, dass wir das Umfeld dieser Tat aufklären müssen«, schaltete sich Wenzel ein: »Na hören Sie mal! Erst ein Familientreffen in Steno, danach keinerlei Kontakt mehr zwischen Ihnen und Ihrem Stiefvater – über das ganze Pfingstwochenende hinweg – und am Dienstagmorgen liegt er tot auf unserem schönen, friedlichen Marktplatz. Ihre Stiefgeschwister bezeichnen Ihr Verhältnis zum Getöteten als strukturell schlecht, so möchte ich es einmal bezeichnen und noch etwas – haben Sie eine gewisse Neigung zu Gewalt? Mit und ohne Einverständnis des jeweils Betroffenen?«

Eberhard von Bratz musste schlucken. Wut stand ihm ins Gesicht geschrieben. »Conny, nicht wahr«, blaffte er, »sie erzählt solche Dinge über mich. Ich weiß schon … sie hat da noch eine alte Rechnung offen, die Madame, und es mag auch sein, dass es nicht gerade ein Herzenswunsch des Alten war, mich zu adoptieren, aber er hat es schließlich gemacht, weil meine Mutter es wollte. Aber fragen Sie doch mal Frau Musiklehrerin, aus welchem Grund er sie nicht in seinem Haus haben wollte? Weil ihm ihr stundenlanges Geklimper auf den Nerv ging, weil ihm jeder Ton, den sie auf dem Klavier erzeugte, wehtat. So hat er es einmal gebrüllt vor einigen Jahren, hat ein altes Klavier gekauft und es in die Ferienwohnung stellen lassen, um ihr Geklimper nicht mehr hören zu müssen. Drei Monate war sie danach in der Klapse, und es hat ihn nicht annähernd geschert. Sie hasst ihn … abgrundtief. Ja, fragen Sie sie mal, was er für eine Meinung über ihr Klavierspiel hatte. Und von der Schule musste sie gehen, weil sie mit den Kids nicht zurechtgekommen ist. Das muss man sich auch mal vorstellen – Musiklehrerin und das nicht hinbekommen! Jetzt orgelt sie auf irgendeiner Kirchenorgel rum, weil da ist man ja froh um jeden und kann sich's nicht aussuchen. Fragen Sie sie!«

Schielin war zufrieden. »Das werden wir ganz sicher tun, doch im Moment sind wir mit Ihnen befasst und das aus gutem Grund.«

*

Lydia war froh, die Befragung mit Cornelia von Bratz hinter sich zu haben und wieder draußen in der Salzgasse zu sein, wo sie frische Luft atmen konnte. Sie wartete auf Funk und sah sich die Auslagen im kleinen Schaufenster des Goldschmieds an. Ein schlichter Ring in Weißgold mit einem roten Zickzackmuster aus Rotgold gefiel ihr besonders gut.

Über der Insel kreiste unablässig ein Motorflugzeug, dessen Motorenlärm auf- und abschwellend über der Inselstadt lag.

Robert Funk kam nach einiger Zeit herunter.

»Und?«, fragte sie, »auch so ein nettes Persönchen wie seine Schwester?«

»Ziemlich schmierig, würde ich sagen«, lautete die Antwort. »Erst hat er den Pfaffen geben wollen und mich mit Phrasen zugemüllt, und als ich ihn nach dem Familientreffen fragte, wie er zu seinem Vater und seinen Geschwistern stand und wo er wann gewesen sei, da ist er richtig cholerisch geworden. Ist aufgestanden, auf und ab gelaufen, mit hochrotem Kopf und hat rumgeplärrt.«

»Rumgeplärrt, jetzt echt?«

»Ja. Ich habs ihm allerdings schnell ausgetrieben und ihm richtig Angst gemacht. Erkenntnisse in Stichpunkten: Er hat kein Alibi für die Tatzeit. Er hasst Eberhard. Er hasste seinen Vater und seine Schwester sowieso. Jesus – was für eine Familie. So langsam kann ich verstehen, weshalb der alte Bratz die Bagage nicht im Haus haben wollte.«

Lydia lachte böse und informierte ihn über die Neuigkeiten, während sie gemeinsam nach oben in die Maximilianstraße gingen. Dort herrschte inzwischen ein rechtes Gedränge rund um die Teststation. Ein Teil der Leute trug Masken, andere wiederum nicht.

»Adoptivsohn also«, wiederholte Robert Funk, »das ist wirklich interessant. Das hat dieser Martin nicht erwähnt, wobei er wirklich kein gutes Haar an diesem Eberhard gelassen hat. Der muss von Kind an eine Eskapade nach der anderen abgeliefert haben, und der alte Bratz hat ihn mehr als einmal aus Schwierigkeiten holen müssen … Schulschwänzen, Schlägereien, kleinere Straftaten und so – allerdings habe auch ich eine Neuigkeit.«

Lydia blieb stehen.

»Raus damit!«

»Der Eberhard hat seinem Sohn die Frau ausgespannt.«

»Ne!«

»Doch.«

»Und so ganz deutlich ist er nicht geworden ... hinterhältiger Typ halt ... aber die Cornelia und der Eberhard ... er meinte, die beiden wären nicht immer verstritten miteinander gewesen ... er sagte es auf eine derart schmierige Weise ... du verstehst?«

»Na und ob ich verstehe und ich kann es mir inzwischen auch vorstellen.«

Sie linste zu den Arkaden hinüber. Eigentlich wäre ein schneller Espresso im *Hugo* angenehm gewesen, aber die anderen warteten sicher auf der Dienststelle auf sie.

*

Dort angekommen, ging sie zuerst ins Büro zu Gommi. Der sollte eigentlich schon auf dem Weg nach München ins Landeskriminalamt sein. Als sie eintrat, hing er gerade am Telefon und bedeutete ihr mit Handzeichen, dass er gleich fertig sein würde.

Sie ging in die Hocke und kraulte Hundle, während Gommi am Telefon ermittelte. »Ja, ja genau – neun Kisten Spätburgunder, zwölf Grauburgunder und vier Weißburgunder ... Nein, der *Rosé* von der Theresa Deufel ist ausverkauft ... da geht nix ... nimm halt den *Solaris* und vom Haug hätt ich noch ... ja ... gut ...«, er notierte etwas, verabschiedete sich knapp und legte endlich auf.

Lydia fuhr ihn giftig an: »Für die Schubkarre sollte schon noch Platz im Auto sein, gell.«

»Ah des geht gut. Ich hab den alten VW Bus – alles schon vorbereitet.«

»Gommi, wir brauchen die Ergebnisse möglichst schnell«, stellte sie nüchtern fest.

»Ja, was glaubst du hab ich grad gemacht? Genau darum ging es doch.«

Sie erhob sich, warf ihm einen skeptischen Blick zu und ging. Im Türrahmen stoppte sie und sprach über ihre Schulter: »Vom Spätburgunder nehme ich auch zwei Kartons. Stell sie mir bitte ins Büro.«

Als Gommi den Hof verlies und mit einem schwer beladenen VW-Bus in die Ludwig-Kick-Straße einbog, startete die Besprechung. Kimmel wollte selbst keinerlei Impulse setzen. Ihm genügte es, würde ihn die Runde auf den neuesten Sachstand bringen. Hinter seinem Schreibtisch verschanzt, Hundle auf den Füßen liegend, hatte er versucht, sich in den Fall einzudenken. Ein Erschlagener, drei Kinder, ein Familientreffen, eine junge, attraktive Sekretärin, wertvolle Bücher und Kunstwerke, viel Geld im Spiel, eine teure Armbanduhr – alleine, er bekam keine Beziehungs- und Handlungsstränge zusammen. Nie zuvor in seinem Leben war es ihm so schwergefallen, nachzudenken. Als ihm ein Schweißtropfen von der Nasenspitze getropft und auf die Schreibtischplatte gefallen war, spürte er, wie sich ein Zittern in seinen Schultern ankündigte und begann, den Arm hinunter zur Hand zu laufen. Alle Unterlagen hatte er weggeschoben und sich ganz auf Hundle konzentriert. Nach einer Weile ging es wieder.

Schielin berichtete ausführlich vom Vormittag, als sie die nähere Umgebung des Fundortes abgesucht hatten und tatsächlich in einer Nische direkt am Durchgang zwischen Stift und Münster eine Schubkarre gefunden hatten. Die Spurenlage deutete darauf hin, dass es sich um die Schubkarre handeln musste, die für den Transport der Leiche verwendet worden war.

»Aber wozu das denn?«, fragte Kimmel.

Schielin zuckte mit den Schultern. »Keine Ahnung. Es ist wirklich ein Rätsel.«

»Gibt es was Neues zum Familientreffen?«

Lydia meldete sich zu Wort. »Wir haben eine Vorstellung davon, wie kurz und kontrovers es war. Danach dann völlige Funkstille, obwohl die nur drei Minuten voneinander entfernt sind. Nicht mal mehr einen Kaffee am Pfingstsonntag oder Pfingstmontag? Ich werde diese Sekretärin Janina Ball nochmals vernehmen. Im Grunde eine sehr sympathische Erscheinung, doch irgendwie bin ich mir bei ihr nicht so ganz sicher ... sie kommt mir auch nicht ganz koscher vor, ein wenig undurchsichtig noch. Allerdings – einen Leichnam von der Größe unseres Toten in eine Schubkarre bugsieren, kann ich mir bei ihr nur schwer vorstellen. Nur, wenn sie Hilfe gehabt hätte.«

»Rein von der körperlich-physischen Fähigkeit her könnte das nur Eberhard der Sadist oder Martin der Pfaffe allein geschafft haben«, meinte Wenzel.

Kimmel sah verwundert in die Runde. »Äh ... und diese Cornelia und ihr Bruder – sie haben ein wenig aus dem Nähkästchen geplaudert?«

Lydia erzählte ihm in kurzen prägnanten Worten die Geschichte vom Äffchen, von der Asche im Maul der Freunde und von der begehrenswerten Schwiegertochter und einem möglichen Verhältnis zwischen Eberhard und Cornelia.

Kimmel schüttelte den Kopf. »Da gehts ja ganz schön zu. Wie wollt ihr weitermachen?«

»Gommi ist mit der Schubkarre schon auf dem Weg nach München. Wir hoffen auf jede Menge Fremdspuren – Fasern, Fingerabdrücke, DNS. Und ich habe gerade noch schnell mit Notar Berger telefoniert, den ich heute noch aufsuchen werde … vielleicht erfahren wir von ihm etwas mehr über das Familientreffen.«

Kimmel war irritiert von den Informationen. »Ja, aber was haben die denn über Pfingsten hier gemacht, ich meine, wenn das Familientreffen im Streit geendet hat, dann wäre es doch logisch, wenn die heimgefahren wären, oder etwa nicht?«

Schielin stimmte ihm zu. »Das ist eine der Fragen, die wir uns stellen. Sie könnten hiergeblieben sein, um nochmals den Kontakt zu suchen, aber das ist offensichtlich nicht geschehen.«

»Oder um eine Rechnung zu begleichen«, meldete sich Lydia, »die Klavierspielerin hat Klavier geübt, ist mal von der Insel nach Wasserburg gelaufen und mit dem Schiff zurück nach Lindau. Der Pfaffe hat am Sonntagnachmittag einen Freund in Langenargen besucht und ist am Pfingstmontag nach Bregenz geradelt und wieder zurück. Der Eberhard und seine Frau wollen nur auf der Insel unterwegs gewesen sein. Entweder lügen alle, oder einer, oder zwei.«

*

Es war Robert Funk, der Schielin hinaus nach Schachen begleitete, wo Dr. Josef Berger zum einen wohnte und im Wohnhaus auch seine Kanzlei betrieb. Ein schmaler Weg aus Natursteinplatten führte durch einen gepflegten Vorgarten zum Eingang, wo sie in Empfang genommen wurden. Dr. Berger durfte schon äußerlich zur Gänze als Paradebeispiel eines akkuraten Notars zählen. Der dunkle Maßanzug war edel, ohne eine Grenze zum Manieristischen zu überschreiten. Das cremefarbene Hemd lag ebenso makellos am Hals wie die Rasur auf der zartgebräunten Haut, und kaum zu erwähnen – der perfekte Knoten der Seidenkrawatte und die perfekte Frisur. Kurzhaarschnitt. Weitestgehend ergraute Haare.

Diese Perfektion war deswegen so bewundernswert, als Dr. Bergers Verhalten diese Äußerlichkeiten nicht widerspiegelte, sondern im Gegensatz dazu einen aufgeräumten und eher natürlichen Eindruck erweckte. So stand er da, die rechte Hand in der Hosentasche, und erwartete sie mit ungekünsteltem Ernst. Eine einladende Geste genügte ihm, sie hereinzubitten. Mit gemessenen Schritten, ganz ohne Eile, leitete er sie durch helle Gänge in einen großzügigen Büroraum, von welchem aus man in einen weitläufigen Garten blickte. Dort war ganz hinten eine blonde Frau in legerer Freizeitkleidung damit beschäftigt, einen überbordenden Rosenbusch zu bändigen.

Dr. Berger war den Blicken der beiden aufmerksam gefolgt und sagte: »Trotz der langanhaltenden Kälte und der Feuchtigkeit scheint es ein rechtes Rosenjahr zu werden.« Seine Stimme klang ruhig und geübt, ohne irgendeine Silbe übermäßig zu betonen. »Darf ich Ihnen etwas anbieten – Wasser, Kaffee, Espresso?«

Die beiden lehnten ab und nahmen auf der Ledercouch Platz.

Er ließ einen kurzen Laut hören, als er sich setzte. »Ich bin, muss ich Ihnen gestehen, immer noch entsetzt von dem, was da an Furchtbarem geschehen ist. Es ist unvorstellbar … einfach unvorstellbar.«

»Sie sind bereits über Details informiert?«, fragte Schielin.

»Frau Ball hat mich natürlich, gleich nachdem Sie bei ihr gewesen waren, angerufen und von den Umständen in Kenntnis gesetzt.«

»Ah ja, sie hat uns auch Ihre Kontaktdaten gegeben«, entgegnete Schielin, der in der Folge beschrieb, was sie am Morgen auf dem Marktplatz vorgefunden hatten. Er schilderte die Situation jedoch, ohne dabei auf Details einzugehen. »Frau Ball hat uns von einem Familientreffen berichtet, das am Samstag stattgefunden hat. Die drei Kinder des Opfers sind ja noch hier in Lindau und Sie verstehen sicher, welche Bedeutung es für uns hat, worum es konkret bei diesem Familientreffen gegangen ist.«

Dr. Berger nickte Schielin bedeutungsvoll zu. Die gleichmäßige Haut seiner hohen Stirn zeigte Falten, und auch diese waren akkurat, gleichmäßig und gerade verteilt. »Das würde ich gerne, Herr Schielin. Ich selbst war allerdings nicht anwesend bei diesem Familientreffen.«

»Ja, Frau Ball erwähnte es, hat uns aber an Sie verwiesen, was die Inhalte angeht. Sie war sich wohl unsicher, was sie sagen darf.«

»Ja, ich weiß. Sie wissen, dass Frau Ball bei diesem Treffen dabei war?«

Schielin hatte ein wenig Mühe, seine Überraschung zu verbergen. Soweit er sich an das Gespräch mit Frau Ball erinnerte, sprach sie zwar von dem Treffen, aber erwähnte nicht, dass sie selbst dabei gewesen war. Und wozu auch?

»Nein, das ist eine neue Information für mich. Soweit ich mich erinnere, hat sie das nicht erwähnt.«

Robert Funk schaltete sich ein. »Die Frage, die wir uns konkret stellen, Herr Dr. Berger, ist die, ob es bei diesem Treffen der Kinder mit ihrem Vater zu einem Streit, einem Eklat gekommen sein könnte. Wie unsere bisherigen Befragungen ergeben haben, traf man sich am Samstag gegen Mittag und trennte sich am Nachmittag voneinander. Kein gemeinsames Abendessen, keine weiteren Zusammenkünfte über die Pfingstfeiertage. Wir denken, es ist ein eher seltsames Verhalten zwischen Vater und Kindern – vor allem, wenn dieser einige Tage später tot auf dem Marktplatz liegt, verstehen Sie?«

Dr. Berger hatte aufmerksam zugehört. »Oh, glauben Sie mir, ich verstehe nur zu gut, welche Gedankengänge Sie bewegen und sie sind vollkommen nachvollziehbar. Sie müssen aber auch verstehen, dass ich als Anwalt derzeit keine Details zu persönlichen Rechtsangelegenheiten überantworten kann.«

Schielin hakte sofort nach. »Es geht uns weniger um Details. Uns genügen auch abstrakte Informationen. Es geht für uns vor allem darum einschätzen zu können, worum es überhaupt bei dem Treffen ging, an welchem auch Frau Ball beteiligt war, obwohl sie gar nicht zur Familie gehört.«

Dr. Berger nickte mit ernstem Gesicht. Nach einiger Zeit des Nachdenkens und Abwägens sagte er. »Nun ... bei dieser Unterredung ging es Sigismund darum, allen Beteiligten darzulegen, wie er seinen Nachlass ordnen möchte .... nein, korrekt ausgedrückt, wie er ihn bereits geordnet hat. Es war ihm ein Anliegen, seine Kinder persönlich davon in Kenntnis zu setzen. Von der Anwesenheit von Frau Ball wusste ich auch bis heute Morgen nicht. Sie hat es mir am Telefon gesagt. Sigismund wollte sie sicher als Unterstützung bei diesem Termin dabeihaben – als Vertrauensperson. Sie müssen wissen, er schätzt sie außerordentlich ... äh ... schätzte ...«

»Er hatte also eine hohe Meinung von ihr?«

»Ja. Genauso wie von ihrer Mutter.«

Robert Funk sah ihn fragend an. »Wie meinen Sie das?«

»Schon ihre Mutter war die Sekretärin, heute nennt man es Assistentin, von Sigismund von Bratz, schon vor über dreißig Jahren. Wie das Schicksal eben so spielt, nicht wahr. Janina Ball kam vor etwa zwei Jahren nach Lindau, als ihre Mutter schwer erkrankte. Auf irgendeine Weise ist die Tochter in die Tätigkeit ihrer Mutter ...«, er hob die Arme,

»hineingeraten? Ich weiß es nicht. Im Laufe dieser letzten beiden Jahren ist sie im Grunde zur treibenden Kraft geworden, denn Sie müssen wissen, Frau Ball ist vom Fach: Juristin mit einem besonderen Faible für Kunst – sie hat beides studiert und zuletzt die Sammlung de facto eigenständig geführt und administriert. Es war übrigens auch ihre Idee, in der Salzgasse Ferienwohnungen einzurichten. Ein ganz hervorragendes Unterfangen.«

»Könnten Sie sich vorstellen, dass die Nachkommen von Sigismund von Bratz mit Frau Ball weniger zufrieden waren, als ihr Vater das war, und dass sie mit der Art und Weise, in welcher er den Nachlass regelte, wenig einverstanden waren?«

»Wie gesagt, auf Details darf und möchte ich derzeit nicht eingehen, ich würde jedoch Ihre beiden Fragen mit einem *Ja* beantworten wollen. Vielleicht kann Ihnen Dr. Trehle da ausführlichere Informationen liefern.«

»Dr. Trehle?«

Dr. Berger lächelte fein. »Ja. Dr. Wilhelm von Trehle. Ich habe die juristische Beratung vor etwa eineinhalb Jahren von ihm übernommen. Bis dahin hatte er Sigismunds Angelegenheiten betreut. Wie ich hörte, hat er aber privatisiert und alle Mandantschaften abgegeben, auch die seiner Freunde – Golf, Segeln und so, ein Connaisseur.«

»Der Name Trehle ist bislang noch nicht aufgetaucht«, sagte Robert Funk.

Dr. Berger stand auf und ging hinüber zum Schreibtisch und kramte eine Weile herum. »Ah ja, hier … seine Anschrift habe ich nicht, aber das ist seine Handynummer. Er müsste hier in Lindau wohnen. Sigismund und er waren in der gleichen Firma tätig. Er hat in dem Sinne keine öffentliche Kanzlei, so wie diese hier es auch nicht ist. Freundschaftsdienste, neben der Juristerei für die Firma … Sie verstehen?«

Schielin verstand nur zu gut. »Ich gehe davon aus, auch Sie hatten ein freundschaftliches Verhältnis zu Sigismund von Bratz unterhalten?«

»Wie das klingt, was Sie sagen: *hatten*. So endgültig, wie es ja auch ist. Doch zu Ihrer Frage – ja, wir haben zusammen studiert und waren viel zusammen damals. Dann haben sich unsere Wege aus beruflichen Gründen getrennt, bis wir uns zufällig beim Golfen hier in Lindau wiederbegegnet sind ... vor etwa zwei Jahren war das. Meine Frau ist Lindauerin und wollte unbedingt wieder zurück an den See und vor allem raus aus der Stadt«, er wies in den Raum und hinaus in den Garten, »das hier ist ihr Elternhaus. Ich habe mein Büro hierher verlegt – Homeoffice sozusagen.«

»Mhm. Noch eine Frage, Herr Dr. Berger. Im Nachlass sind ja einige Immobilien, das Haus in der Maximilianstraße mit dieser eindrucksvollen Sammlung an Büchern unter dem Dach, die Ferienwohnungen in der Salzstraße – unter Umständen werden wir eine Durchsuchung durchführen müssen. Ich gehe davon aus, Sie sind hierfür der Ansprechpartner?«

Zum ersten Mal während ihres Gesprächs war es Dr. Berger anzusehen, wie unangenehm ihm die Frage war. »Nein, da wenden Sie sich bitte an Frau Ball, die die zuständige Ansprechpartnerin ist.«

Schielin sah zu Funk und schüttelte den Kopf. »Frau Ball?«

Ihr Gegenüber verlor ein wenig von der bisherigen Glätte und Makellosigkeit. »Ja, Frau Ball ist für alles zuständig. Sigismund hat es so festgelegt.«

»Vielleicht wäre das Konkrete in diesem Zusammenhang weit besser als abstrakt«, sagte Schielin, »Sie wissen schon ... war Frau Ball vielleicht mehr, als nur Assistentin?«

Dr. Berger gestikulierte mit den Händen. Anscheinend

fand er gerade nicht die rechten Worte. »Da denken Sie in die falsche Richtung … Sigismund kam zu Anfang des Jahres zu mir, mit der Bitte seinen Nachlass zu regeln. Um es vorwegzunehmen – es gibt keinen Alleinerben. Sammlung und Immobilien werden in eine Stiftung überführt, die Kinder erhalten … erhielten eine Abfindung und Frau Ball ist beauftragt, solange, bis die Stiftung die Aufgaben übernimmt, alle administrativen Maßnahmen zu treffen.«

»Sie übt demnach das Hausrecht aus?«, fragte Robert Funk.

»So ist es.«

»Und diese Stiftung?«

»Diese Stiftung tritt erst nach dem Tod die Rechtsfolge an … und dieser traurige Fall ist ja nun eingetreten. Sobald die Staatsanwaltschaft die Leiche freigegeben hat, wird die testamentarische Verfügung zugestellt. Vorher kann ich Ihnen zu den Details keine Auskunft geben … also keine Zahlen.«

»Weiß Frau Ball von dieser Regelung?«

»Seit heute Morgen, als sie mich anrief, weiß sie es. Ich habe es ihr am Telefon gesagt, da ich denke, sie wird die ein oder andere Entscheidung treffen müssen. In den Prozess der Nachlassgestaltung selbst war sie nicht einbezogen, jedenfalls soweit mir bekannt ist. Sigismund hat das hier mit mir besprochen. Er hatte allerdings für diesen Freitag einen Termin bei mir vorgesehen, zusammen mit Frau Ball, der ihm sehr wichtig war. Näheres dazu weiß ich nicht.«

»Eine letzte Frage noch, Herr Dr. Berger. Wann hatten Sie zuletzt Kontakt mit Sigismund von Bratz?«

Ein feines Lächeln huschte über sein Gesicht. »Am letzten Donnerstag war er abends hier bei uns zum Essen. Es war ein sehr angenehmer Abend mit langen und guten Gesprächen – er war ein großer Unterhalter, müssen Sie wissen und verfügte über einen unermesslichen Schatz an Anekdoten …«, Berger hielt inne und überlegte, »ach ja, und am Sonntagmorgen hat er bei mir angerufen.«

»Wann genau war das?«

Er musste nicht lange überlegen. »Das war so gegen zehn. Er hatte mir eigentlich von dem Familientreffen erzählen wollen und wir waren gerade dabei ein paar Allgemeinplätze auszutauschen. Gerade als wir zum eigentlichen Thema kamen, klingelte es bei ihm an der Wohnungstür. Er sagte, seine Tochter wäre da und beendete das Gespräch.«

»Cornelia von Bratz?«, fragte Schielin und sah zu Funk. »Sind Sie sicher?«

»Ja. Ich hörte es im Hörer klingeln, er unterbrach, ging zur Schaltanlage, kam zurück und meinte, er würde später anrufen – Cornelia stünde drunten und er wollte sie nicht wegschicken. Begeistert hatte er nicht geklungen.«

*

Draußen am Auto, tippte Robert Funk die Telefonnummer von Dr. Trehle ein, und während das Freizeichen aus dem Lautsprecher zu hören war, rief er Schielin über das Autodach halblaut zu: »Komm, den Trehle ziehn wir uns heut noch rein – spannender gehts auch auf Netflix nicht, oder?«

»Das Töchterchen hat uns angelogen … und diese Janina Ball … wird immer ominöser.«

Robert Funk hob die Hand. Er hatte Trehle am Telefon. »Herr Dr. Trehle?!«

Schielin verfolgte das Telefonat, hörte, wie Funk ganz plakativ von Ermittlungen sprach, und wie wichtig in diesem Zusammenhang ein Gespräch mit ihm für sie wäre. Es ging hin und her; anscheinend war Dr. Trehle nicht so erfreut über den Anruf, wie Robert Funk davon begeistert war, noch eine Befragung durchführen zu können. »Ja, prima Herr Dr. Trehle. Bis gleich … Bäuerlinshalde …«

»Schöne Gegend …«, meinte Schielin.

Robert Funk steckte das Smartphone weg. »Begeistert war er nicht … bis der mir die Adresse hat rüberwachsen lassen. Und die sind schon cool, diese Juristen, er hat beinah so getan, als fiele ihm seine eigene Adresse gerade nicht ein, nur um mich abzuwimmeln.«

»Oh, willkommen im Club … was mir in letzter Zeit alles so nicht mehr einfällt.«

Robert Funk lachte wissend. »Meine Oma hat immer gesagt, das Alter sei allein eine Krankheit und ich wusste damals nicht annähernd, was sie damit meinte und wie recht sie hatte.«

In der Wackerstraße wurden sie mehrfach von Radfahrern überholt. »Dreißig ist hier«, schimpfte Funk, verzichtete auf die Hupe, ließ aber die Seitenscheibe herunter und plärrte hinaus: »Dreißig! Dreißig!«

An der Einmündung zum Giebelbach stauten sich Gruppen von Radfahrern, Fußgänger, Kinderwagen, Autos.

Er fuhr nun besonders vorsichtig und Schielin sah hinüber auf den See und zum Pulverturm, der der Szenerie eine regelrecht archaische Note verlieh. »Früher Rollator, heute E-Bike«, knurrte Funk und gab Gas, in Richtung Bahnunterführung.

»Nur noch Biker, wohin man schaut, Biker.«

Robert Funk sah ihn kurz an und lachte. »Was?«

»Ja, Sprache hat viel mehr Inhalt, als wir denken.«

»Was meinst Du damit? Ich weiß gar nicht, wovon du sprichst?«

»Es gibt keine Radfahrer mehr – nur noch Biker. So benehmen die sich auch. Bankiers sind auch ausgestorben –

heißt jetzt Banker, und schau dir an, wie es im Finanzbereich zugeht … das ließe sich so fortsetzen. Erst ändert sich die Sprache, und in der Folge ist festzustellen, wie sich damit auch die Wertebindung verändert.«

Robert Funk schürzte die Lippen und murmelte zustimmend.

Die Kreisverkehre in Aeschach waren schneller überwunden als gedacht, und bald erhob sich der Blick von der Steig aus weit über den See. So viel Schnee noch auf den Bergen, dachte Schielin und Ronsard fiel ihm ein und die Tierärztin, die er vergessen hatte anzurufen. Er griff zum Handy und erledigte es schnell.

Robert Funk stellte den Wagen vor der geschlossenen Doppelgarage ab. Der übliche Retortenbau an prominenter Stelle. Zwei ineinandergeschobene Quader, Winkel, Fensterfronten. Modern, teuer, auf beklemmende Weise einfältig. Im Prospekt stand sicher was von Bauhaus, Kubismus, Moderne, Transparenz, Lebensgefühl und so.

»Also im Bregenzerwald sind manche Kuhställe gelungener«, sagte Funk und drückte auf die Klingel. Ein Name war gar nicht erst zu lesen. Privatisieren, hatte Dr. Berger gesagt. So sah das also aus.

Die Türe wurde geöffnet und ein unschlüssiges Augenpaar blickte sie an.

»Dr. Trehle?«, fragte Funk, »wir hatten vor einigen Minuten miteinander telefoniert.«

»Ah ja, kommen Sie bitte herein«, lautete es flach. Er trat zur Seite und wies geradewegs nach vorne, wo sich ein großes Wohnzimmer auftat. Der Raum war kahl, mit einer Atmosphäre von kühler Modernität. Dunkler Steinboden, eine breite Fensterfront, ein weiter Blick hinaus – die Stadt, der Bahnhof, der See und die Berge. Schön anzusehen. Die Wände blanker Beton, ein Sofa, zwei Sessel, ein gläserner Beistelltisch. Exzeptionell teure Dekonstruktion, dachte Funk, dessen Augen immer wieder den Blick hinaus in die ungeordnete Natur suchten. Hier herinnen fühlte er sich wie in einer Bahnhofshalle.

Dr. Trehle war aus ganz anderem Holz geschnitzt als ihr vorheriger Gesprächspartner. Über einem etwas ausgemergelten Gesicht kräuselten sich graue, widerspenstige Locken. Auf der sichtbaren Haut – Golfplatz-Bräune. Braune Lederschuhe, beige Hose, kariertes Jackett mit Einstecktuch, Poloshirt. Am Armgelenk eine goldene Uhr mit fein geflochtenem goldenem Armband, um den Hals eine fein gearbeitete goldene Kette mit einer Triskele. Der Typ – sportlich, lässig. Auch sein Gehabe vermittelte Unkompliziertheit. Immer wieder huschte ein Lächeln über das Gesicht. »Habe ich das vorhin am Telefon richtig verstanden …«, leitete er mit einer lockeren Handbewegung das Gespräch ein, »es geht um Ermittlungen, bei denen ich … ich! Ihnen helfen könnte?« Er lachte jetzt. »Das wäre das erste Mal, dass ich etwas mit der Polizei zu schaffen hätte und ich kann Ihnen versichern, ich habe alle meine Transaktionen mit äußerster Sorgfalt durchgeführt. Es wäre mir arg, hätte ich dabei etwas übersehen und die Finanzämter hätten auf einmal berechtigte Einwände. Was ich damit sagen möchte – mein Gewissen ist rein.« Das Schelmische verflog und er fragte ernst: »Von Berger haben Sie meine Telefonnummer erhalten?«

Schielin nickte und Funk dachte, sie denken wirklich immer nur ans Geld. Er sah zu Schielin. Sollte er entscheiden, wie mit dem Herrn Doktor verfahren werden sollte.

»Jedenfalls schön, dass Sie Zeit für uns haben, Herr Dr. Trehle …«, sagte Schielin zurückhaltend.

Trehle vollzog eine theatralische Bewegung mit seiner Hand. »Zeit, Zeit, Zeit – ich höre immer Zeit. Die Zeit, es gibt sie nicht. Sie ist eine Erfindung der Menschen und nichts anderes, oder glauben Sie vielleicht, Zeit ist eine Größe, die Gott berücksichtigt? Wir Menschen haben die Zeit erfunden, die nichts anderes ist als Bewegung – es ist nur und ausschließlich Bewegung. Weil die Sterne sich bewegen, weil Planeten umeinander kreisen, weil der Wind weht, das Wasser Wellen bildet, die eine Strecke zurücklegen, weil wir Menschen mit dem Tag unserer Zeugung in einen Verwesungsprozess eintreten, weil das Herz in uns Lebewesen schlägt und das Blut wallt, bis wir wieder vergehen zu Staub und Erde, und für all diese Bewegung von einem Punkt zum anderen eine Maßeinheit gefunden haben, die wir mit Sekunden, Minuten, Stunden, Tagen, Monaten, Jahren, Jahrtausenden angeben und das alles doch völlig sinnlos ist, weil es für uns nichts anderes als eine Lineare zwischen den Punkten *A* und *B* ist. Das einzig Spannende an dieser unserer Erfindung ist doch, dass wir angeblich wüssten, sie würde sich krümmen, diese Gerade, nicht wahr!? Zeit, meine Herren – sie hat keine Erinnerung, weil sie keine Vergangenheit kennt. Nur den Augenblick. Wir armen Würmer, wir müssen uns aber durchaus mit Erinnerungen herumplagen. So ist das. Glauben Sie denn, Sie würden Zeit verbringen, mit etwas, Sie würden Zeit vergeuden!? Nein – es ist umgekehrt! Die Zeit verbringt uns! So ist es doch!«

Trehle hatte eine angenehm sonore Stimme, und man konnte ihm schon deshalb gut zuhören. Er war sicherlich ein unterhaltsamer Gesprächspartner – an anderen Orten, vor allem in anderen Situationen. Schielin ließ sich durch nichts krümmen und sagte nüchtern: »Ich muss Ihnen leider mitteilen – Herr Sigismund von Bratz ist heute Morgen am

Marktplatz tot aufgefunden worden. Wir ermitteln in diesem Fall und deswegen haben wir Sie aufgesucht.«

Trehle senkte den Kopf und blickte Schielin lange und schweigend an. Der Mund stand ihm halb offen. »Was sagen Sie da!? Sigismund? … tot?«

»Ja.«

Schielin und Funk warteten und beobachteten. Trehle wurde ganz still, die Körperspannung löste sich in nichts auf und er sah traurig und schweigend zu Boden.

»Wann hatten Sie denn zuletzt Kontakt mit Sigismund von Bratz?«, fragte Schielin.

Trehle wurde durch die Frage regelrecht aufgestört. »Was … wie bitte … Kontakt?«

Schielin wiederholte die Frage.

»Ach ja … wir haben uns vor etwa zwei Wochen getroffen, ein, zwei Gläser Whiskey zusammen getrunken und uns unterhalten. Er sprühte vor Lebenskraft, glauben Sie mir, er sprühte nur so …«

»Sie kannten sich lange?«

»Ja. Wir hatten beruflich lange miteinander zu tun, auch unsere Familien – wir waren ein paar Mal zusammen im Urlaub, vor einer Ewigkeit allerdings.«

»Sie kennen die Kinder?«

»Ja … sicher …«

»Wissen Sie von Schwierigkeiten in der Familie, insbesondere was den Nachlass betraf?«

Trehle löste sich aus seiner Versunkenheit, richtete den Körper auf, setzte sich im Sessel zurecht und sah von Funk zu Schielin. »Kriminalpolizei … Sie sind von der Kriminalpolizei … er ist nicht einfach tot umgefallen, nicht wahr? Was ist geschehen?«

»Die Umstände sprechen für eine nicht natürliche Todesursache. Aus diesem Grund ermitteln wir.«

Trehle schüttelte den Kopf. »Unvorstellbar … unvorstellbar … und ich dachte an eine Finanztransaktion … Polizei im Haus … Sigismund tot … vermutlich ermordet …« Er stand auf, stand unschlüssig herum, setzte sich wieder. »Nein, trotz allem – noch keine Zeit für Whiskey.«

Funk hakte nach. »Sie verstehen sicher, wir müssen das Umfeld betrachten und da interessiert uns im Moment vor allem die Art und Weise der Nachlassregelung. Dr. Berger meinte, derzeit keine Details nennen zu können.«

Trehle nickte. »Natürlich … so langsam verstehe ich … ja. Allerdings weiß ich nicht recht, wie ich Ihnen helfen könnte, denn ich habe mich vor über einem Jahr schon von allen Tätigkeiten zurückgezogen und Sigismund hat mit Dr. Berger einen Berater, der über die aktuellen Gegebenheiten besser informiert ist als ich. Nur so viel, was mein letzter Informationsstand war: Sigismund wollte seine Immobilien und die Kunstsammlung in einer Stiftung konzentrieren, und die Kinder sollten ausbezahlt werden.«

»Die waren darüber unter Umständen nicht begeistert«, fügte Funk an.

Trehle stimmte ihm zu. »Davon darf man ausgehen, denn so ein … ein Akt … kommt ja einer Enterbung gleich.«

»Wirklich?«

»Aber natürlich. Die Kunstsammlung, die Immobilien – das sind ungeheure Werte, zumindest auf dem Papier, Buchwerte eben. Ich kenne die genauen Summen nicht, aber … was ich eben so mitbekommen habe, sollen die drei eher … abgespeist werden«, er richtete sich wieder auf und suchte den Blickkontakt zu seinen beiden Gesprächspartnern, »das ist wohl die zutreffende umgangssprachliche Formulierung … mhm … würde mir auch nicht gefallen, gar nicht. Aber: *Den Freund kennzeichnet es vor allem, dass er nicht richtet.*«

Schielin sah ihn verwundert an.

Trehle lächelte milde. »… ist von Saint-Exupéry. Sie müssen entschuldigen, aber ich bin ein Zitate-Onkel. Bei den Golf-Events ist das nützlich, in anderen Situationen eher unpassend, aber man bekommt es nur schwer unter Kontrolle.«

»Wie muss man sich das mit der Stiftung vorstellen?«, fragte Schielin.

Trehle lehnte sich zurück, atmete etwas gequält aus und begann zu referieren, nachdem er die Finger seiner Hände aufeinandergelegt hatte und sie zu seinen Worten pulsieren ließ. »Stiftungen sind ein modernes Mittel, um mit privatem Vermögen gesellschaftliche Veränderungen bewirken zu können. Dabei liegt der Reiz für die Stifterin oder den Stifter darin, eine nach ihren Vorstellungen sinnvolle Organisation gestalten zu können, um einen Zweck zu erfüllen, der ihnen besonders am Herzen liegt. Die Gründe, eine Stiftung errichten zu wollen, sind vielfältig. Bei Sigismund war es der dringende Wunsch, seine Sammlung und das Haus in der Maximilianstraße über seinen Tod hinaus beisammen halten zu wollen. Er war völlig davon ergriffen und hat unzählige wertvolle Bücher überhaupt erst entdeckt und vor Vernichtung gerettet. Und ganz im Allgemeinen – steht der Entschluss fest, privates Vermögen für eine Stiftung einsetzen zu wollen, bietet das deutsche Zivilrecht dem Stifter unterschiedliche Gestaltungsmöglichkeiten, sein Vorhaben umzusetzen.« Trehle beugte sich ganz nach vorne und es war zu spüren, wie sehr er in seinem Metier war. »Hinter dem Begriff *Stiftung* verbergen sich verschiedene Rechtsformen und Typen. Die beliebtesten Rechtsformen sind die rechtsfähige Stiftung bürgerlichen Rechts sowie die Treuhandstiftung. Im Stiftungsgeschäft bekundet der Stifter seinen Willen, ein bestimmtes Vermögen in die Stiftung einzubringen, in der Satzung regelt er die nähere Ausgestaltung der Stiftung, wie z. B. den Zweck der Stiftung, die Anzahl der Organe und ihre Aufgaben. Mit der Anerkennung entsteht die rechtsfähige Stiftung bürgerlichen Rechts, wobei dem Stifter eine Stiftungsurkunde ausgehändigt wird. Damit ist aber erst eine Hürde geschafft, da die Stiftung noch vom zuständigen Finanzamt als gemeinnützig anerkannt werden muss. Das gilt natürlich nur, wenn der Stiftungszweck gemeinnützig ist. Für die Zuerkennung der Gemeinnützigkeit müssen Stiftungsgeschäft, Satzung und Stiftungsurkunde beim zuständigen Finanzamt eingereicht werden. Dann prüft das Finanzamt, ob die Stiftungssatzung den verbindlichen Vorgaben des Gemeinnützigkeitsrechts entspricht.«

»Und wie ist so eine Stiftung organisiert, wer trifft die Entscheidungen, wer leitet … führt?«

Trehle lehnte sich wieder zurück. »Jaja, Kriminalpolizei – Sie kommen schnell zum Kern. Das ist die spannende Frage, die ich Ihnen in diesem Fall leider auch nicht beantworten kann. Von seinen Kindern jedenfalls war niemand vorgesehen – zumindest, als ich noch mit den Themen befasst war. Daran dürfte sich nichts geändert haben.«

»Sie waren auch damit befasst?«

Trehle lachte. »Naja – ich war es, der ihm die Idee mit der Stiftung nahegebracht hat, weil ihn die Sorge umtrieb, seine Nachkommen würden Immobilien und Sammlung noch am Tag, an dem er unter die Erde käme, zu Geld machen. Das wollte er nicht, unter keinen Umständen.«

»Seit knapp zwei Jahren etwa hat er eine neue Assistentin …«, gab Schielin einen neuen Impuls.

Trehle lächelte fein und nahm ihn auf. »Janina Ball … eine sehr schöne Frau, gebildet, vom Fach, die Tochter seiner ehemaligen Sekretärin übrigens, die leider sehr erkrankt ist und wohl im Sterben liegt, wie ich bedauernswerterweise hören musste. Sie hat diese schreckliche Nervenkrankheit, von der man zur Zeit immer öfter hört: ALS.«

»Was verstehen Sie unter *vom Fach*?«, fragte Schielin.

»Sie hat Jura studiert und Kunst – in Lausanne und Genf. Eine sehr intelligente und zielstrebige Frau. Soweit ich weiß, war sie Geschäftsführerin einer großen Galerie in Paris. Die Erkrankung ihrer Mutter war der Grund, nach Lindau zu kommen.«

»Mhm …«

Trehle kniff die Augen zusammen. »Sie dürfen diese junge Frau nicht unterschätzen und glauben, sie sei lediglich die Assistentin von Sigismund gewesen. Im Grunde war sie es, die alles professionalisiert hat … seine Sammlung …«, er wackelte mit dem Kopf und fuhr mit der Hand durch die Luft, was einen imaginären Raum beschreiben sollte, »die Immobilien … einfach alles.«

»Klingt gut«, meinte Funk lauernd.

»Ja, sehr gut. Sie war es, die ihm vehement zugeraten hat, mein Haus in der Salzgasse zu erwerben, und ich bin mir sicher, sie hatte dabei schon den Plan, dort Ferienwohnungen einzurichten und im Erdgeschoss das Ladengeschäft.«

»Ach, von Ihnen hat er das Haus in der Salzgasse?«

Trehle richtete sich auf. »Ja, wussten Sie das nicht?«

Schielin schüttelte den Kopf.

»Ja, als ich mich beruflich zurückgezogen habe, ich erwähnte es schon – denke ich wenigstens – da wollte ich mich nicht mehr herumärgern, weder mit Geschäftspartnern noch mit Klienten, Mandanten oder Mietern. Ich … ich hatte den Entschluss gefasst, diese kurze Zeit, die einem in meinem Alter vermutlich noch bleibt, dazu zu nutzen, das Leben zu genießen, was für mich bedeutet: Golf spielen,

Segeln gehen, gutes Essen, alter Wein. Ich habe mich also von allen Immobilien getrennt und … umgeschichtet. So nennt man es wohl.«

»Klingt nach einem Plan«, sagte Robert Funk zustimmend.

»Ich habe mich damals von allem getrennt, was ich als Ballast empfunden habe, vor allem die Immobilien, zu denen ich nie so ein emotionales Verhältnis entwickeln konnte, wie das bei Sigismund und seinem Haus in der Maximilianstraße der Fall war. Nun gut, er hat sogar die alte Berghütte im Bregenzerwald von mir übernommen, wobei ich glaube, dass er niemals mehr als das eine Mal dort war, als wir sie uns angesehen haben. Das war nicht sein Stil. Er saß lieber im englischen Ledersessel mit den abgeschabten Polsterflächen, eine Zigarre, ein Cognac und eines seiner Bücher – vorzugsweise medizinische Botanik, neunzehntes Jahrhundert – Schubert im Hintergrund … leise.«

»Freunde?«

Trehles Augen wurden eng. »Er bevorzugte die Gesellschaft von Büchern, alkoholischen Getränken und klassischer Musik.«

Schielin hakte nach. »Keine Freunde?«

Trehle blickte die beiden ernst an. »*Er hat keine Feinde, und alle seine Freunde hassen ihn* – George Bernhard Shaw.« Das letzte Wort klang noch im Raum, da fuchtelte er schon abwehrend und entschuldigend mit den Händen herum. »Herrje, nein, nein, nein – vergessen Sie das, was ich gerade gesagt habe. Diese dummen Zitate! Ich wollte etwas anderes sagen. Er war ein Einzelgänger … introvertiert … ein guter, zuverlässiger, akkurater Mensch. Er war mit unglaublich vielen Menschen bekannt und gut bekannt, und Sie bringen mich mit Ihren Fragen da auf unangemessene Äußerungen. Doch in sein Haus auf der Insel sind in den letzten Jahren, denke ich, nur eine gute Handvoll Leute gekommen … ich war einer davon, Dr. Berger, Frau Ball senior und ihre Tochter. Vielleicht noch einige Sammlerfreunde und Interessenten.«

»Und die Familie? Sie sagten, Sie seien ein paar Mal zusammen im Urlaub gewesen?«

Trehles Augen wurden enger und musterten Schielin. »Mhm … was soll ich dazu sagen. Ja, wir waren zusammen im Urlaub. Südfrankreich, Atlantikküste, Bretagne – immer Wasser, immer Frankreich. Seine Frau war einige Jahre jünger als er und …«, er hielt inne.

»Und …«, ermunterte ihn Schielin.

»… die beiden passten nicht zusammen und wir – meine damalige Frau und ich – wir fragten uns, wie es zu dieser Verbindung kommen konnte. Sie hatten derart unterschiedliche Interessen. Sie war ein eher mondäner Typ, an Mode, Accessoires, gesellschaftlicher Präsenz interessiert, und er eher ein Arbeitstier, das in der Freizeit vor allem eines wollte – seine Ruhe. Das war keine glückliche Kombination, glauben Sie mir. Sie hat sich auch mehr für Boutiquen interessiert als für ihre Kinder, ich muss es leider so sagen. Das Verhältnis zwischen Sigismund und den Kindern … sehr kompliziert, und dieser Eberhard, den sie mit in die Ehe gebracht hat … du meine Güte. Das war schon ein sehr schräger Typ mit noch schrägeren Einfällen … die Details möchte ich mir und Ihnen ersparen. Unappetitlich! Sie, also Sigismunds Frau, bekam Krebs … chancenlos, und es ging sehr schnell zu Ende. Da … lassen Sie mich überlegen … da waren die Kinder so um die zwanzig. Nach dem Tod von Amelia, so hieß seine Frau, haben sie sich völlig voneinander losgelöst, denke ich. Finanziell hat er sie aber immer unterstützt und diesem Eberhard öfter als ein paar Mal aus der Klemme geholfen«, Trehle hob die Arme, »ich wüsste nicht, was ich Ihnen sonst noch erzählen könnte … das war es in aller Kürze.«

Schielin und Funk sahen sich an. Es war mehr, als sie erwartet hatten. Schielin bedankte sich und die beiden standen auf, um sich zu verabschieden.

»Entschuldigen Sie bitte, jetzt muss ich eine Frage an Sie richten, meine Herren«, hielt sie Trehle auf, »wann … wann wird denn die Beerdigung stattfinden? Gibt es da schon einen Termin? Ich möchte mich anständig von ihm verabschieden.«

Schau an, dachte Funk. Von den Kindern ist keines auf diese Frage gekommen. Schielin erläuterte das Prozedere. Nach erfolgter rechtsmedizinischer Begutachtung würde die Staatsanwaltschaft den Leichnam zur Bestattung freigeben.

Trehle sah zu Boden. »Jaja … so ist das eben … am Ende.« Es klang unendlich traurig.

Transsib

In der Besprechung am folgenden Morgen berichteten Schielin und Funk von den Ergebnissen ihrer Befragungen vom Vortag. Gommi hockte müde dabei. Er war erst spät in der Nacht aus München zurückgekommen.

Lydia war sauer. »Ein ganz schön durchtriebenes Luder, diese Cornelia. Hat die mich voll angelogen. Sie war also am Sonntagvormittag im Haus in der Maximilianstraße.«

»Haben die sich vielleicht abgesprochen?«, fragte Kimmel, der ein wenig mehr Energie fühlte.

»Wie meinst du?«, fragte Wenzel.

»Sie ziehen übereinander her, jeder macht den anderen schlecht und sie wollen damit Verwirrung stiften – stecken aber unter einer Decke.«

Schielin sah das nicht so. »Die verwirren höchstens sich selbst. Keiner von ihnen hat für die Tatzeit ein Alibi. Ich denke, da kämpft gerade jeder gegen jeden …, wenn du richtig lägst, wäre ihr Verhalten wirklich dämlich.«

»So zerstritten sie untereinander sind, so verabscheut jeder von ihnen diese Janina Ball«, fügte Funk hinzu. »Da müssen wir schon etwas näher hinschauen, bei dieser etwas geheimnisvollen Assistentin. Sie kam vor zwei Jahren nach Lindau, um ihre Mutter zu pflegen – ALS. In kürzester Zeit hat sie deren Job als Sekretärin beim alten Herrn von Bratz übernommen und wie es scheint auch gleich die komplette Geschäftsführung mit übernommen. Laut Trehle war sie die treibende Kraft. Sie hat einen Job als Geschäftsführerin einer Kunstgalerie in Paris aufgegeben … eigenartig, oder?«

Schielin sprach nachdenklich. »Ja, vor etwa zwei Jahren

hat sich so ziemlich alles verändert, würde ich sagen. Janina Ball tritt in das Leben von Sigismund von Bratz, Trehle zieht sich als Anwalt zurück, Dr. Berger übernimmt, Sigismund von Bratz entschließt sich, seine Kinder zu enterben und eine Stiftung ins Leben zu rufen … alles hängt irgendwie mit dem Erscheinen dieser Janina Ball zusammen. Sie war auch bei diesem Familientreffen dabei – wozu und in welcher Funktion? Ich kann mir nicht erklären, aus welchem Grund ihr in dieser kurzen Zeit quasi die Führung zugekommen ist und sich Sigismund von Bratz zurückgezogen hat … es sei denn, sie hätte das sehr konsequent eingefädelt. Nun gut, wir werden sehen.«

Er berichtete weiter über den mageren Sachstand. Von der Rechtsmedizin in München war noch nicht einmal eine Eingangsbestätigung eingetroffen, das LKA wollte sich nach Gommis Aussage schnell um die Spurenauswertung kümmern, und im Laufe des Tages sollten die Taucher aus Dachau eintreffen und am vermuteten Tatort am Kleinen See nach der Tatwaffe suchen.

Kimmel blickte in die Runde.

Wenzel sagte knapp: »Ich bin dann mal weg … Gerichtsverhandlung.«

»Ah ja. Dann mal viel Glück.«

*

Wenzel war nach der Besprechung schnell ins Büro zurückgegangen, hockte da am Schreibtisch und biss hungrig in eine Leberkässemmel. Er war abmarschbereit und hatte sein Outfit bereits für die Gerichtsverhandlung hergerichtet. Dunkle Hose, Lederschuhe, weißes Hemd. Sein Jackett hing über der Stuhllehne.

Lydia kam an seinem Büro vorbei, lehnte sich in den Türrahmen und sah ihm einen Augenblick lang schweigend zu, bevor sie hören ließ: »Jede Nahrung ist ein Symbol.«

Er hatte den Mund voll, sah sie an und was er sagte, klang wie: »Waow?«

»Jede Nahrung ist ein Symbol«, wiederholte Lydia, »ist von einem Philosophen ... Jean-Paul Sartre ... schon mal gehört?«

Wenzel wollte mit dem Bürostuhl herumrollen, was nicht recht gelang. Der Schwung landete überwiegend in den Händen, die auf die Semmel drückten, wodurch ein breiter, schleimiger Spritzer Senf auf das weiße Hemd tropfte.

Er stand auf und fluchte, immer noch kauend. »Ahhh ... verreck! Mift ...«

Mit einem Taschentuch, das er aus der Hosentasche holte, wollte er den Senfspritzer wegwischen.

»Nein!«, rief Lydia und ging dazwischen. Sie öffnete die Schublade des Rollcontainers und holte das Taschenmesser heraus, das da immer lag und auf seine Bestimmung wartete. Sie ließ ihn aufstehen und zog vorsichtig den Senf mit der scharfen Klinge ab. Ein matt leuchtender, gelber Fleck blieb dennoch.

Wenzel sah auf die Uhr. »Herrgott, ich wasch es schnell aus.«

»Nein, lass das. Du machst nur das ganze Hemd gelb.« Sie sah den Fleck an. »Sitzt strategisch günstig. Warte!«

Sie ging nach hinten ins Büro, öffnete Schielins Spind und nahm eine der hässlichen Krawatten heraus, die er da für Notfälle aufbewahrte. Sie wählte die hässlichste der hässlichen Dinger; die verfügte über breite diagonale Streifen in mattem Rot, Braun und einem fauligen Grün. Die Dinger hätten im Grunde nicht einmal in einem Polizeispind vor sich hin modern dürfen – doch in Augenblicken wie diesen?

Sie fasste die Krawatte mit spitzen Fingern an und ging

zurück zu Wenzel. Selbst der machte zwei Schritte rückwärts, als sie mit dem Ding auf ihn zukam.

»Neiin«, sagte er, »wirklich nicht!«

»Doooch«, antwortete sie trocken und hängte ihm das Ding um den Hals. »Vor Gericht, Wenzel. Unmöglich mit einem versifften Hemd. Die Krawatte stört niemanden.«

»Doch. Mich.«

»Aber das interessiert keinen. Und den Fleck rauswaschen, im Klo, ich bitte dich, das ist aussichtslos. Wenn uns in dreitausend Jahren Archäologen ausgraben würden, fänden sie nichts von dem ganzen unnützen Plunder unserer Zeit, aber einen hellen Fetzen Stoff mit einem gelblichbraunen Fleck und sie würden rätseln, welche Form von Kommunikation diese untergegangene Zivilisation praktiziert hätte.«

Wenzel war in Eile. Er packte sein Jackett und eilte aus der Dienststelle.

Lydia sah ihm nach und lächelte fein. Bisher war es ein guter Tag.

*

Sie wollte Janina Ball heute nochmal befragen und bat Robert Funk, sich um die Taucher zu kümmern, die am Vormittag eintreffen sollten. Gerade als sie wieder ins Büro zurückwollte, kam ihr Gommi entgegen und gestikulierte aufgeregt. »Ihr sollt auf die Insel runter zu der Frau Ball. Da ist was los vor ihrem Haus. Die Streife ist auch schon unterwegs!«

»Und was ist da genau los?«, blaffte sie.

»Da randaliert wohl einer an der Haustür rum … plärrt und trommelt gegen die Tür.«

Lydia holte den neuen X1 aus der Garage, nahm Schielin im Hof auf und mit Blaulicht und Tatütata ging es in Richtung Insel. Schielin hielt sich an allem fest, was sich dafür anbot. Bei der Einfahrt in den Kreisverkehr vor der Seebrücke schloss er die Augen. Er hörte nur, wie Lydia schimpfte. »Ja ihr Deppen, gehts halt auf die Seite… ein tätowiertes Gschwerl ist heut wieder unterwegs…!«

Kurz überlegte sie, ob sie direkt an der Heidenmauer einfahren sollte, aber das brachte eher Verdruss und Aufenthalt mit überforderten Gästen, Spaziergängern, Tagträumern und Gartenschaubesuchern. Sie nahm die offizielle Route über den Alten Schulplatz, weiter in die Grub, wo sie den Wagen abstellte, als sie in der Querstraße den Streifenwagen entdeckte.

Eine Gruppe Menschen stand herum. Die Kollegin und der Kollege waren mit einem aufgebrachten Mann befasst, der das kleine Knäuel hin- und herwogen ließ. »Au weh«, sagte Schielin, »das ist der Eberhard von Bratz.«

»Schaut ja schon aus wie ein Krimineller«, zischte Lydia, »ich gehe ins Haus und schau da nach dem rechten.« Sie drückte zweimal kurz hintereinander die Klingel und wartete. Hinter ihr das aufgeregte Hin und Her der anderen. Eberhard von Bratz war außer sich, und seine blasse Frau versuchte immer wieder, die uniformierten Kollegen von ihm wegzuziehen. Schielin bugsierte sie ein Stück entfernt an die Hauswand und machte deutlich, dass sie dort zu bleiben habe.

Lydia hörte aus dem Lautsprecher der Klingelanlage ein vorsichtiges »Hallo?«

Sie meldete sich und der Türöffner summte. Gerade als sie die Tür aufdrückte, gewahrte sie einen Schatten. Elvira von Bratz versuchte tatsächlich sich in den Türspalt zu drücken. Lydia war kurz davor, sie an den Haaren zu packen, doch stattdessen hielt sie sie mit einem robusten Schlag des Ellbogens auf Distanz.

»Sie müssen schon Verständnis haben …«, jaulte es.

»Nichts muss ich und Verständnis haben schon überhaupt nicht. Verschwinden Sie!«, rief Lydia, schob sich durch die Tür und kontrollierte, ob sie auch richtig verschlossen war, bevor sie zum Aufzug ging. Was für ein Affentheater! Als sich droben die Schiebetüren öffneten, stand Janina Ball da und sah sie skeptisch an. »Alles heile?«

Die Frau gefiel ihr. »Ja. Ein grandioses Schauspiel da unten. Was ist denn nur los?«

»Kommen Sie mit.«

Sie wechselten durch einige Räume in eine Art Arbeitswohnzimmer.

Lydia verneinte die Frage, ob sie etwas trinken wolle. »Was ist los?«

»Er hat geklingelt und wollte rein.«

»Dieser Eberhard?«

»Ja. Und er hat es in einer äußerst unangenehmen und beleidigenden Art formuliert.«

»Wie genau?«

»Mach auf, du Schlampe, sonst trete ich erst die Tür ein …«, sie verdrehte die Augen.

»Alles klar.«

»Verstehen Sie bitte … ich will ihn nicht im Haus haben … keinen von ihnen, weil Sigismund das auch nicht wollte. Außerdem fühle ich mich wirklich bedroht von diesem Menschen …«

»Meine Kollegen sind schon mit ihm befasst. Er wird Sie zukünftig in Ruhe lassen …, wenn er nicht ganz … nein, er wird es sein lassen.«

»Gut … das ist gut so.«

Lydia kam ohne weitere Umschweife zur Sache. »Ich

hätte Sie heute sowieso noch aufgesucht, um einige Fragen loszuwerden. Sigismund von Bratz hat Ihnen weitreichende Befugnisse eingeräumt, wie wir erfahren haben – über die Immobilien, einfach alles, bis diese Stiftung rechtskräftig wird.«

Janina Ball nickte. »Das habe ich gestern auch durch Herrn Dr. Berger erfahren, und ich weiß genau, welche Gedanken Ihnen nun durch den Kopf gehen.«

»Oh ... das finde ich interessant. Erzählen Sie mal.«

Janina Ball wendete sich ihr abrupt zu: »Die junge Schwarzhaarige ist gekommen, hat sich den alten Bonvivant angelacht, sich das Erbe unter den Nagel gerissen und ... und ...«

Lydia sah sie durchdringend an. »Naja, das ist schon ein wenig burschikos formuliert ...«

»Aber im Kern trifft es Ihre Auffassung doch und ich kann nur sagen – das trifft nicht zu, überhaupt nicht. Ich bin zu diesem Job gekommen wie die Jungfrau zum Kind.«

»Sie scheinen aber ganz darin aufzugehen ...«

»Ja. Es macht ... machte mir große Freude ... doch jetzt ...«

»Immerhin sind Sie in kurzer Zeit sehr vertraut mit Sigismund von Bratz geworden ... per Du und so ... und Sie kannten ihn schon von früher her, nicht wahr?«

Janina Ball sah entnervt zur Decke. »Hab ich mir's doch gedacht. Nein! Wir waren nicht per Du und bis zuletzt per *Sie*. Jetzt, wo er tot ist und ich von ihm rede, erscheint mir sein Vorname passender, würdiger ...« Sie musste schlucken und sah zur Seite.

Lydia beließ es bei einem »Mhm« und wartete einfach ab.

»Und ich kannte ihn nicht von früher. Meine Mutter ist schon lange weg und ich bin in der Schweiz geboren und dort aufgewachsen. Bis vor zwei Jahren war ich noch nicht einmal in Lindau, selbst als meine Mutter hierher zurück ist … wir haben uns immer in Paris getroffen.«

Sie sah Lydia angriffslustig an. »War's das … noch Fragen?«

Lydia wäre gerne etwas länger bei diesem Thema geblieben, doch Janina Ball deutete zur Decke und sagte entrüstet: »Da ist noch etwas anderes …«

»Oben, in der Sammlung? Was?«

»Ein Buch fehlt … ein sehr, sehr wertvolles Buch … eines, das ihm sehr am Herzen gelegen hat.«

»Jenes, das Sie verkaufen wollten?«

»Nein, ein anderes. *Prosa von der Transsibirischen Eisenbahn und der Kleinen Jehanne von Frankreich*.«

»Jesus – so lautet der Titel des Buches?«

»Ja.«

»Noch nie gehört. Und es ist wertvoll?«

»Äußerst wertvoll … ein Juwel für Sammler. Es ist einer der Fixsterne der Sammlung. In der Vergangenheit sind einige passionierte Sammler angereist, nur um es einmal sehen zu können.«

*

Droben im Dachgeschoss lief leise Musik. Piano.

Lydia lauschte.

»Setzen Sie sich doch bitte … dort im alten Ledersessel dürfte es am bequemsten sein«, meinte Janina Ball, während sie nach etwas suchte.

Sie setzte sich und lauschte den Tönen, die sie in eine eigentümliche Stimmung versetzten. Nähe und Weite waren zugleich zu fühlen, arrhythmische Dynamik. Sie war völlig eingenommen.

»Was ist das für eine Musik?«

»Gabriel Fauré, die Nocturnes … Jean-Philippe Collard«, kam die Antwort prompt.

»Ah ja … Sie haben ja in Paris gelebt.«

»Fauré habe ich schon vorher gehört«, lachte es vom Schreibtisch her.

»Mhm.«

Janina Ball fragte: »Und was hören Sie so … als Polizistin?«

»Kaum Musik …, wenn ich Zeit habe, dann bin ich im Garten. Das ist sozusagen meine Musik.«

Janina Ball kam mit einem Prospekt zurück, blätterte ihn auf und gab ihn Lydia. »*Prosa von der Transsibirischen Eisenbahn und der Kleinen Jehanne von Frankreich* aus dem Jahr 1913, mit den Illustrationen von Sonia Delaunay. Das Buch ist ausgeklappt fast zwei Meter lang. Sigismund hat es bei der Versteigerung der Privatbibliothek des Geschäftsmanns Pierre Bergé erworben. Ein unglaublich bedeutsames Werk. Stilistisch und inhaltlich eines der Meisterwerke der französischen Dichtkunst. Es sollten eigentlich einhundertfünfzig Stück davon publiziert werden, damit diese imaginär auseinandergefalteten Gedichtfahnen aneinandergereiht der Höhe des Eiffelturms entsprochen hätten. Phantasievoll, nicht wahr? Es war allerdings gar nicht so einfach, dieses außergewöhnliche Buchformat technisch umzusetzen. Heute ist es ein sogenanntes *livre-objet* – ein begehrtes Sammelstück. Kommt eine *Transsibirische Eisenbahn* in die Auktion, dann sind der Phantasie der Auktionatoren kaum Grenzen gesetzt, weil es eine für Sammler wichtige Eigenschaft hat: Es ist mit einer Geschichte verbunden, die auf verschiedenen Ebenen wirkt.« Sie machte eine Pause und setzte sich hinter den Schreibtisch. »Waren Sie schon einmal in Paris?«

»Mehrmals«, antwortete Lydia.

»Sehr gut. Stellen Sie sich vor – Paris, 1913 ... in den kreativen Vierteln der Stadt herrscht eine künstlerische Aufbruchsstimmung ohnegleichen ...« Sie erzählte von der Wirkung der großen Weltausstellung, von der Stimmung am Vorabend des I. Weltkriegs, und schilderte das Leben von Dichtern, Malern und Musikern so, als hätte sie sie selbst gekannt. Apollinaire, Picasso, Strawinsky.

Lydia hörte beeindruckt zu, denn es wurde deutlich, dass es die Welt dieser Frau war – die Kunst und die Künstler. Janina Ball war ganz in diesem Universum und erzählte mit warmer Stimme von dem sechsundzwanzigjähriger Schweizer, der von sich reden machte und eitel genug war seinen Namen *Frédéric Louis Sauser* als zu herkömmlich und banal zu empfinden. »Er nennt sich kurzerhand Blaise Cendrars – und wird in die Literaturgeschichte eingehen. Zusammen mit Sonia Delaunay publiziert er das erste *livre simultané*: ein zwei Meter langes Leporello, über dessen Fläche ein langes, ungestümes Prosagedicht und leuchtende Farbmodulationen verteilt sind – ein Buch, welches kaum so zu nennen ist.«

Lydia nickte ihr zu und Janina Ball schlug einen nüchterneren Ton an. »Sammler gieren nach solchen Stories, nach den Welten und Lebenswelten, die sich dahinter verbergen. Es ist ein Stück Vergangenheit, das man erwirbt, ein wenig wie ein Fetisch, an den man seine Gedankenwelten hängen kann. Und manche schaffen in der Gegenwart schon Vergangenheit. Kennen Sie John Malkovich?«

Lydia nickte. »Natürlich.«

»Er hat für *Remy Martin* einen Film gedreht, der erst im Jahr Zweitausendeinhundertfünfzehn veröffentlicht werden wird, da nach einhundert Jahren der Cognac fertig sein wird – stellen Sie sich vor, ein hundertjähriger Cognac mit einem Film aus dem Jahr der Lese und seines Werdens, mit weltberühmten Schauspielern dieser Zeit. Eine ziemlich langfristig angelegte Firmenstrategie, nicht wahr? Sie schafft bereits jetzt eine zukünftige, wertvolle Vergangenheit – voller Optimismus.«

Es tat Lydia beinahe leid, diese impulsive Frau unterbrechen und die Frage stellen zu müssen: »Und was ist es wert, das Buch, das verschwunden ist?«

»Ich würde die Auktion bei dreihunderttausend beginnen«, lautete die Antwort.

»Alle Achtung. Ganz schön happig für ein Buch. Und jetzt ist es weg. Wo stand es denn?«

Janina Ball leitete sie zu einer Vitrine. »Es fällt einem nicht sofort auf … hier drinnen war es.«

Lydia starrte auf Buchrücken und auf eine Lücke dazwischen, wobei ihr Blick plötzlich in den Raum zwischen zwei Regalen gezogen wurde, wo ein Gemälde hing. Grün dominierte darin. Ein Papagei füllte die Leinwand, doch es war auf eindrückliche Weise kein fröhliches Bild. Lydia stand skeptisch davor.

»Es hat den Titel *Die Angst schaut zurück*«, kommentierte Janina Ball, die ihrem Blick gefolgt war. »Es stammt von Ilna Ewers-Wunderwald, einer Künstlerin, die lange Jahre am Untersee gelebt hat, in Allensbach.«

»Seltsames Bild«, sagte Lydia, »würde ich mir nicht ins Wohnzimmer hängen.«

Janina Ball lachte leise. »Ja, deswegen hängt es ja auch hier oben. Er hat es aber unbedingt wollen und war lange dahinter her, vor allem wegen dem verrückten Lebenslauf dieser Frau … sehen Sie – wieder so ein Fetisch eines anderen Lebens. Erst vor Weihnachten hat er es endlich bekommen.«

»Können Sie den Zeitraum festlegen, wann das Buch noch in der Vitrine war?«

»Ja. Das war am letzten Freitag. Ich war mit Sigismund hier oben, da habe ich es sogar kurz herausgenommen und einen Blick darauf geworfen.«

»Sie haben doch eine Alarmanlage und eine Zutrittskontrolle, wenn ich mich recht entsinne.«

»Ja. Es wird auch alles protokolliert. Ich verstehe das nicht, wie das geschehen sein konnte … die Tür ist immer geschlossen.«

»*Wenn Gott eine Tür schließt, öffnet der Teufel irgendwo ein Fenster*«, konstatierte Lydia lakonisch und fragte schnell, einem Gedanken folgend: »Könnte er vielleicht das Buch herausgenommen haben?« Sie fand den Gedanken nicht unrealistisch, und falls er es in der Nacht dabeigehabt hatte – ein wertvolles Buch, eine wertvolle Uhr –, das ergäbe durchaus ein Motiv.

Janina Ball schüttelte langsam den Kopf. Ihre lockigen schwarzen Haare federten sanft um ihre Schultern. »Niemals. Völlig undenkbar.«

»Sie machen trotz allem einen äußerst entspannten Eindruck, Frau Ball … Sigismund von Bratz ermordet, ein wertvolles Buch aus der Sammlung gestohlen … Sie stehen selbst in Verdacht …«

Janina Ball sah sie eindringlich an. Ihre bernsteinfarbenen Augen glänzten und mit einem Mal warf sich ein hinterhältiges Lächeln auf ihr Gesicht und sie warf den Kopf leicht nach hinten, als wolle sie auf etwas hinweisen. »Ich weiß, ich weiß, aber … «, schnell war sie zur Seite weg, in eine Ecke gegangen und deutete auf ein Balkenkreuz: »Hier! Modernste Technik. Ist vor einem halben Jahr eingebaut worden auf Veranlassung der Versicherungsgesellschaft. Videoüberwachung. Sie schaltet sich erst ein, wenn ein Bewegungsmuster an den Vitrinen erfolgt. Die Aufzeichnung erfolgt online beim Sicherheitsunternehmen. Ich werde die

Zutrittsprotokolle und die Videos anfordern … deshalb bin ich so entspannt. Ich habe das Buch nicht genommen und die Aufnahmen werden uns zeigen, wer es war.«

*

Auf der Rückfahrt von der Insel erzählte ihr Schielin, wie wenig er die Aufregung und Bereitschaft zur Aggression verstehen konnte, die dieser Eberhard an den Tag gelegt hatte. Selbst zu dritt war es ihnen kaum möglich gewesen, den Kerl zu bändigen. »Es muss etwas gegeben haben«, meinte Schielin, »ausgerechnet heute ist er so närrisch geworden. Aber weder er noch seine Holde haben irgendetwas Vernünftiges sagen wollen oder können.«

»Oh ja, seine Angetraute. Die schaut mit ihrer Omafrisur und dem blassen Näschen aus, als könne sie kein Wässerchen trüben, ist aber giftig wie ne Kobra.«

Sie berichtete ihm anschaulich, wie aufdringlich sie versucht hatte, an ihr vorbei in das Haus zu gelangen. Der Sicherheitsgurt hinderte sie an einer realistischeren Darstellung. Schielin pfiff zufrieden, als sie von den Protokollen des Zutrittssystems und der Videoüberwachung berichtete.

Zurück auf der Dienststelle wurde eine Besprechung für den Nachmittag verabredet. Bis dahin sollte Wenzel von der Gerichtsverhandlung in Kempten wieder zurück sein, und Funk konnte eventuell schon erste Ergebnisse des Tauchereinsatzes vorweisen.

Es wurde still auf der Dienststelle. Sogar die Lüfter des Multifunktionsgeräts im Gang gaben nun das lauteste Geräusch von sich. Kimmel saß in seinem Büro und las Akten, Gommi war mit Meldepflichten befasst und Hundle hatte sich für den Nachmittag den Gang als Ruheplatz auserwählt, nachdem er den gesamten Vormittag bei Kimmel unter dem Schreibtisch gelegen hatte.

Wenzel und Robert Funk trafen beide fast zeitgleich ein, und bald darauf versammelte sich die Runde wie gewohnt. Kimmel wollte zuerst von Wenzel wissen, wie die Gerichtsverhandlung gelaufen sei.

Schielins Blick hing an Wenzels Krawatte, die ihm bekannt vorkam. Die gleiche hatte er mal von seinem Onkel geschenkt bekommen, und Marja wollte sie nicht im Kleiderschrank haben.

Wenzel berichtete von der Verhandlung und dem Verhalten des Angeklagten, das ihn immer noch fassungslos machte. »Meine Großmutter hätte zu so einem gesagt, der ist dumm, frisst dafür ein wenig viel, und das Einzige, was der weiß, ist, dass zwei Pfund Rindfleisch eine gute Suppe geben.«

Funk musste lachen.

»Stellt euch vor, fängt der mit dem Richter das Streiten an und hält auch nicht die Gosch, obwohl sein Anwalt wirklich alles versucht, ihn zum Schweigen zu bringen. Das war so schlimm, das hat sogar mir und dem Staatsanwalt wehgetan. Als ich rausgegangen bin, habe ich den *StA* beim Anwalt stehen sehen und gehört, wie er mitfühlend gesagt hat: *So dämlich wie Ihr Mandant sich aufgeführt hat, muss er das grad studiert haben!* Nun gut – fünfeinhalb Jahre hat er bekommen und ist gut gefahren damit.«

»Sehr schön«, sagte Kimmel. Damit war der Fall für ihn erledigt – Fall abgeschlossen, Täter verurteilt.

Robert Funk war eigentümlich still gewesen bisher. Er machte nicht lange rum, als er an der Reihe war und verzichtete darauf, die Schwierigkeiten vor Ort mit den Schaulustigen zu erwähnen. Er ließ auch den Haufen Müll weg, der aus dem Wasser geholt und dem Bauhof zur Entsorgung überantwortet worden war. Er sagte schlicht: »Wir haben die Tatwaffe gefunden.«

Sie brauchten einen Moment, um sich zu vergegenwärtigen, was es damit auf sich hatte. »Wieso bist du dir so sicher und wo ist das Ding?«

»Es ist ein Vierkantprofil, etwa achtzig Zentimeter lang und passt exakt zu den Profilen, die am Zaun verbaut worden sind, der jetzt den Fuß- und Radweg zu den Gleisen hin abschirmt. Ein abgeflextes Stück. An der messerscharfen Schnittstelle war noch soviel Haut- und Muskelgewebe eingepresst, von der Energie des Schlages, zusammen mit einigen grauen Haaren. Hab es mir unter der Lupe angesehen – das ist die Tatwaffe, da bin ich mir sicher.«

Die anderen schwiegen. Es ging also voran mit dem Fall.

»Wir haben alles vor Ort dokumentiert und es ist schon auf dem Weg nach München. Einer der Taucher fährt direkt ins LKA. Der wohnt eh im Münchner Westen.«

Da niemand eine Frage hatte, machte er weiter. »Ich habe daraufhin nochmal den Bereich hinten an der Lindenschanze abgesucht und bin auf einen Metallcontainer gestoßen. In den haben die Monteure die Metallreste geschmissen. Meiner Meinung nach hat der Täter das Eisenprofil da rausgenommen. Der Container steht gut geschützt unter einem Dach, aber wir sollten da unbedingt nochmal nach Spuren suchen … Draht, Metall … vielleicht haben sich irgendwo Fasern verhangen. Ich habe ein Absperrband angebracht, dass niemand das Ding gerade jetzt holen kommt.«

»Machen wir, gleich nach der Besprechung«, sagte Schielin und freute sich über den weiteren Mosaikstein. Die Tatwaffe hatte der Täter also nicht mitgebracht, sondern sie war in der Nähe des Tatortes verfügbar gewesen. Das konnte den Unterschied von Mord zu Totschlag bedeuten. Und der oder einer der Täter hatte das Ding dann in den See geschleudert, die Leiche aber mit der Schubkarre über die Insel gefahren. Vielleicht wollte der Täter die Leiche vom Tatort entfernen, um eine möglichst große Distanz zur im See entsorgten Tatwaffe herzustellen. Wenigstens wurde nun die Sache mit der Schubkarre etwas nachvollziehbarer. Trotzdem konnte der Ablageort *Golgbrunnen* eine Rolle spielen.

Aus der Runde sahen Schielin erwartungsvolle Augenpaare an. Anscheinend erwartete man von ihm ein Statement. »Prima … prima …«, richtete er sich an Robert Funk und druckste ein wenig herum, bevor er seine Theorie zum *Golgbrunnen* vorstellte.

Kimmel, Funk und Gommi hatten von diesem Brunnen zwar schon gehört, konnten aber nichts Genaueres dazu sagen. Wenzel war der Begriff völlig unbekannt und Lydia meinte, sie erinnere sich, schon einmal gehört zu haben, Schielins Großeltern seien nicht über diese markierte Stelle am Marktplatz gelaufen.

Wenzel forderte Schielin auf: »Jetzt werde mal konkret! Weswegen könnte diese Stelle von Belang sein?«

»Das ist eine uralte und etwas längere Geschichte …«, lenkte er ein.

»Ist doch egal, wir werden ja dafür bezahlt«, blieb Wenzel hartnäckig.

»Also, auf dem Marktplatz findet sich eine besondere, beinahe unsichtbare Stelle mit einer etwas düsteren Geschichte. Ein gewisser Heinrich Rienolt war um vierzehnhundert Bürgermeister. Ein skrupelloser Kerl. Sein Sohn war verbotenerweise als Soldat in die Kämpfe gegen die Stadt Straßburg gezogen, was die freie Reichsstadt Lindau bei Strafe untersagt und ihn mit Stadtbann belegt hatte.

Rienolt ließ aber seinen Sohn trotz Bann nach Lindau zurückkehren. Der Junior kam ganz nach dem Alten – ein Krawallo. Der Stadtammann und die anderen Ratsherren wollten das geltende Recht durchsetzen, was den Rienolt rasend machte. Er ließ den Stadtammann mit einer fingierten Geldstrafe belegen und mit einem Teil seiner Anhänger von der Insel verweisen. Die Beschwerde bei Kaiser Wenzel ermöglichte ihnen zwar die Rückkehr nach Lindau, doch der starrköpfige Rienolt gab keine Ruhe. Zwangsläufig kam es zu Auseinandersetzungen zwischen den Lagern, und Rienolts Sohn erschlug dabei zwei angesehene Bürger.

Der Totschläger und seine Kumpane wurden abermals der Stadt verwiesen, doch der alte Rienolt sammelte seine Verbündeten, krallte sich die Schlüssel für die Stadttore und verrammelte den Zugang zur Insel, denn die Ratsherren hatten inzwischen die Hilfe ihrer Bündnispartner eingefordert. Es dauerte seine Zeit, bis die Truppen eintrafen, und angesichts der Übermacht räumten Rienolt und seine Anhänger die Barrikaden. Er wurde zusammen mit sieben seiner Gefolgsleute am Baumgarten drunten enthauptet. Die Leichen wurden in den gegenüber befindlichen Golgbrunnen geworfen, der hernach zugeschüttet und mit einer steinernen Platte abgedeckt wurde. Lange Zeit stand da eine Säule. Heute ist die Stelle mit farbigen, kreisrund ausgelegten Steinen markiert, nur wenige Meter von der Treppe zum Cavazzen entfernt.«

Wenzel sah Schielin irritiert an. »Und das hast du einfach so drauf?«

»Nein. Ich hab gestern Abend nochmal nachgelesen, auf der Suche nach einer Schnittstelle … irgendwie.«

»Schnittstelle …?«, wiederholte Wenzel skeptisch.

»Symbolisch … irgendwas Metaphysisches, dachte ich …«

»Und?«

»Ja, nix und! Ist ja nur ein Gedanke, dass das Opfer in einer Art symbolischem Akt auf dem Golgbrunnen abgelegt worden ist.«

»Der Gedanke ist gar nicht zu verachten«, meinte Robert Funk, »aus welchem Grund sonst sollte ein Täter so riskant vorgehen und seine Leiche quer durch eine Stadt karren … offen …«

»Naja«, schaltete sich Lydia ein, »es war in der Totehosephase, zwischen Nullzwei und Nullvier Uhr, und – Ausgangssperre. Die Insel ist ja seit Wochen leergefegt wie eine Geisterstadt. So groß war das Risiko nun auch nicht. Die Variante, das Auffinden der Tatwaffe zu verhindern, halte ich für nicht ganz unwahrscheinlich.«

Kimmel hatte die Geschichte mit dem Golgbrunnen angestrengt. »Gibt es sonst noch was … ein Buch soll doch jetzt auch noch fehlen?«

Lydia berichtete von der Videoüberwachung, was ihn zufrieden dreinschauen ließ. Sie kam dann auf Janina Ball zu sprechen, die den Terminkalender nochmals durchforstet hatte und dabei auf zwei Kontakte gestoßen war, mit denen Sigismund von Bratz mindestens telefoniert haben musste. Ein Adalbert Enderle aus Kressbronn und ein gewisser Helmut Freyer aus Niederstaufen. Es sei um Schwierigkeiten bei einer Wohnungsvermietung gegangen, meinte Janina Ball, die mit dem Eintrag nicht viel anfangen konnte.

Lydia wollte den beiden einen Besuch abstatten – ganz ohne Ankündigung.

»Ach ja, eh ich es vergesse«, fügte sie noch an, »ich habe die drei Nachkommen und Frau Ball etwas durchleuchtet. Der Pfaffe und sie sind clean. Dieser Eberhard ist allerdings ein ziemliches Früchtchen mit einigen Beständen. Beleidigung auf sexueller Basis, Körperverletzung, Hausfriedensbruch, Sachbeschädigung. Und das klimpernde Schwesterchen wartet mit Beleidigung und Unterschlagung auf. Alles in den letzten fünf Jahren. Das hätte ich so nicht erwartet.«

Nach der Besprechung folgte die erneute Spurensuche am Container unter der Lindenschanze, auf den Funk gestoßen war. Konkrete Finger- oder Faserspuren konnten sie nicht identifizieren, doch fand sich an einem abstehenden Drahtdorn ein dünner schwarzer Belag, bei dem es sich durchaus um Blut handeln konnte.

Wenzel holte einen Bolzenschneider vom Auto und trennte den gesamten Drahtbereich ab. »Sicherung im Original ist immer die effektivste Methode«, kommentierte Lydia Naber.

Der Spurenträger ging umgehend zur Analyse ins LKA.

*

Janina Ball verließ das Haus in der Maximilianstraße, querte hinüber zur Krummgasse und nahm den Weg über das Kopfsteinpflaster hinunter in den Hafen. Die Sonne war hinter den dunklen Wolken hervorgekommen und brannte herab. Der Schatten in den engen Gassen war wohltuend. Sie ließ den Reichsplatz hinter sich und nahm den Weg am Hauptzollamt vorbei zum Jachthafen. Dort ging es gemächlich zu. Auf einigen Jachten lagen Leute und dösten, von weit hinten kamen unterdrückt Sägegeräusche.

Sie liebte die Abgeschiedenheit des alten Clubhauses, lehnte sich an eine der hölzernen Säulen und blickte hinaus, wo gerade ein Schwarm Kormorane in Richtung Bregenz zog. Diese Weite. Sie machte einen süchtig nach noch mehr Weite – und nach der Begrenzung, die die Berge setzten.

Schon seltsam, dachte sie irritiert – es war gar nicht ihre

Heimat hier, und doch fühlte sie sich mit dem See und der Stadt vertraut. Diese Wasserfläche und die Berge dahinter machten ihre Seele satt, selbst jetzt noch, in dieser Situation der Bedrängnis. Dieser Blick hinaus, er ließ alles Rücksichtslose diffus erscheinen – für Hingebungsvolle ebenso wie für geborene Faulenzer und Tagediebe. Sie musste lächeln. Einige hatte sie hier auch schon kennenlernen dürfen. Sie überlegte, was sie tun wollte, ob sie hungrig war, oder durstig … müde vielleicht? Das in jedem Falle, wo sie kaum eine Nacht Schlaf fand. Das Gewissen? Die Umstände?

Sie blickte auf die Bäume. Die standen stumm. Ihr Kopf schmiegte sich an das Holz der Säule. Immer wieder brachen Sonnenstrahlen aus dem wolkigen Dunst, der über den Bergzügen hing. Die graue Seefläche wandelte sich in Augenblicken zu einem gleißenden Spiegel, wodurch eine jener sphärischen Stimmungen entstand, die mehr das Herz, denn Auge und Sinne ansprachen. Es weckte ihre melancholische Ader und entfachte dieses eigentümliche Gefühl in ihr, welches sie zugleich unendliche Freiheit fühlen ließ als auch die nicht weniger unendliche Beschränkung des eigenen Lebenskreises angesichts der Unendlichkeit, die sie umgab.

Möwen flogen vorbei und schrien gellend in die Stille.

Diese Polizistin bereitete ihr Sorgen. Hinter ihrer Freundlichkeit und Zugewandtheit verbarg sich der ruhelose Geist einer Kriminalistin. Sie würde nicht eher ruhen, als bis alle Mosaiksteine zu jenem Bild zurechtgerückt waren, welches sie sich bereits gemacht hatte. Wie sollte sie darauf reagieren?

Drüben verließ die *Konstanz* den Hafen und ihre hohe weiße Fassade verdeckte für einen Augenblick den Leuchtturm. Am Heck des Dampfers brodelte das Wasser, woraus sich erhabene Wellen aufschichteten und auf die Mole zuliefen. Zwei Paddler wendeten ihre Boote und fuhren direkt in die Wellen hinein, um von dem Schwall nicht längsseits erfasst zu werden.

Sie beobachtete die Szene und war sich sicher, das richtige Verhalten beobachtet zu haben. Ja – frontal und konsequent den Wellen entgegentreten und sie meistern, weil man die Ausprägung der Bedrohung sieht und darauf reagieren kann. Wie im Wasser, so im Leben.

Sie schlenderte anschließend durch den Hafen, und das Treiben dort war weit entfernt von den Sommertagen vergangener Zeiten mit sich gegenseitig schiebenden Menschenmassen.

Im Café Graf holte sie sich trotz der wenig sommerlichen Temperaturen ein Eis, setzte sich, als sei sie eine Besucherin, auf eine der neuen Blumenbänke, die etwas Gartenschau-Flair in die Stadt bringen sollten, und beobachtete das Leben und Treiben um sich herum. So ließen sich die Ereignisse der letzten Tage halbwegs verdrängen. Der Rückweg würde sie ins Heilig-Geist-Spital zu ihrer Mutter bringen. Sollte sie ihr etwas von dem Geschehen sagen, oder so tun, als wäre alles, wie es immer gewesen war? Ein Zwiespalt.

Was hätte ihre Mutter dazu gesagt, als sie noch sprechen konnte? *Es gibt Zeiten, in denen einem das Schicksal von allen Seiten zusetzt.* Genau so fühlte sie sich jetzt. Unter Druck von allen Seiten und dazu mit einem Schlag dieser Einsamkeit.

Ein Mann kam vom Bahnhof her den Hafen entlang und glotzte sie ungeniert und lange an. Sie stand auf und ging hinüber zur Eilguthalle und durch das Tor ins Gelände der Landesgartenschau. Die Kontrolleure nickten ihr freundlich zu, weil sie sie schon von ihren häufigen Besuchen her kannten. Die komfortable Breite des neuen Uferwegs ließ auch die Seefläche ein Stück weiter erscheinen, und die neuen Sichtachsen über das Bahngelände hinweg auf die Stadt, die anfangs befremdlich wirkten, waren ihr inzwischen vertraut.

Das Gewächshaus an der Ufermauer mit dem Bett und der so kunstvoll wie perfekt zerrütteten Bettdecke, das war ihre Lieblingsinterpretation des mittelalterlichen *hortulus conclusus*, des Paradiesgärtleins. Eine schöne Vorstellung, darin eine Sommernacht zu verbringen.

Die Sonne spitzte ein wenig zwischen den Wolken hervor, und sie blieb noch eine Weile auf der Ufertreppe sitzen und richtete den Blick auf Bad Schachen und die Horizontlinie des Wassers. Leise plätscherten die Wellen unter ihr gegen die Steine und der See war ihr wie eine Wiege. Sie wurde ruhig, innerlich ruhig. Niemand achtete auf sie und sah die Tränen.

*

Kaum dass Schielin zuhause angekommen war, schlüpfte er in seine Arbeitsklamotten und machte sich auf den Weg zur Weide. Die Tierärztin wollte kommen, um Ronsard zu untersuchen.

Drüben am Waldrand sah alles friedlich aus. Die Friesen grasten nahe der Baumreihe und Ronsard stand in Eselmanier unter dem jungen Birnbaum – regungslos, mit gesenktem Kopf. Sein Fell glänzte besonders, weil Marja es am Nachmittag ausgiebig gestriegelt hatte.

Albin Derdes kam mit langsamen Schritten den Weg daher und machte ein ernstes Gesicht. »Ich bin ja emole gespannt, was dodabei rauskomme tut.«

»Was soll wo rauskommen?«, fragte Schielin und dachte nach, was sein Nachbar vom Erschlagenen am Marktplatz wissen konnte.

»Ja beim Corona-Test? Ob er Corona hat, der Ronsard!?«

Schielin drehte sich um und moserte herum: »Du sag, was ist denn mit dir los zur Zeit ... du spinnst doch.«

»Die Tierärztin kommt, gell? Die Marja hat mir des schon erzählt heut Nachmittag. Herrje, hat die die Pferdle hergricht, die sind so schwarz und glänzen so, die tät mer glatt in der Nacht noch leuchten sehn.«

»Ja, so ist es ...«

Sie warteten, gemeinsam schweigend, und nachdem Derdes die erste Zigarette genussvoll hinter sich gebracht hatte, hielt er es für opportun, sich langsam in Richtung Gatter zu begeben, wo Ronsard sich inzwischen eingefunden hatte.

»Schau nur hin, wie der rumtappt. Der Esel ist doch hint und vorn net rund!«, meckerte er, drängte sich eng an den Zaun und kraulte die Mehlschnauze kräftig.

Die Tierärztin kannte den Weg und kurvte mit ihrem alten Renault-Kastenwagen bis zur Weide, öffnete die Heckklappen und kam mit zwei großen, abgeschundenen Lederkoffern an den Zaun. »Ist er schon da, der Patient«, lautete ihre Begrüßung, und Derdes ging umgehend einige Schritte zurück in Richtung Anhänger, weil sie ihn bei ihren Worten ernst angesehen hatte.

Während sie in einem der Koffer kramte, beantwortete Schielin die üblichen Fragen zu Fressverhalten, Verdauung und Mobilität.

»Im Grunde alles im grünen Bereich«, stellte Schielin abschließend fest, »nur diese Heiserkeit eben.«

Derdes schüttelte den Kopf und krähte aus sicherer Entfernung: »Grün ist da gar nix. Die ganze Gestalt vom dem Tierle ist doch irgendwie zusammengezogen ... und wie er rumtrippelt ...«, er musste einen tiefen Zug von der Zigarette nehmen, bevor er weitersprach, »... also wenn des ein Mensch wär, da tät ich sagen, es ist was Psychisches ...«

Die Tierärztin warf Schielin einen fragenden Blick zu.

Der knurrte mit einer Kopfbewegung in Richtung Derdes: »Mein Nachbar. Seit der durchgeimpft ist, bekommt er die Klappe einfach nicht mehr zu.«

Derdes gab ihm recht, indem er krähte: »Ich tät den auch gleich emole auf Corona testen tue ... in Berlin machen die des schon mit Hund und Katz, wieso soll des bei eim Esel net gehn?«

»Woher willst du denn so was wissen?«, pöbelte Schielin.

»Internet! Im Internet hab ich gschaut und seit mir do so schnelles Glaskabel kriegt hom, geht des ab wie nix ...«

Die Tierärztin lachte. »Seit wann ist er denn Ihr Nachbar?«

»Irgendwann, kurz nachdem Gott Gewürm und die Kriechtiere geschaffen hat.«

Derdes war nicht zu beeindrucken. Die Sorge um Ronsard saß bei ihm ebenso tief wie bei Schielin, äußerte sich nur auf andere Weise.

In dem Moment holte Ronsard geräuschvoll Luft und schrie – kläglich.

»Oh je, das reicht nicht mal mehr für die Bremer Stadtmusikanten«, kommentierte die Tierärztin und öffnete den zweiten Koffer.

Wohnungsnot

Gleich am nächsten Morgen, nach der kurzen Frühbesprechung, in der keine weiteren Neuigkeiten aufgekommen waren, machten sich Lydia und Wenzel auf den Weg zu Helmut Freyer und Adalbert Enderle.

Kimmel hätte eigentlich diese Cornelia von Bratz gleich zur Vernehmung vorladen lassen wollen, weil ihre Angaben bezüglich des Treffens mit ihrem Vater gelogen waren, doch Lydia wehrte ab und wollte noch etwas Zeit vergehen lassen. »Je länger die meint, wir wissen davon nichts, desto größer ist das Erschrecken, wenn wir sie packen.«

Bevor sie ihre Sachen im Büro zusammensuchte, hatte sie Schielin noch nach dem Zustand von Ronsard gefragt und war beruhigt, als der Entwarnung gab. »Normale Heiserkeit, Corona-Test negativ – alles im grünen Bereich. Nur Albin ist völlig aufgedreht.«

Aber mit Letzterem konnte er leben. Nicht vorzustellen allerdings, wenn er ausgerechnet während der Ermittlungen in diesem vertrackten Fall auch noch einen kranken Esel zuhause hätte.

Wenzel fuhr gemächlich dahin. Zunächst wollten sie die Adresse von Freyer in Niederstaufen ansteuern. Der Tag nahm sich ungewohnt frühlingshaft aus. Eine leichte Brise kam vom See her, das frischgrüne Blattwerk der Bäume schwang gemächlich einen verträumten Tanz und zwischen den Wolkenballen, die langsam den Bergen im Osten entgegenzogen, war genügend Raum für blauen, unschuldigen Himmel und wärmende Sonnenstrahlen. Die leichte Brise zupfte verhalten an Blättern und Gräsern und die Temperaturen waren, wenn schon nicht sommerlich, dann doch angenehm. »Wurde ja auch endlich Zeit«, kommentierte Lydia beim Blick auf den blau-weißen Himmel.

»Was?«, knurrte Wenzel.

»Ach, ich meine nur das Wetter. Ist man gar nicht mehr gewohnt, so was«, sagte Lydia und blinzelte skeptisch dem Himmel zu, »die Nächte sind so kalt, ich hab meine Dahlien immer noch nicht draußen, sondern sie erstmal in Kästen … ich trau dem Frieden nicht, am einen Tag so, am andern so.«

Wenzel wollte nicht unfreundlich zu ihr sein und murmelte etwas Unverständliches, was aber zustimmend klang. Einen Moment später sagte er schlechtgelaunt: »Nebel ist mir das allerliebste, da muss ich das ganze Volk nicht sehen.«

»Mein Gott, man hört es ja, dass Männer im Alter zu Misanthropen werden. Das setzt bei dir aber früh ein«, entgegnete sie und sah ihn strafend an.

Er sah stur geradeaus und schwieg.

So fuhren sie eine Weile schweigend dahin, und Lydia beschäftigte die Frage, was wohl der Grund für seine auffallend schlechte Laune sein konnte. Seine Äußerungen gingen weit über den Missmut hinaus, den er gewöhnlicherweise verströmte.

»Ehestress?«, fragte sie scheinheilig und kramte im Handschuhfach.

»Quatsch.«

»Was macht denn deine Göttergattin … hab sie lange nicht mehr gesehen?«

»Ah, die ist für ein paar Tage in München … ihrer Mutter geht's gerade nicht gut.«

Das klang plausibel. Seine Gemütsverfassung ließ ihr und ihrer natürlichen Neugierde allerdings keine Ruhe.

»Wie geht es eigentlich deinem Lehrer … also du weißt schon, dem Alten … Inselwächter und so …«

Seine Lippen wurden ein wenig schmaler und er ließ nur einen Laut hören, der schwer zu deuten war.

»Er lebt doch noch?«, fragte sie besorgt.

»Ja … schon …«

»Aha … geht nicht so gut, nicht wahr?«

»Am Pfingstsamstag war ich bei ihm und er hat mich nicht einmal mehr erkannt. Ich hatte sogar ein paar alte Fotos mitgenommen, von der Schule damals. Stell dir vor, er hat sich nicht mal mehr auf den Fotos selbst erkannt.«

»Mhm. Er ist im Maria-Martha-Stift?«

»Ja.«

»Erinnerst du dich an das alte Fräulein Seidl … für die ich die Betreuung hatte. Sie war mal Zeugin gewesen … «, sie überlegte kurz, »damals, bei dem Kinker, den sie am Pulverturm erstochen hatten, sind wir an sie geraten, weißt du noch?«

Wenzel nickte. »Die ist recht alt geworden, gell?«

»Ja. Fast achtundneunzig – und zum Schluss war es genauso. Sie hat gar nichts mehr gewusst und gekannt. Und als sie gestorben war, sind ihre Kleider in die Müllsäcke gewandert, und was der Wohnungsauflöser nicht mitgenommen hat, ist auch auf den Müll gewandert. Ein Gemälde habe ich behalten, zwei Kerzenleuchter und drei Fotos von ihr. Die stehen bei mir zuhause und ich muss immer lächeln, wenn ich daran vorbeigehe und sie sehe, dann steht sie wieder vor mir, ganz aus der Erinnerung. Eine alte Dame im besten Sinne. Nur mit ihrer Stimme habe ich Probleme – die kann ich nicht mehr herholen und ich bereue es, nicht das ein oder andere unserer Gespräche mitgeschnitten zu haben. Von ihrem langen, fast hundertjährigen Leben, all den Gefühlen, dem Glück, dem Leid … nichts mehr davon ist in der Welt und wenn auch ich verschwunden bin, ist gar nichts mehr von ihr übrig – nicht einmal mehr eine Erinnerung.«

»Ja, so ist das wohl«, sagte Wenzel, »Freunde von mir … Helmuth und Rosemarie … irgendwann haben wir gemerkt, wie sie seltsam geworden ist und die gleichen Geschichten mehrmals erzählt hat. Vor einigen Wochen kriege ich einen Anruf – er hatte einen Schlaganfall und sie war so dement, dass sie seinen Zustand gar nicht bemerkt hat. Jetzt liegt er unter der Erde, sie im Heim. Auf seiner Beerdigung hat sie gemeint, sie müsse jetzt aber heim zum Helmuth. Es ist einfach grausam zur Zeit – wohin man blickt … ein anderer Freund, zehn Tage älter als ich, eine Sportskanone und fit in allen Belangen, vergisst von heute auf morgen, wie die Welt funktioniert, und inzwischen kann er sich alleine gar nicht mehr an- oder ausziehen.«

Er fluchte auf einmal. Sie waren in der ersten Kehre am Rohrach angekommen. »Vor lauter Gequatsche die Abfahrt verpasst!«

Lydia lachte. »Besuche deinen Lehrer so oft es geht, solange er dich noch erkennt. Aber nun was anderes – ich muss dienstlich werden. Es ist doch schwer zu verstehen, oder? Da haben die Bratzens ein Familientreffen, das nach gut drei Stunden erledigt ist, und der Ober-Bratz hat danach nichts anderes zu tun, als mit zwei Leuten wegen einer Mietangelegenheit zu telefonieren. Als ob das an einem Pfingstsamstag wichtig wäre, zumal es doch ein aufwühlendes Zusammentreffen für alle Beteiligten gewesen sein muss. Natürlich sind da die Fetzen geflogen, selbst wenn die feine Gesellschaft kein Wort darüber verlieren will.«

Wenzel knurrte zustimmend. »Sehe ich genauso.«

»Und den Termineintrag hat er irgendwann in der Woche vorgenommen, was ja bedeutet, er hat da schon gewusst, dass die Begegnung mit seinen Nachkommen nur ein kurzes Vergnügen sein würde. Schon eigenartig, meinst du nicht?«

»Kommt drauf an, worum es bei der Wohnungsgeschichte ging … wir werden es vielleicht bald wissen.«

Wenzel fuhr langsam bis vor das Einfamilienhaus. Unprätentiös. Achtziger Jahre. Mauern, Fenster, Dach. Die Beete im Vorgarten sahen ungepflegt aus.

Er klingelte. Ein weiches *Dingdong* hallte von drinnen. »Zieh deine Maske anständig über die Nase«, fauchte Lydia und ging die paar Schritte hinüber zur Garage, die offen stand. Ein dunkelblauer Octavia stand drinnen. Sie merkte sich das Kennzeichen und schaute ins Wageninnere. Auf dem Beifahrersitz lagen Papiere mit technischen Skizzen, kein Kindersitz, halbwegs aufgeräumt und sauber. Sie lugte noch um die Hausecke in den dahinterliegenden Garten. Rasen, brusthohe Ligusterhecke. Nichts von Bedeutung und durchschnittlich nichtssagend.

Sie ging zurück zu Wenzel, der ihr zuwinkte, weil er im Moment von drinnen etwas gehört hatte. Sie langte gerade bei ihm an, als sich die Tür vorsichtig öffnete. Nur einen Spalt. Das Fragment eines unrasierten Männergesichts wurde erkennbar.

»Jaa?«, kam es vorsichtig fragend, beinahe ängstlich, durch den Spalt.

Wenzel sah kurz zu Lydia und rollte mit den Augen. Dann sagte er mit kräftiger Stimme: »Grüß Gott. Wir sind von der Kriminalpolizei und hätten gerne mit Herrn Helmut Freyer gesprochen. Sind Sie das?«

»Ja.«

»Wie gesagt, wir hätten einige Fragen an Sie.«

»Welche Fragen denn?«

»Das möchten wir ungern hier draußen besprechen.«

»Weswegen wollen Sie mir denn Fragen stellen?«, blieb er stur.

Lydia trat hinter Wenzels Rücken hervor und reckte den Kopf Richtung Türspalt. »Es geht um einen Todesfall, den wir untersuchen und bei dem Sie uns als Zeuge helfen könnten.«

»Oh … ein Todesfall …«

»Ja, ein Todesfall.«

»Ja gern, aber ich war gerade in der Dusche und ich möchte mich noch schnell anziehen … würden Sie denn eine Minute warten?«

»Ist doch kein Problem«, sagte Lydia und stupste Wenzel an, dass der die Klappe hielt.

Die Tür schloss sich wieder.

Wenzel war sauer und zischte ungehalten: »Was'n das für einer, Mensch.«

»Wir warten«, beruhigte ihn Lydia.

Kurz darauf öffnete sich die Tür und sie traten in einen etwas düsteren Gang. Lydia registrierte Steinfliesen, schmiedeeisernes Treppengeländer, Wände in angegrautem Rauputz mit Spitzweg-Bildern – aus Kalendern ausgeschnitten. Insgesamt Achtzigerjahre-Chic. Sie folgten ihrem Zeugen, der sie in ein weiträumiges Wohnzimmer führte, wo eine breite Fensterfront Licht einließ. Lydia warf einen Blick hinaus. Der Garten bestand aus einer von der Ligusterhecke eingesperrten Rasenfläche. Keine Rosen, keine Stauden, nichts. Nicht mal ein Grill.

Herr Freyer war ein Mittvierziger. Seine dunklen, nassen Haare waren nach hinten gekämmt und legten ausgreifende Geheimratsecken frei. Die Schläfen waren vollständig ergraut. Er trug Jeans, seine Füße steckten barfuß in alten Hausschuhen und ein schlabbriges Sweatshirt hing an seinem Körper. Er bot ihnen Platz an. Lydia wählte einen der zwei Ledersessel, die recht abgesessen waren. Wenzel nahm den anderen.

»Ja also …«, richtete sich Freyer an sie.

»Herr Freyer. Wir haben einige Fragen an Sie, die im Zusammenhang mit einem Toten stehen, den wir in Lindau aufgefunden haben.«

Er sah sie irritiert an. »Ah … mich … befragen … zu einem Toten?«

»Ja, Herr Freyer. Wir haben im Terminkalender des Toten einen Eintrag mit Ihrer Telefonnummer und Ihrem Namen gefunden.«

»Ich … in seinem Terminkalender?«, entfuhr es ihm erschrocken und sah sie beide an.

Was tut er so überrascht?, fragte sich Lydia und probierte die billige Nummer aus. »Sie kennen ihn ja offensichtlich. Können Sie uns etwas dazu sagen, Herr Freyer?«

Große, dunkle Augen sahen sie an. »Ich? Wen kenne ich? Ich weiß immer noch nicht, wovon Sie da reden. Welcher Tote denn?!«

»Sie sagten so selbstsicher *in seinem Terminkalender* … könnte sich ja rumgesprochen haben.«

»Nein, ich weiß nicht, wovon Sie überhaupt reden und was Sie meinen«, stotterte Freyer aufgeregt.

Schade, dachte Lydia. Das hat schon mal nicht funktioniert. »Ach, entschuldigen Sie bitte. Es geht um Herrn Sigismund von Bratz …«

Freyer zeigte sich erschrocken. »Was!? Er ist tot … der Herr von Bratz!?«

»Ja. Sie kennen ihn also?«

»Natürlich kenne ich ihn.«

»Und Sie hatten am Samstagnachmittag einen Termin mit ihm?«

»Nein, hatte ich nicht. Aber was ist denn um Gottes willen geschehen?«

»Wie gesagt … wir haben ihn tot aufgefunden.«

»Das ist ja furchtbar.« Er kratzte sich über dem Auge und sah zur Seite.

Wenzel übernahm. »Herr Freyer, Sie haben sich am letzten Samstag also nicht mit Herrn von Bratz getroffen?«

»Nein, das sagte ich doch schon.«

»Aber in seinem Terminkalender waren Sie für achtzehn Uhr vermerkt – mit Namen und Mobilfunknummer.«

»Das verstehe ich nicht. Ich war am Samstag ja gar nicht zuhause.«

»Wo waren Sie denn?«

Er suchte zunächst eine bequemere Sitzposition auf dem Sofa, stand dann aber unvermittelt auf und verließ den Raum. Er kam gleich wieder zurück und hielt ein iPad in der Hand, tippte und wischte darauf, während er sich wieder setzte. »Ich bin Servicetechniker und viel unterwegs. Am Samstag hatte ich am Vormittag noch einen Termin in Heidenheim und Gundelfingen und auf dem Rückweg habe ich in Ulm noch was erledigt. Ich bin erst sehr spät zurückgekommen. Ich wollte über Pfingsten und vor allem am Dienstag meine Ruhe, deswegen habe ich das Samstag noch erledigt, wo ich eh auf der Rückreise von anderen Terminen war.«

Wenzel sah ihn ernst an. »Mhm …«

Lydia sagte: »Sie kennen Sigismund von Bratz also?«

»Ja klar, sagte ich doch schon.«

»Können Sie sich vorstellen, aus welchem Grund Sie auf seinem Terminkalender stehen?«

»Das schon. Er ist der Vermieter meiner Schwester und ich hatte ihn vor Pfingsten kontaktiert, wegen der Kündigung … ich wollte das mit ihm besprechen.«

Wenzeln schüttelte den Kopf. »Verstehe ich es richtig, Sie haben den Vermieter Ihrer Schwester kontaktiert, wegen einer Wohnungskündigung?«

»Ja ... das ist etwas kompliziert. Meine Schwester ist krank ... sehr krank ... und ich kümmere mich deshalb um solche Angelegenheiten. Ich bin auf der Suche nach einer Wohnung für sie, in der sie besser zurechtkommt, verstehen Sie ... behindertengerecht. Sie wird bald auf einen Rollstuhl angewiesen sein, und hier im Haus – enge Gänge, enge Treppen, das Bad ist auch schwierig, da wäre das nicht gegangen, jedenfalls nicht ohne massive Umbauten. Ich hatte mich bei Herrn von Bratz gemeldet, um mit ihm über die Kündigung zu reden. Er ist einer, mit dem man reden kann, und ich wollte ein wenig mehr, als es der Mietvertrag hergibt.«

»Wo wohnt Ihre Schwester denn?«

»In Lindau ... Aeschach ... da beim Alpengarten.«

»Mhm, schöne Lage. Und wie heißt Ihre Schwester?«

»Anette Freyer ... sie ist aber gerade nicht da, sondern auf der Mettnau ... Reha. Das ist aber auch so ein Scheiß wegen dem Corona und das hätten wir uns sparen können ... sie hockt den ganzen Tag im Zimmer, die bringen das Essen und Anwendungen oder so finden überhaupt nicht statt, aber beim Abrechnen werden sie richtig hinlangen. Ich sag Ihnen nur, mit dem Corona, da machen manche auf die ganz billige Tour einen Haufen Kohle.«

Lydia sah mit einem leeren Blick zu Wenzel, der signalisierte, dass sie keine Fragen mehr hatte.

Wenzel erhob sich. »Vielen Dank, Herr Freyer. Tut uns leid, Sie aus der Dusche geholt zu haben. Eine Frage noch: Wann haben Sie Herrn von Bratz das letzte Mal gesehen?«

Freyer blies geräuschvoll Luft durch seine Lippen. »Oh je ... wann habe ich ihn zuletzt gesehen ... vor einigen Wochen war das gewesen, kurz nach Ostern. Da hat er bei meiner Schwester vorbeigesehen … wir hatten überlegt, ein behindertengerechtes Bad einzubauen … Ortstermin sozusagen.«

»Und das hat sich nicht realisieren lassen?«, fragte Lydia.

»Nein. Er hätte das schon gemacht, aber letztendlich … es muss auch etwas sein, wo Pflege mit dabei ist. Ich bin so viel unterwegs durch den Beruf und kann das einfach nicht leisten …«

»Ja, ich verstehe. Na gut. Es ist auf jeden Fall schön zu hören, wie Sie sich um Ihre Schwester kümmern, und vielen Dank für Ihre Bereitschaft unsere Fragen zu beantworten. Wann wird Ihre Schwester denn aus der Reha zurück sein?«

»Ich wollte sie morgen eigentlich zurückholen, schaffe das aber nicht und sie kann noch eine Nacht dort bleiben … am Samstag fahre ich runter, da ist die B31 zwar auch zugestaut, aber was soll's. Fünf Wochen war sie dort … nach drei Wochen ist nochmal verlängert worden und ich hoffe, es geht ihr nun trotzdem etwas besser, trotz allem.«

»Sie freuen sich darauf sie wiederzusehen, nicht wahr?«, sagte Lydia.

Er nickte. »Oh ja, wissen Sie … wir haben nur noch uns. Unsere Eltern sind schon gestorben …«, er wies in den Raum. »Aber … was … was ist denn mit Herrn von Bratz geschehen … wenn schon die Kriminalpolizei die Fragen stellt? Bin ich verdächtig?«

»Wie kommen Sie darauf, verdächtig zu sein?«

»Na in den Krimis ist das doch immer so, dass die Polizei die Verdächtigen aufsucht.«

Lydia lachte. »Sie schauen zu viel Krimis. Also … vielen Dank nochmal und auf Wiedersehen.«

Draußen diktierte Lydia in ihr Smartphone: »Pkw, Octavia, dunkelblau, Schaden Kotflügel hinten rechts, Kennzeichen

Lindau, Xanthippe, Xanthippe …« Sie ging etwas näher ran und sah, dass an den Stellen, an denen das Blech frei lag, noch keinerlei Flugrost zu sehen war. »Muss ganz frisch sein«, rief sie Wenzel halblaut zu und fotografierte den Schaden mit dem Smartphone.

Wenzel fuhr langsam an. Die Unzufriedenheit war ihm anzusehen. »Metzgerfahrt.«

»Ja, schon. Was hast du aber erwartet?«

»Ach, irgendwie mehr Ermittlerfutter. Es könnte ja auch mal schnell gehen, oder?«

»Ist ein armer Kerl. Hast du den Ton gehört, wie er gesagt hat *Wir haben nur noch uns*? Da ist es mir echt für einen Augenblick ganz anders geworden.«

Wenzel gab Gas. »Vielleicht weiß die Schwester ja etwas mehr über den Bratz … nächste Woche wäre sie wieder daheim. Wer steht jetzt auf der Liste?«

»Ein Adalbert Enderle aus Kressbronn.«

»Also auf nach Kressbronn.«

Wenzel hielt sich vom Seeufer fern. Langsam rollte er über die kurvige Landstraße, die Seitenfenster standen offen und warme Frühjahrsluft rauschte durch den Innenraum. Weiden, Streuobstwiesen und Dörfer zogen vorbei – Oberreitnau, Unterreitnau, Bechtersweiler, Gattnau.

Das Gras leuchtete in knackigem Grün, darüber blauer Himmel und weiße Wolken. Zwei Milane zogen ihre weiten Kreise über dem Land, und ab und an wehte eine betörend süße Duftwolke von Glyzinien und Traubenkirschen zum offenen Seitenfenster herein.

Sie schwiegen, und auch am Funk blieb es für einige Minuten ruhig.

Adalbert Enderle wohnte mit seiner Familie in einem Einfamilienhaus mit großer Doppelgarage und kleinem Garten. Ein selbstständiger Trockenbauer. Der Besuch der Polizei irritierte ihn in keiner Weise und auch die Nachricht vom Tode Sigismund von Bratz' brachte keine bemerkenswerte Reaktion bei ihm hervor. Ein trockenes Gemüt hat er ja, der Trockenbauer, dachte Lydia und hörte die laute Stimme, die ungerührt dröhnte: »Ja, schau, der hat mich am letzten Samstag noch angerufen, irgendwann am späten Nachmittag … hat er noch …« Er grinste die beiden an, als wäre es etwas ganz Besonderes.

»Worum ging es bei dem Telefonat?«, fragte Wenzel knapp.

»Eine Wohnung in Lindau. Komplettrenovierung. Neues Bad, behindertengerecht, neue Küche.«

»Die Wohnung steht leer?«, fragte Lydia scheinheilig.

»Nein, da wohnt jemand drinnen.«

»Sie kennen nicht zufällig den Namen?«

»Nein, wir haben nicht über Details oder Namen gesprochen … nur so grundsätzlich, und es war ihm ganz pressant damit. Ich sollte so schnell wie möglich mit der Arbeit anfangen, weil er ja eine Ausweichwohnung habe.«

»Eine Ausweichwohnung?«, sie warf Wenzel einen kurzen Blick zu. Davon hatte Freyer nichts gesagt. »Sie wissen nicht zufällig, wo diese Ausweichwohnung sein soll?«

»Doch, natürlich weiß ich das. Auf der Insel, in der Salzgasse. Die Wohnung im Erdgeschoss hinter dem Laden. Ich habe für ihn ja die Wohnungen dort unten hergerichtet. Nur vom Feinsten, sag ich Ihnen.«

»Sie kennen Frau Janina Ball?«, fragte Wenzel.

»Natürlich. Die organisiert ja eigentlich alles.«

»Wie ist *eigentlich* zu verstehen?«, hakte er nach.

»Naja, eigentlich halt. Mit der Wohnungsrenovierung

jetzt hat sie aber nix zu schaffen, das war wohl Chefsache …«, er grinste wieder.

»Ja, war es wohl«, entgegnete Lydia kühl.

»Metzgerfahrt Nummer zwei«, konstatierte Wenzel lakonisch, als sie sich auf dem Rückweg befanden.

»Deswegen machen wir da noch was Positives draus«, antwortete Lydia und dirigierte ihn nach Wasserburg, zum Fischlädele, wo sie geräucherte Felchen, Dinkelbrot, drei Päckchen Rinderhüfte und ein paar Stücke Käsekuchen mitnahm.

Wenzel wartete im Auto und sinnierte. Die zwei Typen, die sie befragt hatten … das passte alles nicht zusammen. Eine richtig komische Angelegenheit. Der Freyer sagte, seine Schwester würde ausziehen, und trotzdem ließ Bratz die Wohnung behindertengerecht umbauen und stellte dafür sogar eine Interimswohnung zur Verfügung. Wozu das alles?

Als Lydia zurück war und ihre Tüten verstaut hatte, fragte er: »Der Freyer hat doch gesagt, seine Schwester wolle ausziehen, oder habe ich da was falsch verstanden … Kündigung, sagte er doch?«

»Ja, das hat er so gesagt. Und du wunderst dich nun über die geplante Renovierung und die Interimswohnung, nicht wahr?«

»Schon. Ich weiß zwar nicht, was das mit dem Fall zu tun haben könnte, aber …«

»Ich werde diese Janina Ball darauf ansprechen – *die organisiert ja eigentlich alles …*«

»Ich traue der nicht«, sagte er und sah irritiert auf die Papiertüte. »Was ist denn da alles drin?«

»Sei nicht so neugierig und fahr endlich los … Kaffee und Kuchen warten.«

Hinter dem Kreisverkehr am ehemaligen Depot sagte sie: »Mir gefällt diese ganze Chose auch nicht. Dieser Sigismund von Bratz, der gibt im Grunde alles an sie ab – die Verwaltung der Immobilien, den Verkauf und Tausch für das Zeugs aus seiner Sammlung – seine geliebten Bücher! – sie lässt Ferienwohnungen herrichten … im Grunde könnte man meinen, sie ist die Chefin. Doch ausgerechnet bei der Wohnung in Aeschach, da ist er plötzlich selbst aktiv, redet mit Handwerkern, mit den Freyers … das passt doch nicht ins Bild, oder?«

Wenzel fluchte leise, weil er an der Krankenhaus-Ampel eine zweite Rotphase warten musste. »In welches Bild bitte? Ich habe noch nicht mal ein Bild, in das etwas nicht passen könnte.« Er fügte eine Frage an, die sie nicht verstand. »Du findest sie sympathisch, nicht wahr?«

Sie sah unsicher hinüber zu ihm. »Was meinst du damit?«

»Naja, du packst sie nicht so hart an, wie es vielleicht sein sollte … sie ist dir sympathisch.«

»Janina Ball? Oh, merkt man das?«

»Schon.«

»Das ist schlecht«, sagte sie, »immer, wenn ich jemanden sympathisch finde, landet er am Ende im Knas. «

Er lachte herzhaft. »Oh ja … das kenne ich … ist mir auch schon passiert. Ich habe mal einem Verdächtigen echt geglaubt, so richtig geglaubt, und bin aus allen Wolken gefallen, als ihm Funk die Handschellen angelegt hat.«

»Oh ja, das ist bitter. Erinnerst du dich an unsere Bogenschützin von der Löwenmole? Die fand ich auch sympathisch und tough … hat sich ja dann als super-tough herausgestellt, und jetzt faltet sie in Aichach Briefkuverts.«

»Ich habe mir damals abgewöhnt, jemandem zu glauben«, sagte er finster.

»Mhm …«

»Und was deine Janina Ball angeht … ich habe da mal ein wenig recherchiert.«

Lydia wurde hellhörig, vor allem das *ein wenig* klang nach viel mehr. »So? Das hatte ich noch auf meiner Liste, aber erzähle mal …«

Er fuhr vorsichtig durch Bodolz und wartete, bis er einen Radfahrer überholt hatte. »Sie war Geschäftsführerin der Galerie *Brochard & Desoullier*. Ein renommiertes Haus. Vor gut zwei Jahren gab es da einen Skandal, der seine Ursache in drei Fälschungen hatte, die von der Galerie als echte Werke von *Mondrian* verkauft worden waren.«

»Schau an …«, entgegnete Lydia überrascht und meinte damit auch die Verve, mit der Wenzel nachgeforscht hatte.

»Diese Janina Ball hatte direkt nichts damit zu tun, ein Gutachter hatte eine falsche Expertise erstellt und man konnte ihm Vorsatz nicht nachweisen. Letztlich hat man nur den Fälscher ermittelt und verknackt. Für die Galerie war es allerdings das Aus – sie existiert nicht mehr.« Er zögerte und sah zu Lydia, die mit düsterer Miene hinaus auf die Straße blickte.

»Es könnte somit durchaus sein, dass sie nicht allein der kranken Mutter wegen nach Lindau gekommen ist, die Frau Ball.«

Lydia nickte. Das konnte durchaus so sein.

»Und noch etwas … sie hat die Wohnung in Paris noch.«

Lydia fuhr herum. »Was? Woher weißt du das alles!?«

Er blieb unaufgeregt. »Zwei, drei Stunden Google und ein paar Telefonate. Ich hab da angerufen.«

»Du hast was … wo angerufen?«

»Ich habe die Telefonnummern, die zu ihrer Adresse passten, ausprobiert und überall in meinem gebrochenen Französisch geradebrecht, ich wolle Frau Ball sprechen …

sehr freundliche Leute … haben mir gerne weitergeholfen. Sie hat ihre Wohnung vermietet.«

»So?«

»Ja, ich habe mit ihrer Mieterin gesprochen … eine ausgesprochen freundliche, vornehme, alte Parisienne?, so nennt man sie doch … und was die Wohnung angeht, sie liegt im dritten Arrondissement, Marais, Rue Sainte-Anastase, ganz nahe zur Place des Vosges. Auf Lindau bezogen so wie Bäuerlinshalde, Aeschacher Ufer oder Öschländer Weg, Schachen – begehrte Adresse eben.«

Er sah wieder zu ihr hin. »Was ich meine, ist, das ist unvorstellbar teuer dort, und irgendwie muss sie es ja finanzieren. Vielleicht kann sie also Geld gut brauchen.«

Lydia brauchte eine Weile. »Puhhh … du bist klasse und ich bin jetzt fertig, echt.«

Er lachte. »Für Käsekuchen mache ich fast alles.«

*

Zurück auf der Dienststelle schaute Lydia nach Schielin, der nirgends auffindbar war, ebenso wenig wie Funk. Beim kurzen Blick in Gommis Büro sah sie diesen völlig in seine Arbeit vertieft vor dem Bildschirm sitzen. Ganz versunken führte er zugleich ein Zwiegespräch mit Hundle, der regungslos am Boden lag. Sie lauschte, und anhand der leisen Kommentare wurde ersichtlich, wie umfangreich diese Coronastatistiken waren, die per Excel nach Kempten geschickt wurden. So sah sie aus, die Digitalisierung – stehengeblieben im Analogen, vor zwei, drei Jahrzehnten – managed by Excel.

Im Büro fand sie beim Blick in ihren Posteingang einen ersten Spurenbericht aus München, und schon beim Überfliegen schnalzte sie mit der Zunge. Es las sich gut. Die Gewebeanhaftungen auf der Bruchseite des Eisenprofils waren eindeutig Sigismund von Bratz zuzuordnen. Auch die Schlagspuren am Schädel korrespondierten mit der verwendeten Waffe. Sie hatten also eindeutig die Tatwaffe gefunden.

Schnell flog sie weiter über den Text und suchte Angaben zur Daktyloskopie. Fingerabdrücke? Fehlanzeige. Das konnte auf Handschuhe hindeuten. Weiter ging es bis zum Abschnitt über Faserspuren. Sieben unterschiedliche Fremdfasern waren an Jackett und Hose des Opfers gesichert worden, und als sie weiterscrollte, jubelte sie laut und machte eine Faust. DNS! Fremde DNS. Eine fremde, menschliche DNS-Spur war gesichert worden. Der automatisierte Abgleich war zwar negativ verlaufen – aber immerhin. Der Tag endete gut.

Sie las den Befund nun nochmals intensiver. Die DNS stammte aus einer Spurenanhaftung an der gerillten Seite des Eisenprofils; an jener Stelle also, wo der Täter das Eisenprofil vermutlich angepackt hatte. Trotz der doch langen Zeit im Wasser konnten kleine Reste von Rindsleder gesichert werden – die allerdings mit Blut durchtränkt waren. Diese Spur war zweifelsfrei nicht dem Opfer zuordenbar, und die Rechtsmedizin lieferte auch eine Hypothese zur Entstehung. Der Täter könnte Handschuhe getragen haben. Durch die Wucht des Schlages hatte der kantige Bereich des Profils Leder von der Oberfläche der Handschuhe abgefräst. Dass dieses Leder Blut aufwies, deutete auf eine Verletzung des Täters hin, die sich an Daumen, Zeige- oder Mittelfinger befinden musste. Sie blätterte zur Bildtafel, betrachtete das Foto des Eisenprofils und summte zustimmend. Es klang schlüssig. So konnte es gewesen sein.

Der zweite Bericht betraf das gesicherte Drahtstück, das

sie am Container abgeschnitten hatten. In der Tat handelte es sich bei der eingetrockneten Schicht auf dem Drahtdorn um Blut, und die Spur war identisch mit derjenigen auf dem Eisenprofil. Der Täter konnte sich verletzt haben, als er das Eisenteil aus dem Container geholt hatte. In der Dunkelheit gut vorstellbar. Da übersieht man schon mal einen Drahtdorn. Lydia ließ sich nach hinten in den Bürostuhl fallen und sah eine Weile stumm zur Decke.

Es dauerte eine Weile, bis sie aus diesem Zustand der Gedankenlosigkeit auffuhr und auf die Uhr sah. Zeit, endlich nach Hause zu fahren und die Dahlien ins Freie zu setzen.

Zuvor wählte sie die Nummer von Janina Ball und ließ es lange klingeln. Als endlich abgenommen wurde, war eine zurückhaltende Stimme zu hören.

»Störe ich?«, fragte Lydia.

»Nein, ich bin nur rangegangen, weil Sie es sind. Was ist? Ich bin gerade bei meiner Mutter … sie wird gerade ins Hospiz verlegt. Ich kann nicht so richtig reden hier.«

»Oh. Tut mir leid. Ich wollte fragen, ob wir morgen kurz bei Ihnen vorbeikommen könnten. Es geht um eine Wohnung … eine Mietwohnung in Aeschach, die Herr von Bratz renovieren lassen wollte … wissen Sie etwas davon?«

»Mhm … schon … ich habe das mit dem Handwerker vorbesprochen, aber Sigismund hat das vor einigen Wochen selbst übernommen und war auch mal dort bei dieser Frau … Frank, Frie …«

»Freyer«, ergänzte Lydia.

»Ja genau. Was ist damit? Er kam mir etwas aufgebracht vor, was diese Angelegenheit anging, aber ich habe mir nichts dabei gedacht. Der übliche Ärger mit Immobilien eben.«

»Wann passt es Ihnen morgen?«, fragte Lydia.

»Neun Uhr … um elf muss ich spätestens weg.«

»So lange dauert das nicht.«

Sie verabschiedete sich und drückte das Telefonat weg. Eigenartig. Wenzel lag durchaus richtig mit seiner Skepsis, was diese Wohnung anging. Weshalb hatte von Bratz das nicht seiner Assistentin überlassen?

*

In der Salzgasse hockte Cornelia von Bratz am Klavier und versuchte sich an einem Stück von Chopin. Nocturne opus 9, 2 in Es-Dur.

Ihr Anschlag war hart und sie verfügte über das zweifelhafte Können, ausgerechnet jene Stellen vordergründig erscheinen zu lassen, bei denen sie von den Anweisungen des Notensatzes abwich.

Nach solchen Aussetzern wurde ihr Spiel für einige Takte noch zwanghafter und gestelzter. Es waren nicht viele Fehler, diese jedoch so unglücklich aufdringlich, dass den Zuhörern ein Übermaß an Gleichmut abgefordert wurde, wollte man ihrem Spiel lauschen. Noch nie hatte sie ein Konzert gegeben, auch nicht mit einem Programm der einfachsten Stücke. Lediglich das Spiel an einer Kirchenorgel verschaffte ihrer Musik ein Mindestmaß an Öffentlichkeit und den musisch Gebildeten der Gemeinde die Not, es über sich ergehen lassen zu müssen. Berüchtigt waren ihre Vorspiele zu Chorälen, die halben Oratorien gleichkamen und sich über den *Cantus firmus* beharrlich ausschwiegen.

Die Qual an Chopin zog sich in die Länge. Mit verbissenem Gesichtsausdruck saß sie da, nur um beim *Andante* immer wieder am Lauf im sechsten Takt zu straucheln.

Entnervt gab sie endlich auf und presste ihre Lippen vor Wut derart heftig zusammen, dass ihr Kopf anfing zu zittern. Als sie diese Entladung von Frustration hinter sich gebracht hatte, rauschte es für einen kurzen Moment in ihren Ohren, dann hörte sie mit großer Klarheit. Die Ruhe hier oben war geradezu fassbar. Sie stand auf und ging in der Wohnung hin und her, wie ein gefangenes Tier. Einmal blieb sie erschrocken stehen, als sie ihr Spiegelbild in der Vitrine des Wohnzimmers sah. Natürlich war es fragmentiert und surreal, und dennoch ging sie schnell zur Seite, denn was sie sah, hatte nichts mit ihrer Vorstellung von sich selbst zu tun.

Aus dem Treppenhaus waren Geräusche zu hören. Eine Tür schlug zu. Stimmfetzen hallten. Sie eilte zur Tür, öffnete sie vorsichtig und leise einen Spalt und horchte hinaus. Eberhard sprach mit blechern dröhnender Stimme drunten im ersten Stock. Schnell zog sie den Schlüssel ab und eilte die Treppe hinunter, wo sie auf halber Höhe vor dem Eingang zur unteren Wohnung stehen blieb – beide Hände fest am Handlauf des Treppengeländers. Eberhard von Bratz stand neben seiner Frau und nestelte an einer Tasche. Überrascht blickte er nach oben, wo seine Stiefschwester stand.

Er sah weg, widmete sich wieder der Tasche und fragte brüsk: »Was willst du denn?«

»Ich traue es euch zu … ich trau es euch beiden zu … euch beiden! Du warst doch als Kind schon pervers, und wäre er nicht gewesen, wärst du im Erziehungsheim gelandet … und im Gefängnis!« Ihre Stimme hatte sich der Höhe wegen überschlagen.

Er hob die Ledertasche auf Augenhöhe und musterte sie aus engen Augenschlitzen. »Du bist beständig so aufgeregt, meine Liebe, und es ist mir bisher gar nicht aufgefallen, um wie viel hässlicher dich dieser Zustand werden lässt.« Er fuhr mit seiner Hand gestikulierend durch die Luft. »Was willst du hier!? Uns eine Szene machen … im Treppenhaus? Verschwinde! Droben steht doch das Klavier. Es beschwert sich nicht, wenn du es belästigst, solange es keiner anhören muss.« Er suchte nun den Blickkontakt zu ihr und sprach langsam und eindringlich: »Verschwinde – und lass uns in Ruhe.«

Sie blieb ungerührt, wie eine Wildkatze, kurz vor dem Angriff. Sie ging eine Stufe hinab, zwei nach oben, ihre Augen funkelten wild. Eberhards Frau sah sie hasserfüllt an, sagte aber keinen Ton und suchte ihren Mann zwischen sich und diese Frau zu bringen, die sie aus mehreren Gründen verabscheute.

Die fauchte wütend: »Ich weiß einiges über dich … einiges, und es könnte sogar die Polizei interessieren. Wo wart ihr denn so spät in der Nacht … am Montag … wo wart ihr denn da?«

Eine regelrechte Eruption fuhr durch Eberhards Körper und er wurde nun laut und drohend: »Du …. du hast noch nie etwas gewusst. Verschwinde! Und wo willst denn du gewesen sein … in der Nacht? Wer im Glashaus sitzt, sollte nicht mit Steinen werfen. Und nur dass du es weißt – ich traue dir auch alles zu! Oder hast du schon vergessen, wo du gelandet wärst, wenn er nach der Sache in der Schule nicht dafür gesorgt hätte, dich unterzubringen und dich zu unterhalten!? Jetzt musst du halt sehen, wie du zurechtkommst. Eine Bitte nur – versuche es nicht mit Musik.«

Cornelia von Bratz blieb weiter in Bewegung und fixierte die beiden, wusste aber nichts zu entgegnen, bis sie endlich umdrehte und voller Zorn zurück in die Wohnung ging.

Eberhard drückte seiner Frau die Ledertasche in die Hände und stapfte wortlos hinunter, wo er mit zornigem Gesicht hinaus in die Gasse trat.

Cornelia von Bratz lief aufgeregt durch die Wohnung. Sie hasste diesen Eindringling. Sie hatte ihn schon immer gehasst, glaubte sie. Vor allem aber war es seine Schamlosigkeit, die sie deshalb verabscheute, weil sie sie einst genossen hatte. Vom Fenster aus konnte sie sehen, wie die beiden in Richtung Maximilianstraße verschwanden.

Nach einigem Hin und Her führte sie ein hässlicher Gedanke mit schnellen Schritten ins Wohnzimmer, wo sie etwas aus dem Schrank holte, einen Schlüssel packte und vorsichtig ins Treppenhaus hinausschlüpfte, innehielt, lauschte – und nach unten schlich.

*

Eberhard von Bratz stiefelte mit weit ausgreifenden Schritten über das Kopfsteinpflaster der Maximilianstraße. Seine Frau tat sich schwer in ihren Pumps und stolperte hinter ihm her. Als sie ihn an der Apothekenecke eingeholt hatte, fragte sie besorgt: »Ob sie etwas weiß?«

»Ach was …«, entgegnete er unwirsch und tat weitere Fragen mit einer energischen Handbewegung ab. Sie war ihm lästig mit ihren Sorgen, ihrer aggressiven Einfalt und ihrer Geltungssucht.

Zielstrebig steuerte er dem Edelmetallshop zu und ließ die Tür hinter sich zufallen, ohne auf sie zu warten.

Es dauerte etwas, bis er den abweisenden Blick des Mannes hinter dem Tresen richtig deutete. Er hatte die Maske vergessen. Ärgerlich ging er wieder hinaus und fuhr seine Frau an: »Wo bleibst du denn!?«

Er riss ihr die Ledertasche aus der Hand und kramte darin nach der FFP2-Maske.

Wieder im Geschäft holte er drei Blister aus der Tasche und warf sie auf den Tresen. »So … jetzt … hier … die möchte ich verkaufen … wieviel?!«

Der Mann hinter dem Tresen sah ihn ausdruckslos an und warf einen Blick auf die Blister mit den Goldbarren.

Die sahen auf den ersten Blick relativ passabel aus. Degussa, einhundert Gramm, ungeöffnet.

Er war gekleidet, wie man sich die Kleidung eines seriösen Geschäftsmannes vorstellte: dunkler Anzug, helles unifarbenes Hemd, dunkelblaue Krawatte, perfekte Kurzhaarfrisur. Ein cremefarbenes Einstecktuch mit blauem, floralem Muster.

»Ja … was jetzt?«, muffelte Eberhard von Bratz.

»Grüß Gott, Sie wünschen?«

»Ja verkaufen will ich das.«

»Was ist das?«

»Ja Gold, das sehen Sie doch, oder nicht?«, wurde Eberhard von Bratz sogleich pampig, »drei Barren mit hundert Gramm … macht dreihundert Gramm.«

»Dreihundert Gramm könnte stimmen, aber ob das Gold ist? Haben Sie vielleicht ein Zertifikat, einen Kaufnachweis oder dergleichen dabei?«

Eberhard von Bratz richtete sich an seine Frau: »Ich dachte, wir wären hier in einem Fachgeschäft …«

Wieder den dunklen Anzug im Blick, wurde er sarkastisch: »Schauen Sie halt mal auf die Verpackungen. Da steht *Degussa* drauf …«

»Es ist überhaupt nicht von Belang, was auf der Verpackung steht. Da könnte auch *Fort Knox* aufgedruckt sein. Ich denke doch, Sie sind hier falsch. Ich wünsche Ihnen beiden noch einen schönen Tag.« Ein Prospekt raschelte auf einmal in seiner Hand und ganz gemächlich verschwand er hinter einer spanischen Wand, die den Zugang zu einem Hinterzimmer verdeckte.

Eberhard von Bratz stand verloren herum, moserte noch ein wenig, grapschte die Blister mit den Goldbarren, steckte sie wütend in die Tasche und stürmte hinaus, im Gefolge seine Evi, bleich und verstört. »Was sollen wir jetzt machen …?«, fragte sie ängstlich, als er unter dem Diebsturm stehengeblieben war und hinüber zum REWE schaute.

»Halt einfach die Fresse, Mensch.«

Im Hinterzimmer des Geschäfts telefonierte der Wohlgekleidete. »Ja, wenn ich es sage. Drei Blister mit Degussa-Goldbarren à einhundert Gramm … er meinte, er könnte so im Vorübergehen Geld machen. Wer weiß, wo die Dinger her sind. Es könnte sein, die kommen auch bei dir vorbei.«

Sein Gesprächspartner wollte eine Beschreibung des Anbieters und er beschrieb ihn. Mann, um die fünfzig, kahler Schädel mit ein paar Borsten, langer Lulatsch, irgendwie ohne Proportion, narbige Gesichtshaut, böse Augen, schuppige Stirn, Jeans, T-Shirt, billige Schuhe, Säufernase, eine Frau dabei, Mischung Mimose-Mauerblümchen, blass, dumm. »Wie du weißt, sind das die Gefährlichsten.«

Es entstand eine kurze Pause, weil der Gesprächspartner weitere Fragen stellte.

»Nein, einen Ausweis oder dergleichen hat er nicht vorgelegt. Habe ihn auch noch nie gesehen. Ein Fremder. Sehr unangenehme Erscheinungen … beide.«

*

Cornelia von Bratz klingelte auf dem Weg von unten kommend an der Wohnung ihres Bruders Martin.

Es ging ihm gerade nicht gut. Ein feiner Schweißfilm ließ seine Stirn leuchten, das Gesicht war puterrot. Er lief im Wohnzimmer auf und ab, während er eindringlich und um Beherrschung bemüht in das Telefon sprach. Das Timbre nahm abwechselnd eine ängstliche, resignierte oder ärgerliche Phrasierung an. »Nein, neiiin … es ist halt schwierig, die ganze Situation, wir müssen abwarten.«

Die Frau am anderen Ende war aufgebracht und resolut. »Was soll das heißen … abwarten … schwierig!? Es ist doch nur eine Sache von ein, zwei Wochen, vielleicht drei … ich gebe denen jetzt den Auftrag und fertig, wir wollen doch keine Zeit verlieren und die Wohnungen vermieten … alles andere wäre doch dämlich.«

Er druckste herum. »Wenn ich dir doch sage, wir sollten noch abwarten.«

Sie blieb kompromisslos. »Wir haben ja wohl lange genug gewartet, oder etwa nicht!? Gib Bescheid, wenn der Beerdigungstermin feststeht.« Sie legte ärgerlich auf.

Er stand da und schwankte zwischen Wutanfall und Weinkrampf.

Gerade da klingelte es.

Entgeistert sah er seine Schwester an.

»Jetzt glotz nicht so«, motzte sie und schob sich an ihm vorbei in die Wohnung. Ihre Augen wanderten über Böden, Decken und Wände. Es klang missgünstig, als sie ihr Urteil abgab: »Überall das Gleiche … Böden, Wände, Farben, Möbel … die haben es sich auch leicht gemacht.«

»Was ist?«, fragte er.

»Ja was soll sein … eine Tragödie ist es halt«, sagte sie und setzte sich auf den ledernen Zweisitzer im Wohnzimmer.

Er war hin- und hergerissen, was seine Schwester betraf. Einerseits verabscheute er das Bösartige in ihr, andererseits war er froh, im Moment jemand bei sich zu haben. Schnell legte sich seine Erschütterung und er setzte sich zögernd. Das Pfaffenhafte in ihm übernahm sofort und er referierte Phrasenhaftes: »Eine Tragödie sagst du? Nein, es ist keine Tragödie. Um zu einer Tragödie zu gelangen, bedarf es des Widerspruchs zweier Prinzipien in einem Menschen –

gleich welchem er sich zuwendet, impliziert es den Verrat des jeweils anderen.«

»Verschon mich mit diesem Gequatsche … Widerspruch, Prinzipien. Du hast doch überhaupt keine Ahnung, wovon du da sprichst. Sag mir lieber mal, was wir jetzt machen sollen, oder willst du zusehen, wie sich die kleine schwarzhaarige Schlampe alles unter den Nagel reißt.«

Er wirkte ratlos. »Tja … was sollte man da tun können, und wir wissen ja noch nicht …«

Sie fuhr auf: »Ah! Hör auf … natürlich wissen wir, was da läuft. Klagen! Wir könnten zum Beispiel klagen … einen Anwalt beauftragen.«

Ihre Lust zur Aggression brachte seine Persönlichkeit wieder auf sein Gesicht, wo sich Ängstlichkeit, Enttäuschung und Resignation zeigten.

»Herrje, jetzt hör auf so zu glotzen … ich weiß doch, dass ihr euch dieses Haus kaufen wollt … weiß Sybille eigentlich schon, was los ist?«

Er blieb still.

Sie legte den Kopf schief und grinste böse: »Du hast es ihr noch nicht gesagt?«

»Wir haben das Haus gekauft«, kam es leise, »vorletzte Woche war der Notartermin … als er geschrieben hat, wir sollten kommen, weil er seinen Nachlass regeln wollte, da dachte ich …«

Sie hüpfte ein Stück hoch. »Was!? Ihr habt dieses riesige Haus gekauft?«

»Ja, wie gesagt …«

Äußerlich zeigte sie Entsetzen, doch heimlich frohlockte ihr Herz über das absehbare Desaster und sie musste achtgeben, nicht ein genüssliches Grinsen sehen zu lassen. Sie schüttelte sich und behielt das Verkniffene bei. Wie dumm er war, der Kleine, wie dumm. Da saß er nun, der kleine Star, der er hätte werden können. Die Rettung der Familienehre – ein Theologe! Damals hatte es ihr Angst gemacht, als er sein Studium begann und zu sehen war, wie wohlwollend Vater sich mit einem Mal ihm gegenüber zeigte. Es war zu jener Zeit, da sie tief im Innern gewahrte, wie wenig Talent ihr gegeben war, und deutlich hervortrat, dass das Schicksal sie nicht zu einem musikalischen Glanzlicht werden lassen würde, sie vielmehr eine namenlose, unbedeutende Gestalt bleiben würde. Die Eifersucht auf diesen Theologenbruder erlosch jedoch bald, als sich andeutete, wie sehr er nurmehr ein bequemer, selbstgefälliger Pfaffe werden würde, mit einem begrenzten Portfolio an Phrasen. Wie hatte Vater einmal zu ihm gesagt, oder war es über ihn? *Die korrekte Mülltrennung seiner Schäflein reicht ihm vollkommen aus und mehr Stoff benötigt er auch für seine Predigten nicht.* Seine Mittelmäßigkeit hätte ihn nicht angefochten und mit Frau und Kindern auf der Hilfsstelle in einem Landstädtchen, fern von den Anfechtungen eines Pfarrhauses zu leben, hätte ihm genügt – in Erwartung eines ansehnlichen Erbes, womit der Geltungsdrang der Gattin hätte befriedigt werden können.

»Wie hast du dir das überhaupt vorgestellt mit dem Haus?«, fragte sie aus purer Neugier und mit sorgenvoller Miene.

Scheinbar hatte er ihre Frage gar nicht gehört. »Ist schon komisch, dass er jetzt tot ist … noch dazu so … auf diese Weise.«

Seine Ignoranz ihr gegenüber war ihr ärgerlich und sie wiederholte: »Wie soll das jetzt werden? Ihr habt doch kein Geld! Jedenfalls nicht für dieses Monstrum von Haus.«

Er zuckte mit den Schultern. »Geht es dir gar nicht nahe? Ich meine, er ist schließlich tot, erschlagen worden.«

»Ach nee …«, wurde ihre Stimme gefährlich, »jetzt auf

einmal. Wer hat denn am Samstagabend rumgebrüllt wie ein Verrückter … wer hat denn hier im Treppenhaus getobt: *Erschlagen sollt man ihn, glatt erschlagen!*? Hast du das schon vergessen? Kann ich ja verstehen, angesichts deiner Situation.«

»Das war nur so dahingesagt, vor Wut. Diese Kälte, mit der er uns abserviert hat … und auch noch diese fremde Frau dabei … demütigend. Ja, es war demütigend. Weiß man denn etwas von ihr? Keinen Ton hat sie gesagt, aber ich glaube, sie hat es faustdick hinter den Ohren … hätte ich dem Alten nicht zugetraut.«

»Was, nicht zugetraut?«

Martin von Bratz wurde schroff: »Ja was wohl … hast du nichts im Hirn!?«

Als sie nicht sofort reagierte, legte er nach. »Du … du brauchst gar nichts über die anderen sagen. Der Sabber ist dir vor Zorn aus dem Maul gelaufen, als er dir vorgerechnet hat, welche Aufwendungen er in den letzten dreißig Jahren aufbrachte, dich zu unterhalten. Und ich muss sagen, ich war bitter überrascht, von dem Konzertflügel zu hören, den er dir geschenkt hat. Wofür eigentlich? Du warst doch nicht einmal in der Lage, zu einem Geburtstag oder an Feiertagen ein paar Stücke zum Besten zu geben, von einem Konzert ganz zu schweigen«, er hielt inne und spürte seiner Wut nach, »ein Konzertflügel! Ist doch eigentlich für Konzerte, oder? Achtzigtausend Euro. Unglaublich. Auch du musst schauen, wie du nun zurechtkommen wirst, wenn die Zahlungen ausbleiben, oder glaubst du vielleicht an den Altruismus der jungen Schwarzhaarigen?«

Sie hätte Lust gehabt, den Fehdehandschuh aufzunehmen, lenkte das Gespräch aber auf den Stiefbruder. »Eberhard war Montagnacht unterwegs. Ich habe gesehen, wie er das Haus verlassen hat und nach oben, in Richtung Maximilianstraße gegangen ist. Ob Evi auch dabei war, kann ich nicht sagen, aber er – ganz sicher.«

Die neue Information lenkte ihn wirklich von seinem Ärger auf sie ab. »Nein! Wirklich!? Das gibt's doch nicht! Es ist verrückt … wirklich!?«

»Ja doch! Es war so um Mitternacht, und ich bin lange wach geblieben und habe aus dem Fenster geschaut. Zurückgekommen ist er nicht, jedenfalls habe ich nichts davon gesehen.«

Sie schwiegen eine Weile. Sie wartete geduldig auf seine Reaktion.

»Ja glaubst du denn, er hat etwas damit zu tun?«, fragte er.

»Du kennst ihn doch genauso gut wie ich«, stellte sie nüchtern fest. Ihr Herz pochte heftig. Was er über sie und den Konzertflügel gesagt hatte, war tief in sie gedrungen. Am liebsten hätte sie sich auf ihn gestürzt.

Er sah sie mit einem forschenden Blick an. »Und du hast die ganze Nacht da oben gehockt und hinausgesehen?«

»Ich habe kein Auge zubekommen. Die ganze Nacht nicht. Erinnerst du dich an die Szene nach Mutters Tod … als wir mit Vater redeten … wie er ihn angegriffen hat … beinahe tätlich?«

Martin hob den Kopf und sah sie angewidert an. »Ja, natürlich erinnere ich mich daran. Wie sollte ich es vergessen haben. Genauso wenig habe ich vergessen, wer diese Zusammenkunft unbedingt wollte … unbedingt! Du hast uns in diese Situation getrieben und danach war nichts mehr wie zuvor … seitdem war … war das Tuch zwischen uns und ihm zerschnitten. Ich hätte niemals auf dich hören sollen.« Er stand abrupt auf. Seine Körperhaltung war eine Aufforderung an sie, zu gehen.

Sie lachte böse, erhob sich langsam und ging zur Tür. »Viel Glück mit eurem Haus. Und was zerschnittene Tücher angeht – es gab nie ein Tuch, das hätte zerschnitten werden können. So sehe ich das.«

*

Oben in der Wohnung angekommen, nahm sie die Flasche Whiskey aus der Vitrine und schenkte einen kräftigen Schluck in eines der Gläser.

Die Kraft des Getränks in Mund und Rachen zu spüren, tat gut – ein kleiner wohliger Schmerz. Gleich darauf machte sich die Wirkung des Alkohols durch einen feinen Taumel bemerkbar. Unschlüssig hielt sie sich am Glas fest, griff schließlich entschlossen zu ihrem Telefon und suchte eine Nummer aus den Kontakten. Sie ließ es lange klingeln. Endlich wurde abgenommen. »Sybille?«, fragte sie mit weinerlicher Stimme.

»Ja … bist du es, Cornelia?«

Sie grinste. »Ja … ach ich wollte mich endlich einmal bei dir melden, nach all dem Schrecklichen, das in den letzten Tagen geschehen ist. Es ist doch furchtbar, nicht wahr?«

Ihre Schwägerin blieb aus Erfahrung distanziert. »Sicher … es ist schrecklich, geradezu unvorstellbar. Ich denke, es geht euch allen nicht gut, wo ihr jetzt da in Lindau angebunden seid. Ich hoffe ja, die Beerdigung wird bald stattfinden. Auch, um die Sache irgendwie hinter sich zu bringen.«

»Ja, das hoffen wir alle, glaube mir. Die Sache hinter uns bringen. Wie geht es euch denn?«

Ihre Gesprächspartnerin blieb unverbindlich. Aus vergangenen Zusammenkünften wusste sie, wie wenig sinnvoll es war, ihrer Schwägerin auch nur den Hauch eines Hinweises über den Seelen- und Gemütszustand zu geben. »Ja, wie es einem eben geht in einer solchen Situation«, wand sie sich geschickt.

Cornelia von Bratz deutete ein Schniefen an. »Du bist recht gefasst, finde ich …«

Am anderen Ende war nun eine gewisse Anspannung zu spüren. »Wie meinst du das?«

Sie war dankbar für die Aufforderung. »Nun … ich muss dir sagen, ich fühle mich fürchterlich verletzt, und von Wertschätzung, Familie und dergleichen möchte ich gar nicht erst sprechen, aber dass er uns so schändlich behandelt und de facto enterbt, das hätte ich mir niemals … niemals vorstellen können«, log sie. Der Glaubwürdigkeit halber schickte sie ein Schniefen nach und lächelte, als sie in die Stille horchte, die aus dem Lautsprecher drang. Treffer!

Die Stimme der Schwägerin klang belegt. »Äh … enterbt? Wie meinst du das? Wieso hat Sigismund dich enterbt?«

»Mich!?«, konstatierte sie beinahe beleidigt. »Nicht mich … uns alle … uns alle! Weißt du, diese Schwarzhaarige, die hat sich alles unter den Nagel gerissen … es ist wirklich unvorstellbar und … bei allem, was nicht gut war in der Vergangenheit … es gehören ja immer zwei Seiten dazu … doch … von so einer einfach an den Rand, ins Abseits gestellt zu werden, das tut schon besonders weh. Doch, genug gejammert nun. Ich wollte einfach mal eine vertraute Stimme hören und weiß nun, dass es euch gut geht soweit … ich werde damit gut klarkommen, ihr werdet damit gut klarkommen … seid froh um die Ferienwohnung am Gardasee, die ihr bekommen habt … was man hat, hat man. Das Nagende jedoch ist nur diese tiefe menschliche Enttäuschung, die einem im Herzen zurückbleibt, nicht wahr? Da wird eine kräftige Narbe zurückbleiben … denn es ist ja der eigene Vater …«

Die Stimme ihrer Schwägerin schwankte zwischen Verunsicherung und Verzweiflung. »Aber er hat doch geschrieben, ihr solltet nach Lindau kommen, weil er seinen Nachlass regeln will?«

Ihre Stimme wurde nun eisiger. »Ja natürlich. Das hat er ja auch – allerdings auf seine Weise. Er hat uns vorgerechnet, was er schon alles in uns *sozusagen* investiert hat. Naja … wir kannten ihn ja und … ach weißt du, das regt mich jetzt zu sehr auf und ich will da auch die negativen Gedanken ablegen können. Im Grunde ist ja alles noch zu frisch, um mit dem Verarbeiten zu beginnen … dem Trauern. Na … ich denke auf jeden Fall an euch. Liebe, liebe Grüße ja … bis bald, bis bald einmal …«

Sie beendete das Gespräch, warf das Smartphone aggressiv in die Ecke des Sofas und nahm einen kräftigen Schluck aus dem Whiskeyglas.

Im Gaumen fraß die Schärfe des Alkohols, und in ihrer Seele fraß der Hass auf das, was man Familie nannte und sie nur vom Wort her kannte. Sie hätte sich ihrer Ranküne wegen mehr Linderung ihrer Wut gegen Martin erhofft. Doch das Telefonat ließ sie angegriffener als zuvor zurück. Sie ließ sich auf das Sofa sinken und dachte an früher … und an Eberhard.

*

Schielin war am Nachmittag auf die Insel gefahren, hatte das Auto am Milchpilz abgestellt und dort eine Kleinigkeit gegessen. Wie sehr sich die Ecke doch verändert hatte. Beinahe gemütlich war es geworden und vor allem etwas entfernt vom Trubel auf der Süd- und Westseite der Insel. Vom Kinderspielplatz kam befreiendes Geschrei. Elefantenrutsche!

Er versuchte sich vorzustellen, wie es hier von Pfingstmontag auf Dienstag nach Mitternacht ausgesehen haben konnte. Dunkel, abgelegen, einsam – so ganz anders als gerade, in dieser heiteren Lichtstimmung.

Er ging hinüber zum Tatort. Auf dem Kleinen See tuckerten ein paar Motorboote, eine alte Dame mit Rollator rollte nahe an die Stufen heran und fütterte Enten und Schwäne und sprach mit den Geflügelten, als handele es sich um ihre Verwandtschaft. Vom Ort des Geschehens aus nahm er den Weg an den Bootsstegen entlang vorbei am Maria-Martha-Stift. Er blieb stehen und musterte die Fenster, die zur Seeseite lagen. Ob da jemand in der Nacht nicht schlafen konnte und etwas mitbekommen hatte?

Er ging kurzerhand hinein und fragte sich durch. Die Pflegedienstleitung sah skeptisch drein. »Von Pfingstmontag auf Dienstag? Das war eine der ruhigeren Nächte.« Die Befragung ergab nichts.

Er nahm den Weg weiter in Richtung Inselhalle. Kein Café, kein Restaurant, keine Veranstaltungen – keine Zeugen. Wer immer mit der Schubkarre unterwegs gewesen war, musste gegenüber der Inselhalle den Durchgang zum Alten Schulplatz nehmen, und es musste mühsam gewesen sein, mit der Leiche in der wackeligen Schubkarre auf dem Kopfsteinpflaster – vor allem der Anstieg zum Marktplatz hin. Eine echte Plackerei. Wozu? Wozu das? Oben angekommen, stand er etwas verloren vor der Markierung des Golgbrunnen. Um den Cavazzen hing immer noch der Bauzaun. Er drehte sich – Münster, St. Stephan, Neptun, Baumhaus, Cavazzen. Viele Fenster – niemand, der sich bislang gemeldet hatte.

Seltsam – mit einem Mal überkam ihn das Gefühl, um ihn herum liefe das Leben viel zu schnell ab. Während er so dastand und schaute, sausten Autos und Radfahrer an ihm vorbei, die Leute gingen so schnell und der Geräuschpegel erschien ihm zu hoch. Er blieb dennoch eine Weile stehen und lief durch die Grub zurück, enttäuscht, von keiner Intuition berührt worden zu sein. Schluss für heute.

Zuhause angekommen, zog er die Eselklamotten an, küsste Marja im Vorübergehen mehr als nur flüchtig und holte Ronsard von der Weide. Es war an der Zeit zu verlangsamen, nachzudenken und Ohren und Augen zu öffnen. Ein wenig machte er sich Sorgen. War er eigentlich ein Fall für die Klapse? Wie oft war er schon diese immergleichen Wege gegangen, deren er nicht überdrüssig wurde. Ganz im Gegenteil. Je weiter man hinab in den Tobel gelangte, versanken die Geräusche der Welt in einem dumpfen Murmeln, und ganz drunten, im düstersten Wegabschnitt, waren nur das Wasser, der Wind und die Vögel zu hören. Wie oft war er hier schon gegangen, und immer noch entdeckte er Altes neu. Nein, langweilig wurde es ihm ganz sicher nicht und immer noch empfand er tiefe Freude, wenn er nach dem steilen Anstieg hinaus auf die freie Weide trat und der Blick hinunter auf den See, die Inselstadt und die Berge führte. Wo gab es schon eine solche Dramaturgie? Andere fuhren wer weiß wie weit für weniger Erleben. Albin Derdes kam ihm in den Sinn. Ob der sich solche Gedanken machte? Vermutlich nicht.

Fast erschrak er, als sich die Leine straffte, weil Ronsard plötzlich stehen geblieben war und er so aus seiner Nachdenklichkeit gerissen wurde.

Ausnahmsweise zog Ronsard nicht zu einem besonders leckeren Grasbüschel, um zu fressen, vielmehr stand er wie eine Statue still, nur die Ohren drehten sich ruckartig. Er lauschte. Eine Brise Hühnerstall wehte heran. Sie kam vom mobilen Hühnerkommando, das noch vor der futuristischen Wetterstation angesiedelt war.

Schielin lauschte auch. Von hinten am Waldrand war schon das Gurgeln aus dem Tobel zu vernehmen. Von dort kam auch das Gekrächze einiger Krähen, dazu das Summen ferner Motoren, Vogelgezwitscher und bei jeder leichten Brise das verhaltene Wispern der Blätter. Am Waldrand schlich ein Fuchs aus der Deckung, tat ein paar muntere Schritte in die Streuobstwiese und blieb mit erhobener Pfote stehen, als er den Esel gewahrte. Ronsard trat wieder an, der Fuchs machte kehrt und verschwand wieder. Langsam marschierten sie den steinigen Weg hinab – in eine Welt, die für Schielin außerhalb des Alltags lag.

»Seltsame Familie, diese Herrschaften von Bratz«, sagte er zu Ronsard, »schwer zu verstehen, wie da alles zusammengehört.« In der Tat war es für Schielin kaum nachvollziehbar, wie das Leben dieser Familie früher ausgesehen haben konnte. Glücklich? Seinen Vorstellungen von Glück entsprechend eher nicht.

Sie passierten einen Dschungel aus Indischem Springkraut und Schielin landete mit seinen Überlegungen bei Janina Ball, mit deren Erscheinen alle Veränderungen in Gang gebracht worden waren. Lydia glaubte nicht an ein Verhältnis der beiden, doch Schielins Meinung nach musste ein tiefer Bezug der beiden zueinander existieren, der Sigismund von Bratz das erforderliche Vertrauen in diese junge Frau gab. Und aus welchem Grund dieses ominöse Familientreffen, wenn man die getroffenen Entscheidungen auch anders kommunizieren hätte können, zumal es für alle Beteiligten nachteilig war? Lag darin das Besondere dieses Termins? War die Provokation gewünscht und beabsichtigt und steckte diese Janina Ball dahinter?

»Wieso sind die am Samstag nicht einfach heimgefahren – zu ihren Familien, he!?«, rief er Ronsard zu, der unbeeindruckt blieb.

»Es wäre doch das Naheliegende. Was wollten die noch hier? Also ich wäre gefahren. Es sei denn, sie hatten noch etwas vor – vielleicht jeder für sich ein heimliches Treffen mit dem Alten, so, wie es uns von der unseligen Cornelia bekannt geworden ist, oder alle drei stecken zusammen.«

Ronsard hatte zweimal zu ihm gesehen und mit den Augen geblinzelt. Irgendwas stimmte mit dem Esel wirklich nicht. Noch keine einzige störrische Fressattacke.

Das Gurgeln und Glucksen des Wassers, der eintönige Trott von Ronsard – rasch war Schielin in dieser eigenen Welt aus gedankenverlorenem Dahingehen und grüblerischer Konzentration. Wenn nur diese ewige Suche nach einem Motiv nicht wäre, quälte ihn ein Gedanke, und seine Schritte wurden langsamer. Laut sprach er zu Ronsard: »Aber die gute, alte Mordlust, die wird heutzutage gerne mal vergessen, tja, sollten wir im Auge behalten. Der brutale Schlag gegen den Kopf, diese Schubkarre – könnte auch ein Verrückter gewesen sein und der Herr von Bratz ein Zufallsopfer, nicht wahr?! Wobei – Zufallsopfer, das hatten wir noch nie.«

Diese Schubkarre war ein verrücktes Detail, das sich in keine logische Konstruktion einfügen ließ. Was um alles in der Welt sollte damit bezweckt werden? Die Tatwaffe war weit draußen im Kleinen See gefunden worden – fast zwanzig Meter vom Ufer entfernt. Wer immer sie geworfen hatte, war körperlich leistungsfähig und wollte sie möglichst weit weg vom Tatort wissen, tief unter Wasser, in einem Grab aus Schlamm und Algen. So jemand konnte auch eine beladene Schubkarre bewegen. Ein nachvollziehbarer Ansatz war es schon, die Leiche von diesem Ort wegzubringen, um den räumlichen Bezug zwischen Tatwaffe und Opfer zu beseitigen, oder sollte am Ende auch die Leiche verschwinden? Eine Leiche ließ sich nicht werfen. Wohnte der Täter am

Ende auf der Insel, auf der Ostseite? Kirchplatz, Fischergasse, Kasernengasse. Janina Ball hatte da ihre Wohnung. Allerdings befanden sich rund um Münster und St. Stephan auch jede Menge Parkplätze – ein Weitertransport mit dem Auto. Wobei die Ausgangssperre ein zu großes Risiko gewesen wäre. Mit dem Auto würde man in der Nacht sofort auffliegen – da war die Schubkarre ungefährlicher. Die Leiche konnte allerdings gut im Kofferraum eines Autos verschwinden. Tagsüber bestünde dann Gelegenheit, sie unauffällig zu entsorgen, und bis dahin würde sich niemand Sorgen oder Gedanken um einen verschwundenen, erwachsenen Mann machen. »Weshalb am Golgbrunnen?«, fragte Schielin in Richtung Ronsard. »Warum, he!?« Der Täter konnte gestört worden sein. Aber von wem, zu dieser Zeit und bei Ausgangssperre? Diese Störung wäre demnach so nachhaltig gewesen, dass er den Toten nicht mehr aufgenommen hat. Lediglich die Schubkarre war leidlich versteckt worden. Insofern wäre der Plan also nicht aufgegangen.

»Es ist trotzdem unsinnig, denn aus welchem Grund war dieser Bratz überhaupt zu dieser Zeit an diesem entlegenen Ort? Es muss eine Verabredung gewesen sein – sicher. Und wenn das zutrifft, so müsste eine Beziehung, eine enge Beziehung zwischen ihm und dem Täter bestanden haben, sonst wäre er niemals in diese dunkle Ecke dahinten gegangen, in der Nacht gegen zwei Uhr. Das war kein Fremder … ausgeschlossen … Bratz kannte ihn … oder sie.«

Ronsard rülpste, schnaufte angestrengt, tappte aber unverdrossen weiter. Schielin wertete es als Zustimmung. Und noch etwas trieb ihn um. So sehr das Verhältnis zwischen Sigismund von Bratz und seinen Kindern auch zerrüttet gewesen sein mochte – keiner der Drei zog über ihn her, stellte ihn als egoistisch, herrisch oder sonstwie negativ dar.

Wieder zuhause, saß er noch eine Zeitlang draußen im Garten und wendete seine Gedanken an den Fall von der einen Seite zur anderen und wieder zurück. Marja war schon drinnen, weil es ihr in der Dämmerung zu kühl geworden war. An der Markise und am Blattwerk der Glyzinie surrten ganze Schwärme von Junikäfern, die ja Glück bringen sollten. Junikäfer – darunter konnte man sich wirklich etwas Glückliches vorstellen. Viel mehr als unter ihrem eigentlichen Namen: *Gerippter Brachkäfer*. Das klang nach Moder und Verwesung. Die Gedanken darüber wurde er nicht mehr los und ging schließlich auch hinein.

Bruderliebe

So weit das Ufer des Sees auch reichen mochte, war der gesamte Ufersaum doch ein einziger, riesiger Garten, und nirgends, wirklich nirgends, traf man auf eine Fläche der Trostlosigkeit. Gleich wo am See – man war immer in der Mitte von etwas Besonderem. Nicht einmal das Kahle, das der Winter mit sich brachte, konnte diesem Land etwas anhaben, ebenso wenig wie die Stürme oder die Kälte. Nur eine Ausnahme gab es, nur eine Erscheinung, die in der Lage war, die fruchtbare Realität zu leugnen und eine eigene Welt zu manifestieren, die deshalb als Inbegriff der Trostlosigkeit erschien, weil in ihr alles seine Konturen verlor: die Welt des Nebels. Doch dessen potenter Feind, der Wind, war in dieser Zeit mächtiger und präsenter. So auch in der Nacht, in der er sich zum Sturm ausprägte, über den See fegte und sich wollüstig am frischen grünen Laub der Bäume vergriff. Die alten Linden wehrten sich, wie seit alters her bewährt, mit schwingendem, ausgleichendem Tanz der Äste und Zweige.

Zur Morgendämmerung türmten sich über dem Wasser und den Bergen gewaltige, dunkle Wolkenformationen auf. Aus ihnen ergoss sich von Zeit zu Zeit ein warmer Platzregen. Um die Verwirrung in der Welt sein zu lassen, brachen im Laufe des Vormittags immer wieder gleißende Sonnenstrahlen durch die entstehenden Wolkenlücken, wodurch sich unverzüglich eine stickige Schwüle einstellte. Auch ein Stück entfernt vom See – in den Bergen, am Arlberg, im Rätikon und in Graubünden – hatte es in den letzten Tagen immer wieder geregnet, und langsam begannen Rhein, Dornbirner und Bregenzer Ach, Argen und

Schussen den Wasserspiegel des Sees anzuheben. Die Nachtigallen im Eriskircher Ried waren verstummt, und im Schutz der Lindauer Insel sammelten sich die Schwäne, während die Klage der Blässhühner bis in die wassernahen Gassen hallte.

Als Schielin am Morgen ins Büro kam, hockte Lydia schon vor dem Bildschirm. Sie begrüßte ihn gähnend und streckte sich genüsslich. »Ohhh … es ist so langweilig. Findest du nicht auch?«

»Wie kommst du auf so was? So ein irrer Mord … und dir ist langweilig?«

»Das meine ich doch nicht. Ich meine uns … wir sind langweilig, weil wir immer so brav sind. Mich tät es schon jucken, auch mal was Verbotenes zu machen … so wie im Film halt, wo die immer Wohnungen aufbrechen, Zeugen belügen, Beweismittel verschwinden lassen oder sich irgendwas illegal beschaffen und so …«

»Zeugen belügen machen wir doch«, lautete seine schwindsüchtige Entgegnung.

Sie richtete sich auf und ächzte leise. »Aber nicht so richtig … lass uns doch mal ne Wohnung aufbrechen! Einfach so.«

Er lachte. »Du spinnst wirklich.«

»Nur, um Kimmel aufzuregen. Natürlich erst, wenn er wieder fit ist, und natürlich auch, um den jungen, bissigen Staatsanwalt in Kempten droben zu nerven, der jetzt schon davon träumt mal Landtagsabgeordneter zu sein und Justizminister und …«

»*Der* arrogante Schnösel?«

Sie lachte, denn Schielin war sonst eher zurückhaltend mit Wertungen. »Genau, du sagst es – und der hat alle Chancen.«

Sie ersparte ihm, sich durch den Spurenbericht zu kämpfen, informierte ihn über die interessanten Ergebnisse des Spurengutachtens und schloss: »Wir haben seine DNS, also ist er schon fast im Knast.«

Schielin sah skeptisch drein.

Nach einer Weile, die sie still vor den Bildschirmen mit ihrer Arbeit zugebracht hatten, unterbrach das eintönige Dudeln des Telefons das konzentrierte Schweigen. Schielin nahm ab und meldete sich förmlich.

Als Lydia eine ganze Zeit lang keinen Ton mehr aufschnappen konnte, linste sie am Bildschirm vorbei zu ihm hinüber. Er hatte den Hörer immer noch am Ohr. »Vielen Dank für die Information … und das wäre alles? Oder gibt es noch etwas, was Sie als bedeutsam für unsere Ermittlungen einschätzen?«

Das Gegenüber hatte wohl noch etwas zu berichten, denn es wurde wieder still, bis Schielin sagte: »Sie kommen heute Nachmittag zur Vernehmung hierher … Sie wissen, wo es ist?«

Das Telefonat entfachte Lydias ganze Neugier. Ungeduldig wartete sie, bis Schielin endlich auflegte und fragte gierig: »Wer war das?«

»Martin von Bratz – der Herr Pfarrer«, antwortete Schielin und klang nachdenklich.

»Er hatte neue Informationen für uns?«

»Durchaus … durchaus …«, blieb Schielin weiterhin zurückhaltend.

Sie kannte dieses introvertierte Verhalten an ihm, wenn er sich selbst über die Dinge erst klar werden musste, und wartete, ohne ihm weiter zuzusetzen, auch wenn es ihr schwerfiel.

Endlich erläuterte er, wie nüchtern der Herr Pfarrer von einem Gespräch mit seiner Schwester berichtete. In diesem habe sie ihm davon erzählt, wie ihr Stiefbruder Eberhard in der Nacht von Montag auf Dienstag gegen Mitternacht das Haus in der Salzgasse verlassen habe und bis zum Morgen nicht zurückgekehrt sei.

Lydia schüttelte den Kopf. »Seine Schwester hat ihm das erzählt, sagt er?«

»Mhm …«

»Äh … sie hat es ihm in der Absicht berichtet, es an uns weiterzugeben?«

Schielin lachte boshaft. »Das glaube ich eher nicht.«

»Aber aus welchem Grund meldet sie sich denn nicht selbst bei uns?«

»Auch auf diese Frage hatte der Herr Pfarrer eine Antwort«, sagte Schielin und kniff die Augen zusammen.

»Und die wäre …?«

»Er sagte, seine Schwester hätte mal was mit Eberhard *gehabt* und vielleicht sei es ja noch immer so.«

Lydia hob es aus dem Stuhl. »Uhhh …« Sie fuchtelte mit der Hand durch die Luft. »Das … das hat er echt so gesagt, der Herr Pfarrer? Ich glaub es ja nicht!« Die neue Information verlangte nach Bewegung und sie lief einige Schritte hin und her. »Das verändert natürlich den Blick auf die Sippschaft grundlegend. Was meinst du, was da los ist, wo sie jetzt das Quatschen anfangen? Die gehen jetzt aufeinander los, nicht wahr?«

»Ja, ich befürchte, die gehen sich gerade gegenseitig an die Gurgel«, meinte Schielin und tippte eine kurze Notiz zu dem Telefonat in die Tastatur, »es bedeutet aber auch – das Schwesterchen war die ganze Nacht wach. Ich frage mich, aus welchem Grund? Um ihren Stiefbruder zu überwachen?« Nun stand auch er auf und tat ein paar Schritte. »Gut, nehmen wir das mal wie es ist … setzen lassen. Was gibt es bei Dir?«

»Wenig, wenig, wenig … du kannst das doch nicht ausblenden … jetzt nochmal zurück zu den beiden von Bratz …, wenn …. wenn …«

Er unterbrach sie. »Ja, ich weiß doch. Wenn diese Cornelia noch immer was mit dem Eberhard hätte – dann wäre da ein übles Pärchen mit klassischer Aufteilung am Werk: sie, die kühle Strategin, und er, der minderbemittelte Brutalo.«

»Ich hätte es nicht schöner ausdrücken können«, stimmte sie ihm zu und sah zur Decke. »Mannomann, das ist aber auch eine Mischpoke. Und ich habe wirklich wenig zu bieten. Ein einziges Elend, was die objektiven Spuren angeht, da schaut es echt mau aus. Die Auswertung des Smartphones hat nichts Relevantes ergeben. Ich frage mich, wofür er überhaupt so ein Ding hatte, nur die Standard-Apps. So wie es ausschaut, hat er wirklich nur telefoniert mit dem Ding, und auch das nur selten. Am Samstag hat er jedenfalls den Freyer und den Enderle angerufen. Sonst nichts. WhatsApp oder Signal hat er gar nicht installiert. Ich bin mal auf die Daten vom Notebook gespannt. Die sollten heute aus Kempten kommen … ja, und Janina Ball hat mir heute Nacht noch eine Mail geschickt mit einem Link zu den Aufnahmen der Videoüberwachung aus der Dachkammer … vorhin war das Netz wieder mal weg, aber ich probiere das gleich nochmal.«

*

Wie verabredet kam Martin von Bratz am späten Nachmittag zur Dienststelle. Schielin und Funk nahmen ihn am Eingang in Empfang und brachten ihn mit betont förmlichem Gehabe direkt ins Vernehmungszimmer.

Robert Funk setzte sich frontal gegenüber und musterte ihn eingehend. Sein finsteres Schweigen erzeugte die gewünschte Verunsicherung, was am wechselnden Mienenspiel und dem feinen, glänzenden Schweißfilm auf der Stirn erkennbar wurde. Immer das Gleiche eben.

Ihr Zeuge trug dunkelbraune Mokassins, Jeans, ein blaukariertes Hemd, darüber ein dunkelbraunes Sakko mit schwarzen Punkten. Den glatten schwarzen Haaren hatte er den gleichen Bubenschnitt verpasst, den er als Kind vermutlich schon hatte – Seitenscheitel.

Immer wieder versuchte er, mit einem breiten Grinsen etwas bei den beiden Polizisten zu bewirken, die jedoch unfreundlich und distanziert blieben. Er musste schlucken.

Robert Funk begann mit einem halb unterdrückten, gequälten Stöhnen und wiederholte der Form halber, wie er es gelangweilt ankündigte, die Personalien. Tatsächlich diente die Prozedur lediglich dazu, die Angelegenheit in die Länge zu ziehen. Schielin blätterte währenddessen wie abwesend durch einen Stapel Unterlagen.

Er übernahm, als Robert Funk mit seinem Part zu Ende gekommen war, und stellte auf das Telefonat vom Vormittag ab. Martin von Bratz versuchte nun, sich herauszuwinden, wollte das Gesagte relativieren, und es war ihm anzusehen, wie sehr er es bereute, überhaupt bei Schielin angerufen zu haben. Der allerdings ließ ihm nicht ein Schlupfloch, hakte immer wieder nach, drohte, lockte und am Ende stand schwarz auf weiß auf einem Papier, was er am Vormittag schon am Telefon gehört hatte.

Sein Gegenüber schwankte beständig zwischen der Angst, gegen seine Schwester auszusagen, und der unbändigen Wut auf sie angesichts des hässlichen Telefonats, das sie mit Sybille geführt hatte.

Schielin hatte mit den anderen etwas ausgeheckt. Am Ende der Vernehmung ging er hinaus und wartete auf Cornelia von Bratz, die sie zur Dienststelle bestellt hatten. Vom Fenster aus, hinter Lydias Orchideen versteckt, sah er ein Taxi in den Hof einfahren. An der Tür erwartete er sie und ließ die Begrüßung möglichst knapp und unpersönlich ausfallen. Sie brachte die schmalen Lippen kaum auseinander und es war nur ein modulierender Laut zu hören. Als sie an Gommis Büro vorbeikamen, hörte er Hundle knurren, was äußerst selten vorkam.

Robert Funk hatte ein perfektes Timing. Gerade als sie in den langen Gang traten, kam er mit seinem Zeugen heraus und wedelte mit einem Stapel Papier. Die zwei Geschwister begegneten einander so auf dem Gang – wortlos, ohne längeren Blickkontakt.

Perfekt, freute sich Robert Funk.

Lydia kam nun dazu. Cornelia von Bratz setzte sich und musterte sie mit kühlem, abwertendem Blick. Der Mund ein gerader fahler Strich, die Augen zusammengekniffen, die Fingerspitzen ihrer Hände lagen aufeinander und vollzogen arrhythmische Bewegungen.

»Mit wem spreche ich hier eigentlich und aus welchem Grund musste ich hierherkommen?«, fragte sie scharf, ohne dabei mehr zu bewegen als nur ihren Mund.

Lydia Naber stellte Conrad Schielin vor und entschied sich abermals dagegen, auf den groben Klotz einen groben Keil zu setzen. Vielmehr bemühte sie sich, umständlich zu erscheinen, ging auf die letzte Vernehmung ein und das Erfordernis, exakte Angaben zu ermitteln.

In der Tat huschte ein Zug von Selbstgefälligkeit über das Gesicht ihres Gegenübers. Offensichtlich wurden Lydias Ausführungen als rechtfertigend gewertet.

Schielin hing eher im Stuhl, als dass er saß, sah auf seine Knie und tat insgesamt uninteressiert.

Die ersten Fragen richteten sich darauf, in welcher Weise sie als Tochter Anteil am Leben ihres Vaters gehabt hatte. Irgendwann ließ sie ein genervtes Schnaufen hören. »Ja nun, das habe ich schon ein paar Mal beantwortet, nicht wahr?«

»Sicher, sicher …«, Lydia sah etwas irritiert zu Schielin und blätterte konfus in ihren Unterlagen, »wann … wann sagten Sie nochmal, hatten Sie zuletzt Kontakt zu Ihrem Vater?«

»Am Samstagnachmittag, bei unserem Treffen.«

»Und danach nicht mehr«, ergänzte Lydia beiläufig und sah freundlich hinüber in eine blasiert dreinblickende Miene.

»Nein … war es das jetzt?«

Lydia ordnete den Stoß Unterlagen vor sich und schwieg. Es konnte der Eindruck entstehen, man stünde am Ende der Befragung.

Lydia lächelte und sprach beinahe säuselnd. »Aber nein, das war es noch lange nicht. Sie sind schließlich vorbestraft – Beleidigung, Unterschlagung.«

Cornelia von Bratz blieb regungslos. Keine Bewegung der Hände, kein Wimpernschlag und ihre Lippen konnten nicht mehr schmaler werden.

Lydia setzte nach. »Sagen Sie … aus welchem Grund belügen Sie uns? Sie haben in Ihrer ersten Zeugenvernehmung gelogen … jetzt ein weiteres Mal. Was ist der Grund dafür? Wir verstehen das nicht.«

Cornelia von Bratz schwieg. Noch nie hatte sie jemand als vorbestraft bezeichnet. Die Brutalität dieser Zuweisung ließ sie für den Augenblick innerlich taumeln und sie hörte die ruhige Stimme dieser Polizistin wie aus der Ferne reden.

»Am Sonntagvormittag waren Sie in der Wohnung bei Ihrem Vater. Was haben Sie dort gemacht?«

Lydia wartete und wiederholte ihre Frage nach einer Weile.

»Was sollte ich Ihnen dazu sagen?«, lautete die kühle Antwort.

»Eine schwierige Haltung in dieser Situation, Frau von Bratz, und wäre es nicht klüger zu kooperieren in Ihrer Situation? Sie sind vorbestraft, Ihr Vater wurde ermordet und Sie haben uns bei unseren bisherigen Befragungen mehrfach belogen – das ist keine sonderlich günstige Kombination, und vielleicht kommt noch das ein oder andere dazu …«

»Wie gesagt, ich habe Ihnen nichts zu sagen«, blieb sie stur.

Schielin richtete sich umständlich auf und sprach, ohne ihr dabei einen Blick zu schenken: »Sie haben die Wohnung Ihres Vaters in der Maximilianstraße am Sonntagvormittag kurz nach zehn Uhr betreten und sind gut dreißig Minuten später wieder gegangen. Wie muss man sich das Zusammentreffen vorstellen?«

»Ich werde nicht mit Ihnen reden. Nehmen Sie das doch endlich zur Kenntnis. Überhaupt möchte ich jetzt einen Anwalt sprechen.«

»Was den Mord an Ihrem Vater angeht, so sind Sie bislang Zeugin, oder sehen Sie sich etwa als Beschuldigte?«

Sie warf den Kopf nach hinten und ihre Augen wechselten beständig zwischen Lydia und Schielin hin und her.

Schielin sagte: »Frau Ball hat den Diebstahl eines Buches, eines äußerst wertvollen Buches, zur Anzeige gebracht – *Prosa von der Transsibirischen Eisenbahn und der Kleinen Jehanne von Frankreich.* Sagt Ihnen dieser exotische Buchtitel etwas?«

Sie zuckte mit der Schulter und schüttelte abweisend mit dem Kopf.

Schielin wartete eine Weile, bevor er sprach. »Sie schätzen die Situation falsch ein. Es geht hier nicht um Kinkerlitzchen ... Ich glaube, Sie haben es noch nicht verstanden und schätzen Ihre Situation falsch ein.«

Keine Reaktion.

Lydia nahm den Faden wieder auf. Sie hatte Cornelia von Bratz zuvor zweimal heftig schlucken sehen. Ihr Gemüt war innerlich also weit aufgewühlter, als es ihr starres Äußeres vermuten ließ. »Noch sind Sie Zeugin ... das könnte sich schnell ändern, wenn Sie der Meinung sind, die Situation ausschweigen zu können.«

Cornelia von Bratz lachte theatralisch auf. »Welche Situation denn? Was wollen Sie denn von mir ... soll ich etwa meinen Vater umgebracht haben?« Sie beugte sich nach vorne, zog eine höhnische Grimasse und schüttelte den Kopf. »Da brauchen Sie doch Beweise und ein Motiv, nicht wahr? So viel weiß ich auch. Die Geschichte, die Sie sich da ausgedacht haben, die wollt ich gerne hören.«

Sie lächelte, schüttelte den Kopf, ihr Oberkörper sank gegen die Lehne.

Schielin holte ein Papier aus dem Stapel, der vor ihm lag und hielt ihn hoch. »Das nennt man einen Vorführ-Haftbefehl. Eine Zelle ist für Sie in Memmingen reserviert, und was unsere *Geschichte* angeht – hören Sie gut zu: Es ist Pfingstsamstag. Nachmittag. Im Haus von Bratz, in der Maximilianstraße, kommt es zu einem Zusammentreffen der Familie – Sigismund von Bratz und seine *Nachkommen*«, das letzte Wort betonte Schielin besonders. »Sigismund von Bratz setzt Sie darüber in Kenntnis, wie er seinen Nachlass regeln möchte, und seine Botschaft führt zu regelrechtem Entsetzen bei Ihnen, Ihrem Bruder Martin und Ihrem Stiefbruder Eberhard. De facto verkündet er Ihre Enterbung. Am folgenden Tag, es ist der Pfingstsonntag, zwischen zehn und elf Uhr, suchen Sie Ihren Vater auf. Sie sind alleine. Er lässt Sie in die Wohnung. Dafür haben wir einen Zeugen. Sie nutzen die Gelegenheit, um aus seiner Büchersammlung eines der wertvollsten Werke zu stehlen – Sie gehen dabei gezielt und geplant vor. Bei dem Buch handelt es sich um eine Originalausgabe der *Prosa von der Transsibirischen Eisenbahn und der Kleinen Jehanne von Frankreich.* Sein Wert dürfte bei um die zweihunderttausend Euro liegen – konservative Schätzung. Als Ihr Vater dem Diebstahl auf die Spur kommt, fügen sich Habgier, Rache, Angst vor der Entdeckung, Wut …«, Schielin unterbrach und hob den Zeigefinger, »… und die Liebschaft mit Ihrem Stiefbruder zu einer bösartigen Melange zusammen. Sie beide hatten über längere Zeit ein sexuelles Verhältnis miteinander und haben dies wahrscheinlich immer noch. Wir haben mit Ihnen demnach mit einem kriminellen Pärchen zu tun – sowohl Eberhard als auch Sie verfügen über die erforderliche kriminelle Energie und haben einschlägige Erfahrung. Beide mit Vorstrafen. Er ist der Gewalttätige, Sie sind die Strategin. Und es gibt einen weiteren Zeugen. Sie haben ihn vorhin gesehen. Ihr Bruder Martin. Ihm sagten Sie, gesehen haben zu wollen, wie Eberhard in der fraglichen Nacht gegen Mitternacht das Haus in der Salzgasse verlassen habe und bis zum Morgen nicht zurückgekehrt sei. Was ist geschehen? Wollen Sie Eberhard ans Messer liefern – eine Art doppelter Rache? Was unsere Geschichte anging, da darf ich Ihnen sagen, wir hatten schon schwächere *Geschichten,* mit denen wir vor Gericht Verurteilungen bekommen haben. Ihre Position ist sehr fragil – vorbestraft, mehrfach gelogen, den Vater bestohlen – alles vorhanden, was Staatsanwälte und Richter für eine *Geschichte* brauchen, wie Sie es nennen. Und sollte auch die Spurenlage Eberhard als Täter bestätigen, was denken Sie, wird er uns erzählen? Wird er unsere Geschichte bestätigen und Sie als Mittäterin belasten? Könnte ich mir gut vorstellen.«

Schielins letzte Sätze hatten sie sichtbar erschrocken. Zwischen ihren Lippen öffnete sich ein kleiner Spalt, ihr rechtes Augenlid fing an zu flattern und ab und an huschte ein Zittern über ihre Wange. Sie löste das Erschrecken mit einer Entgegnung auf, die den Ausdruck einer widerspenstigen Göre hatte: »Ich habe aber das Buch nicht gestohlen. Mein Vater hat es mir geschenkt.«

»Ach!«, sagte Lydia.

»Ja, ach …«, warf sie ärgerlich zurück.

»Und wann soll er es Ihnen geschenkt haben, Ihr Vater?«, hakte sie nach.

»Am Sonntag … an diesem Pfingstsonntag, als ich bei ihm war. Ich habe eine besondere Beziehung zu diesem Buch, seit Kindertagen …«

Schielin unterbrach sie. »Wenn er es Ihnen geschenkt hat, aus welchem Grund haben Sie sich dann wie ein Dieb in das Dachgeschoss geschlichen, sich umgesehen wie eben ein solcher Dieb, und aus welchem Grund haben Sie das Buch in Ihren Hosenbund gesteckt und Ihre Bluse darüber gezogen, um es zu verstecken? Wer immer dieses Video sieht, erkennt sofort, womit er es zu tun hat: mit einer Diebin.«

Sie erklärten ihr die Festnahme, und Lydia führte die erkennungsdienstliche Behandlung durch, die sie völlig emotionslos über sich ergehen ließ. Die Wucht der Vorwürfe und die unerwartete Wendung der Befragung hatten sie sichtlich mitgenommen. Wenzel und Lydia brachten sie anschließend nach Memmingen, während Schielin mit Robert Funk und Gommi zur Durchsuchung ihrer Wohnung auf die Insel fuhren.

Zwei Zeugen von der Stadtverwaltung waren schon verständigt, denn die Wohnungen in der Salzgasse sollten durchsucht werden. Einerseits war es ihnen gar nicht recht, gerade am Freitagnachmittag vom Wochenende ferngehalten zu werden, andererseits waren Wohnungsdurchsuchungen doch immer recht spannend. Die Wohnungsschlüssel für die Salzgasse hatten sie von Janina Ball erhalten, die bei der Kontrolle des Schlüsselkastens das Fehlen eines Universalschlüssels für das Haus in der Salzgasse registrierte.

Die Durchsuchung der oberen Ferienwohnung erbrachte nichts. Weit und breit kein wertvolles Buch. Martin von Bratz tauchte einmal draußen im Gang auf, blickte schuldbewusst um sich, murmelte etwas Unverständliches, wusste nichts mit seinen Händen anzufangen und verschwand bald wieder in seiner Wohnung.

Im Feriendomizil, das Eberhard von Bratz bewohnte, bot sich ein gänzlich anderes Bild. Das Ehepaar war nicht zuhause, und bereits im Gang traf Schielin auf die Spuren eines Wutanfalls. Die Türen des Sideboards waren eingetreten. Holzsplitter lagen herum. Auch der Spiegelschrank im Bad war zertrümmert. In den beiden Waschbecken lagen die Scherben. Insgesamt bot die Wohnung ein Bild der Verwüstung. »Ganz schön hart drauf, der Typ – passt ganz zu seinem Äußeren«, kommentierte Funk den Zustand. Es dauerte nicht lange und sie wurden im Wohnzimmer fündig. Schielin nahm das Buch vorsichtig aus dem Schrank, wo es unter Zeitschriften und Magazinen versteckt lag.

»Jetzt müssen wir den Kerl nur noch auftreiben«, meinte er, und packte das Buch in die Schutztasche für Asservaten. Robert Funk murmelte zufrieden vor sich hin und machte mit dem Sideboard weiter. Er öffnete eine Schublade, in der allerlei Krimskrams herumlag. Scheren, Tesafilm, Stifte, Tuschegläschen, Nähzeug, ein kurzer Schuhlöffel, zwei leere Kassenbeutel, Schlüsselmäppchen. Ganz hinten glänzten Blisterpackungen. Gold.

Er drehte sie um und blickte auf originale Degussa-Blister mit jeweils einem 100-Gramm-Goldbarren. Er rief nach Schielin. »Schau dir das an, Conny … wo er die wohl her hat?«

»Einpacken«, sagte Schielin.

Er holte die Schublade komplett hervor, und ein dünnes graues Filztuch, in das etwas eingewickelt war, erregte seine Aufmerksamkeit. Er nahm es in die Hand und faltete es vorsichtig auseinander. Es brauchte einige Sekunden, bis er begriff, was er gefunden hatte. Ein leiser Pfiff signalisierte Schielin einen weiteren Fund. »Schau dir das an!«, sagte Funk und starrte auf die Armbanduhr, die vor ihm lag. Unzweifelhaft handelte es sich um eine *Patek Philippe Grandes Complications.*

Die beiden sahen sich an. »Ich glaube, jetzt haben wir ihn«, kommentierte Schielin, während Funk die Uhr wieder vorsichtig in das Tuch wickelte und zu dem anderen Asservat in die Tasche gab.

Am frühen Abend erkannte eine Streife Eberhard von Bratz anhand der markanten Beschreibung. Er kam ihr mit schnellen Schritten auf der Seebrücke entgegen, als sie in Richtung Festland fuhr. Im Rückspiegel sah der Fahrer, wie der schlaksige Kerl vorbei an der Heidenmauer in Richtung Fischergasse lief. Er gab Gas, fuhr durch den Kreisverkehr am Europaplatz und nahm den Weg zurück. Vor dem *Augustin* erwischten sie ihn und nahmen ihn fest. Noch in der Nacht wurde er nach Kempten gebracht. Der alte, von vielen Verbrechen müde gewordene Haftrichter ließ die beiden Stiefgeschwister vorerst in Haft, weil ihm die bisherigen Beweise und die Geschichte der Polizei als schlüssig erschienen. Und das Pärchen hatte zudem kein belastbares Alibi. Die Armbanduhr des Toten war ein äußerst überzeugendes Beweisstück und Eberhard von Bratz schwieg beharrlich.

Umweltgutachten

Schielin hatte die Auswertungsdateien des Notebooks aus der Maximilianstraße über das Wochenende mit nach Hause genommen, weil Lydia nicht wusste, ob sie Zeit dafür finden würde. Am Montag sollten die Spurenabgleiche für die beiden Bratz-Nachkommen vorliegen, und dann würde man auch feststellen, wie das Wochenende in Untersuchungshaft auf die Kooperationsbereitschaft gewirkt hatte.

Da gerade ein wenig die Sonne schien, schnappte er einen alten Holzstuhl draußen im Stadel, klemmte das Notebook unter den Arm und ging hinüber zur Weide, wo er Ronsard herausholte und sich in den Schatten des alten, überhängenden Haselstrauchs setzte. Die Elsbeere daneben hatte schon dicke Beerenträubel angesetzt. Ronsard tappte um ihn herum, schlackerte mit den Ohren, wedelte mit seinem Stummelschwanz und fraß hier und da vom frischen Gras. Es klang schon ein wenig besser, kein Geröchel mehr.

Schielin öffnete das Dateiregister und suchte insbesondere die Korrespondenz, die Sigismund von Bratz in den letzten Wochen geführt hatte. Die Mails zeigten nichts Auffälliges. Weitgehend inhaltsfreie Nachrichten zwischen ihm, Dr. Berger, Janina Ball und einigen Sammlern, die Stücke anfragten oder anboten.

Er wechselte in die Verzeichnisse, deren Ordnerstruktur komplex und exakt gegliedert war. Versicherungen, Anfragen, Auktionen, Verkäufe, Provenienzen, Zertifikate, Immobilien.

In letzterem stieß er auf die Unterordner Salzgasse und Aeschach. Wie erwartet fanden sich im Aeschach-Ordner die Unterlagen zur Vermietung. Nach Jahreszahlen waren die Protokolle der Eigentümerversammlung, die Dokumente der Nebenkostenabrechnungen und Mitteilungen der Hausverwaltung abgelegt. Im aktuellen Ordner fanden sich zwei Dokumente, deren Bezeichnung Schielins Interesse erregte: *altlast_01.pdf* und *altlast_02.pdf*.

Er öffnete sie und stieß zunächst auf ein Schreiben, welches Sigismund von Bratz vor gut zwei Wochen an eine Hausverwaltung *ImmoBil* abgesendet hatte. Der Tenor des Briefes war über alle Maßen sachlich und wirkte gerade dadurch auf ernsthafte Weise bedrohend. *In der Anlage beigefügt übermitteln wir Ihnen …* Er forderte im Weiteren die *Damen und Herren freundlich* zu einer Stellungnahme bezüglich des übermittelten Anhangs auf – mit Terminsetzung für die Rückantwort.

Schielin rechnete nach. Diese Rückantwort müsste am bevorstehenden Montag vorliegen.

Er warf einen Blick auf die Anlage. Es handelte sich um ein eingescanntes Schreiben der zuständigen Umweltbehörde. Adressat dieses Schreibens: die Hausverwaltung *ImmoBil*.

Aus welchem Grund übermittelte Sigismund von Bratz ein Schreiben an diese *ImmoBil*, das diese schon bekommen haben musste?

Er las:

Sehr geehrte Damen und Herren,

aufgrund der durchgeführten Oberflächen- und Untergrunduntersuchungen und der durchgeführten Detailuntersuchung auf Nachbargrundstücken möchten wir

abschließend auf Folgendes hinweisen und Sie als Hausverwalter bitten, die Eigentümer bzw. Miteigentümer der Grundstücke entsprechend zu informieren:
Die Grundstücke der Gemarkung Aeschach wurden der sogenannten »Kategorie 4« zugeordnet. Bei dieser Kategorie handelt es sich um diejenigen Grundstücke, bei denen keine Untersuchungen, aufgrund der vorhergehenden historischen Erkundung, durchgeführt wurden. Nach derzeitigem Kenntnisstand und dem gegenwärtigen Geländezustand sind unmittelbar keine bodenschutzrechtlichen Maßnahmen in Richtung Untersuchung des Geländes durchzuführen; diese können für die Zukunft, sollten neue Erkenntnisse eintreten, aber nicht ausgeschlossen werden.
Hinsichtlich des Grundstücks Flur Nr. 49 der Gemarkung Aeschach besteht bzgl. des Oberbodens bei der derzeitigen Nutzung kein Handlungsbedarf.
Bezüglich der Untergrunduntersuchungen wurde das Grundstück der sogenannten »Kategorie 2« zugeordnet. Bei dieser Kategorie handelt es sich um diejenigen Grundstücke, bei denen Verschmutzungen des Untergrundes festgestellt wurden (hier insbesondere polycyclische aromatische Kohlenwasserstoffe – PAK -), aber nach derzeitigem Kenntnisstand und dem gegenwärtigen Geländezustand unmittelbar keine weiteren Maßnahmen nach dem Bodenschutzrecht vorerst veranlasst sind, diese für die Zukunft aber nicht ausgeschlossen werden können. Die Grundstücke konnten nicht flächendeckend untersucht werden. Es ist somit nicht ausgeschlossen, dass im Laufe der Zeit weitere Verschmutzungen entdeckt werden, die Maßnahmen nach dem Bodenschutzrecht erforderlich machen.
Wir bitten folgende Schutzmaßnahmen auf o. g. Grundstücken zu berücksichtigen:

Es sollten alle Maßnahmen unterlassen werden, die eine physikalisch-chemische Mobilisierung etwaiger Schadstoffe im Untergrund begünstigen. Insbesondere bitten wir hier auf eine punktuelle Versickerung von Niederschlagswasser zu verzichten; bei der Durchführung von Erdarbeiten sollten erschütterungsarme Verfahren verwendet werden.
Bei Eingriffen in den Boden (Baumaßnahmen und sonstige Nutzungsänderungen) sind sowohl die abfallrechtlichen Vorschriften als auch die gesetzlichen Vorschriften zum Arbeitsschutz zu beachten.
Bei einer etwaigen Anlage von Grünflächen sollte auf eine sorgfältige und dauerhafte Überdeckung mit unbelastetem, kulturfähigem Oberboden geachtet werden. Art und Mächtigkeit dieser Überdeckung sollten im Einzelnen entsprechend der künftigen Nutzung festgelegt werden.

Schielin sah hinüber zu Ronsard, der ausgiebig und geräuschvoll ein Grasbüschel beschnuffelte und rief: »Polycyclische aromatische Kohlenwasserstoffe – das hat nix mit Aroma zu tun, glaub mir das!« Ronsard schwenkte den Kopf, wackelte mit den Ohren und sah ihn kurz an, bevor er sich wieder den Gräsern und Kräutern widmete.

Das Schreiben der Umweltbehörde war ohne Zweifel ernst zu nehmen, und Schielin fragte sich, worin eine solch große Flächenverseuchung ihre Ursache haben konnte. Mitten in Aeschach. Davon hatte er noch nie etwas gehört, was wirklich eigentümlich war, denn ein solches offizielles Schreiben würde, nein, es müsste doch gerade in den Zeiten, in denen man lebte, zu einer öffentlichen Diskussion führen. Ein Umweltskandal mitten in der Stadt – und niemand nimmt Notiz davon?

Für einen kurzen Moment wurde es ganz still unter den Bäumen und er ließ alle Gedanken sein und horchte hinein, in diesen Moment der Lautlosigkeit. Einige Sekunden lang schwieg die Natur. Dann war vom See her das Horn der *Hohentwiel* zu hören, wundervoll drang es aus der Ferne bis hier herauf. Selbst Ronsard hatte innegehalten, den Schädel vom Boden genommen und aufgerichtet.

Das Signalhorn der *Hohentwiel* wirkte in der Tat wie ein Signal auf die zur Ruhe gekommene Welt, denn gleich darauf sang eine Amsel hell und klar vom Waldrand und nach und nach kamen Finken, Meisen und Spatzen dazu. Was ihm wohl zugrunde lag, diesem Innehalten, von dem viele Menschen gar keine Notiz nahmen? Er blieb noch geraume Zeit in einem Zustand des Abwartens und lauschte.

Als er wieder ganz bei sich war, durchforstete er weitere Verzeichnisse und stieß dabei auf eine Datei, in der alle wichtigen Postsendungen vermerkt waren. Die Einlieferungsquittungen mit den Trackingnummern fanden sich gescannt in der rechten Spalte. Eine sehr aufwendige, allerdings effektive Dokumentation.

Der vorletzte Eintrag in der Liste war gelb gekennzeichnet und es fehlte der Scan der Einlieferungsquittung. Als Empfänger war lediglich *Notare St. Gallen* vermerkt.

Der Eintrag fiel Schielin nicht allein der Markierung wegen auf, auch fehlte eine nachvollziehbare, logische Anschrift, wie sie bei den anderen Einträgen vorhanden war, und da er vom Montag letzter Woche stammte, hätte die betreffende Sendung eigentlich auf dem Weg zum Empfänger sein sollen, so wie die Wertsendung an das *Antiquariat Gibert* in Paris, die einen Tag später versendet worden war.

Sie würden Frau Ball nach dem Verbleib fragen müssen, denn offensichtlich existierte ein weiterer Notar, von dem sie bisher nichts wussten? Handelte es sich dabei um einen Sammler, oder war er in die komplizierten Familienangelegenheiten des Sigismund von Bratz involviert?

Bahnschwellen

Der Montag startete träge, wie Montage eben träge starten. Bis zur Morgenbesprechung schlurfte der ein oder andere über den Gang, stand am Kopierer rum und wartete die Aufwärmphase ab, die montags auch länger zu dauern schien; andere prüften, ob die Milch im Kühlschrank schon sauer war, um anschließend mit schläfrigem Blick auf den Bildschirm die Mails durchzugehen, die übers Wochenende eingetrudelt waren.

Lydia schob Tassen und Teller auf den Tisch an ihre Position, während Gommi versonnen Kaffee aufbrühte und dabei ständig eine Melodie summte, die er nicht mehr aus dem Sinn bekam. Es klang ruhig und besänftigte sogar die latente Montagmorgenaufgeregtheit.

Lydia hörte ihm eine ganze Weile zu. »Was ist das?«, fragte sie.

»Ein Lied«, lautete die einsilbige Antwort, da er sich auf das Zugießen konzentrieren musste, um kein Wasser überlaufen zu lassen, da Wenzel es hasste, wenn irgendwo Kaffeesatz auftauchte.

»Ach, ein Lied, wer hätte es gedacht«, moserte sie und kontrollierte die Tassen, ob auch alle sauber waren. Mit wenig Interesse ging sie ihre Unterlagen für die Morgenbesprechung durch. »Das kommt mir bekannt vor … aus'm Radio?«

»Nee, nix Radio. Gestern war doch Chortag auf der *Hinteren Insel*. Das war vielleicht schön!«, er sah nur kurz zu ihr hin, dann konzentrierte er sich wieder auf den Kaffeefilter, »… einer von denen hieß … Wirsching, oder so … die haben das gesungen und ich krieg's nicht mehr raus aus dem Ohr.«

Sie sah ihn spöttisch an. »Wirsching? Bist du sicher … ein Chor?«

Er schüttelte unwirsch den Kopf. »Ah, lenk mich net ab … beinah … wieder zu viel Wasser …«

Kurz darauf sagte er: »*Wir Singer* … so haben die geheißen … Nein! *Wirrsing, Wirrsing* … irgendwo von da droben, die A7 hoch … glaub ich.«

Die anderen kamen nach und nach herein. Frischer Kaffeeduft wirkte wie ein Magnet.

»Und du weißt nicht, wie das Lied heißt?«, fragte Lydia, als sie schon alle saßen.

»Welches Lied?«, wollte Kimmel wissen.

»Komm … sing es noch mal vor«, forderte sie Gommi auf.

Der zierte sich. »Ah jetzt … wo da ein Mord auf dem Tisch liegt.«

Sie begannen nun alle ihn zu drängen, ohne eigentlich zu wissen, was Lydia genau von ihm wollte. Schließlich summte Gommi und sah in die Runde, als er fertig war. »Und, kennt es einer?«

Robert Funk meinte, es käme ihm bekannt vor. Auch Schielin war die Melodie vertraut.

Wenzel, der heute besonders mürrisch dreinblickte, sah auf und sagte: »Das ist *and so it goes* … Billy Joel.«

In every heart there is a room
A sanctuary safe and strong
To heal the wounds from lovers past
Until a new one comes along«

»Ah«, sagte Kimmel, und ließ es dabei bewenden.

Lydia sah Wenzel skeptisch an. Es gab also noch Seiten an ihm, die sie nicht kannte. Unglaublich.

Da Kimmel sich nach seinem erstaunten *Ah* nicht weiter äußerte, begann Schielin von seinem Wochenende zu berichten. Von den zwei Untersuchungshäftlingen lagen keine Informationen vor, so kam er schnell auf die Funde im Notebook zu sprechen. Er hatte bereits einige Kopien des Umweltgutachtens vorbereitet und verteilte sie über den Tisch hinweg. »Sigismund von Bratz hat wenige Tage vor seinem Tod die *ImmoBil*, eine Wohnungsverwaltung in Bodolz, aufgefordert, zu dem Schreiben, das ihr vor euch liegen habt, Stellung zu nehmen. Konkret geht es um eine großflächige Verseuchung mit …«, er musste auf seinen Notizzettel schauen, »… polycyclischen aromatischen Kohlenwasserstoffen – kurz PAK oder PAH genannt.«

Er nahm seine Kaffeetasse und genoss die starke Montagsbrühe, die Gommi zusammengebraut hatte, während die anderen den Text überflogen.

Robert Funk sah auf. »Das ist ja der Hammer … in Aeschach?«

»Ja«, antwortete Schielin.

Kimmel musste einige Passagen mehrfach lesen, weil ihm die Sprache und die Begriffe zu komplex erschienen. Er freute sich jedoch, als er auf eine Erinnerung stieß. »Ich glaube, ich weiß, worum es da geht«, sagte er und zog die Aufmerksamkeit der anderen auf sich. »Da unten, da gab es bis Anfang der siebziger Jahre ein Holzwerk.«

Robert Funk richtete sich auf. »Mhm … jaja, jetzt wo du es sagst … mein Gott, das ist alles eine solche Ewigkeit her … eine Zimmerei oder so … nicht?«

»Nein«, entgegnete Kimmel, der das Papier weggelegt hatte und sich die alten Bilder aus der Erinnerung vor Augen holte, »es war eine Tränkerei, da unten, eine Tränkerei für Eisenbahnschwellen.«

»Ach du lieber Gott«, entfuhr es Lydia, »das blanke Gift sozusagen.«

Auch Schielin half der Hinweis auf die Sprünge. »Mensch, ja! Jetzt erinnere ich mich auch … vor allem an den Geruch von Teer, der da manchmal in der Luft hing.«

»Mein Onkel hat dort gearbeitet«, fuhr Kimmel fort, »aber Ende der sechziger Jahre war Schluss da unten, und auf dem Gelände wurden später die Neubauten errichtet.«

»Und was ist mit diesen PAK?«, fragte Gommi.

Schielin hatte über diese Stoffe recherchiert und zitierte aus einem Dokument des Umweltbundesamtes: »*Für Mensch und Umweltorganismen sind PAK eine besorgniserregende Stoffgruppe. Viele PAK haben krebserregende, erbgutverändernde und/oder fortpflanzungsgefährdende Eigenschaften. Einige PAK sind gleichzeitig persistent, bioakkumulierend und toxisch für Menschen und andere Organismen. Persistent heißt, dass die Stoffe sehr lange in der Umwelt verbleiben und dort kaum abgebaut werden.*

Bioakkumulierende Chemikalien reichern sich in Organismen an – auch im menschlichen Körper. Stoffe, die diese Eigenschaften verbinden, sind aus Umweltsicht besonders besorgniserregend.«

»Klingt nicht gerade nach *Bio*«, meinte Wenzel.

Schielin ging nun auf den Brief ein, den Sigismund von Bratz an die *ImmoBil* geschrieben hatte.

»Wie das klingt, scheint Sigismund von Bratz von dieser Gefährdung nichts gewusst zu haben, obwohl er ja Wohnungseigentümer war«, stellte Lydia fest.

»Genau. Der Duktus des Briefes lässt da wenig Interpretationsspielraum und interessant ist doch die Frage, wie das bei der *ImmoBil* angekommen ist. Ich könnte mir vorstellen, das hat eingeschlagen wie eine Bombe. Wir werden uns diese Hausverwaltungsgesellschaft mal ganz genau anschauen.«

Wenzel meldete sich. »Also dieser Freyer, dessen Schwester wohnt da in einer Wohnung und ist schwer krank, sitzt im Rollstuhl, derzeit auf Reha. Wenn ich mich nicht täusche, ist sie seit Samstag aus der Reha zurück. Und Sigismund von Bratz, der alles, wirklich alles von seiner Assistentin Janina Ball erledigen lässt, der macht diese Wohnungsangelegenheit zur Chefsache, erledigt selbst die Korrespondenz … da ist enorm Druck dahinter. Und jetzt diese Sache mit den PAK … schaut für mich nach einer Spur aus.«

Kimmel war unzufrieden über die Entwicklung der Besprechung. Sicher tat sich da eine neue Spur auf, aber mit diesem Stiefsohn des Opfers und den bisherigen Spuren hatten sie schließlich einen potenten Verdächtigen samt Komplizin festgesetzt. Er sagte: »Nun gut, das klingt nach was, aber im Grunde gibt es ja nichts Konkretes.«

Lydia sah zu Schielin und meinte: »Naja, bisher noch nicht. Wir werden diese *ImmoBil* unter die Lupe nehmen müssen.«

Kimmel wiegte den Kopf. »Mhm. Meinst du nicht, es wäre vielleicht günstiger diesen Eberhard zu vernehmen, also richtig in die Mangel zu nehmen und ein Geständnis zu bekommen – Deckel drauf und fertig. Mhm?«

Schielin schüttelte den Kopf. Genau das wollte er nicht. Er wollte die beiden bis kurz vor einem Haftprüfungstermin schmoren lassen. Ein paar Nächte im Gefängnis wirkten Wunder und für die beiden war es das erste Hafterlebnis. Und Wenzel lag richtig. Dieser neuen Spur mussten sie einfach nachgehen.

Kimmel wäre es am liebsten gewesen, diesen unangenehmen Fall, der ihm zusetzte, vom Tisch zu bekommen. Schielins Argumente waren aber schlüssig.

Schielin kam nun auf die Dokumentation der Geschäftsgänge zu sprechen, den nicht dokumentierten Versand von Dokumenten an die Notare in St. Gallen. »Diese Dokumente waren Sigismund von Bratz offensichtlich besonders wichtig, sonst hätte er es nicht eigens markiert und hervorgehoben.«

»Bist du sicher? Könnte ja auch diese Janina Ball gewesen sein, oder?«, warf Robert Funk ein.

»Es war ganz sicher er, denn jeder Eintrag ist mit einem Namenskürzel versehen, was die Datenbankanwendung wohl standardmäßig macht.«

Lydia meldete sich zu Wort. »Auf alle Fälle werden wir mit ihr reden. Ich hatte sie gestern schon per WhatsApp versucht zu erreichen, aber keine Rückmeldung bekommen. Ich rufe gleich mal an oder fahre vorbei.«

Schielin war einverstanden. Wenzel meinte, auch dieser Freyer sollte nochmals angehört werden und vor allem seine Schwester. »Das kann ich ja übernehmen.« Er sah hinüber zu Robert Funk, der ihm zunickte und mit von der Partie sein würde.

Kimmel folgte wie abwesend der Diskussion und musste feststellen, wie diese Umweltgeschichte, die doch noch gar keine richtige Spur war, die Haftsache der beiden von Bratz tatsächlich in den Hintergrund rücken ließ. Und dann auch noch ein Schriftverkehr mit einem unbekannten Notar in St. Gallen. Es setzte ihm zu, sich die ganzen Dinge zu merken und gegeneinander abzuwägen. Ihn plagten schon wieder leichte Kopfschmerzen und er beobachtete sich selbst, in der Sorge, sie könnten sich wieder zu diesen dramatischen Schmerzen ausweiten, diesem sich ausbreitenden Druck im Schädel. Beinahe erschrocken sah er auf, als Schielin wie nebenbei einen Rechtsanwalt aus Geltendorf erwähnte, der sich per Mail bei ihm gemeldet und seine Vertretung für Cornelia von Bratz angemeldet habe. Er würde einen baldigen Haftprüfungstermin anstreben. »Bis zur Haftprüfung warten wir einfach ab«, sagte er in Richtung Kimmel, um ihn zu beruhigen, »die beiden laufen uns ja nicht davon. Im Laufe des Vormittags kommen zudem die Spurenberichte zum DNS-Abgleich mit Eberhard und Cornelia von Bratz, dann noch die Armbanduhr … wir werden sehen.«

Der Vormittag war schon vorangeschritten, als Lydia entnervt den Telefonhörer weglegte. »Die gute Frau Ball geht nicht ran, kein Anrufbeantworter mehr dran.«

Sie einigten sich schnell darauf, nun die *ImmoBil* in den Fokus zu nehmen und fuhren in Richtung Bodolz.

Auf dem Weg zum Auto fröstelten beide. Am Himmel stand ein schweres, dunkles Blau und darauf klebten schneeweiße Wolken und eine grelle Sonne brannte herab, doch der beständige Ostwind ließ das alles nur zur Staffage werden. Es war bitterkalt. Der April blieb dem Wesen nach präsent.

Sie berichtete Schielin von den Informationen, die Wenzel über Janina Ball ermittelt hatte. »Irgendwie mache ich mir trotzdem Sorgen«, meinte Lydia, als sie im Auto saß und sich die Schultern warm rieb, »es ist so gar nicht ihre Art abzutauchen … es passt nicht zu ihr.«

Schielin überlegte. Was konnte geschehen sein? Eberhard der Grobe saß hinter Gittern und seine Stiefschwester auch. Den beiden hätte er am ehesten einen Racheakt gegen diese Frau zugetraut. »War ein wenig viel in letzter Zeit für sie, vielleicht will sie einfach mal nur ihre Ruhe«, beschwichtigte er. »Ja, das ist schon richtig, trotzdem möchte ich vor Ort nachsehen, wenn wir zurück sind.«

*

Es war im Grunde nur ein Katzensprung von der Ludwig-Kick-Straße bis nach Bodolz, doch dauerte es, bis sie überhaupt von der Dienststelle ausfahren konnten, weil es zwischen den Kreisverkehren staute. Langsam krochen sie die Friedrichshafener Straße hinaus. Schielin parkte, zufrieden, endlich angekommen zu sein, vor dem Einfamilienhaus, dessen kubischer Anbau ein Büro erkennen ließ. »Schaut seriös aus«, meinte Lydia.

»In dem Fall schaun wir besser genauer hin«, entgegnete Schielin und klingelte an der Tür des Anbaus.

Es dauerte eine Weile, bis der Türöffner summte und sie direkt in einen großzügigen Raum treten ließ. Ein Vorraum mit kleiner Garderobe war nur angedeutet. Drinnen warfen Büroleuchten kaltes Licht auf eine Einrichtung, die so modern wie gesichtslos war. Funktionsmöbel in silbergrau. Vorne am ersten Schreibtisch saß eine schlaksige Brünette um die fünfzig. Kurzhaarschnitt, sehnige Gestalt, das Gesicht etwas verhärmt. Ohne den Blick vom Bildschirm zu wenden, arbeitete sie weiter. Auch der Gruß von Schielin erzeugte keine Reaktion bei ihr.

Hinten stand eine Tür offen, die in einen kleineren Raum führte, der vom Empfang aus nicht einsehbar war, aus dem aber Geräusche kamen – jemand lochte dort offensichtlich Papierstapel und heftete sie ab.

Schielin und Lydia warteten am Tresen. Ohne aufzusehen fragte die Brünette unvermittelt: »Was wellet Se?«

Lydia zwinkerte Schielin zu. Sie schwiegen und warteten.

Aus dem Nebenraum kam ein Mann in den Raum, unter beiden Armen Aktenordner geklemmt. Er stutzte, als er die beiden sah, ging aber wortlos zu einem Schrank, wo er die Ordner abstellte.

»Ja was wellet Se na?«, fragte die Frau in genervtem Ton nach, »Arbet han i sell gnu, die brauchet Se mir net bringe.«

»Wer sind Sie denn überhaupt?«, rief Schielin der Frau in strengem Ton zu.

Der Mann drehte sich um und sah kritisch herüber.

Die Angesprochene unterbrach nun ihre Arbeit und sah auf. »Wie bitte!?«

Lydia übernahm nun. »Kriminalpolizei! Sie hören nun mit dem Getippse auf, kommen hierher und legen Ihren Personalausweis vor«, sie deutete nach hinten in die Ecke, ohne ihren Blick folgen zu lassen, »und der Herr da hinten auch!«

Die beiden sahen sich durch den Raum an. Sie stand auf. Dunkle Seidenhose, helle Seidenbluse. An beiden Händen glänzte Goldschmuck, um den Hals eine Goldkette, und der Ohrring mit der großen Perle ruhte ebenfalls in einer Goldfassung.

Ganz schön behangen, dachte Lydia, was das wohl wiegt?

»Was han ich mit der Polizei zum schaffe?«, kam es ungehalten.

»Sie haben mit der Polizei zu schaffen, jetzt gerade. Ihren Personalausweis ... bitte!« Lydia legte ihren Dienstausweis auf den Tresen. »Hier ist meiner!«

Die Augen der Brünetten funkelten. Einem Streit würde sie nicht aus dem Wege gehen, andererseits wäre es dämlich gewesen, sich ausgerechnet mit der Kripo anzulegen.

Sie drehte sich dem Mann zu, ließ einen kurzen, heftigen Schwall an Flüchen auf ihn niederregnen, als hätte er irgendein Verschulden an der Situation. Dann wendete sie sich dem ungebetenen Besuch zu. Sie kramte in einer großen Geldbörse, die sie aus ihrer Prada-Handtasche fischte, und legte ihren Personalausweis vor, nicht ohne auffallend lange und kritisch den Dienstausweis zu betrachten, der vor ihr lag.

»Und etz?«

Lydia las die Personalien laut vor. Sie hatten es mit einer Josefa Bilscher zu tun.

»Des do hinne isch mei Gatte … Josef Bilscher.«

»Ausweis bitte«, forderte Schielin karg. Der Mann trottete ergeben in den Nebenraum und kam mit seinem Personalausweis zurück.

»Sie sind beide die Inhaber von *ImmoBil*?«, fragte Lydia.

»Ja und?«

»Gibt es andere Beteiligte, Geschäftsführer, Verantwortliche, Teilhaber?«

Die dunklen Augen von Josefa Bilscher wurden noch dunkler und zu engen Schlitzen. Unter der Haut ihrer Backenmuskeln zuckte und zitterte es. »Was ganget des die Polizei an«, stellte sie leise fest.

»Es geht darum, wer Verantwortung in diesem Unternehmen trägt. Gibt es andere …?«, wiederholte Lydia ruhig.

»Noi«, kam es nun vom Mann, »abr es intressiert scho, was Sie da fraget und warom?«

Schielin stimmte ihm zu, um etwas von der Anspannung aus der Situation zu nehmen. »Korrekt, Herr Bilscher. Für uns ist es allerdings von Bedeutung, die Fragen an die wirklich Verantwortlichen zu richten.«

»Des wäret in dem Fall wohl mir zwoi.«

»Sagt Ihnen der Name Sigismund von Bratz etwas?«

Frau Bilscher warf den Kopf zurück. »Ja … etzet … etzet schickt er uns au no die Polizei ins Haus, der feine Herr!«, plärrte sie, »… und des sag i Ihne, da könnet Sie glei wieder do zur Tür naus gehe … der Termin, den wo er uns gsetzt hat, der ist erst heut, meine Herren und Damen von der Polizei, und unser Anwalt«, sie sah kurz zu ihrem Mann, um sich Bestätigung und Unterstützung zu holen, »unser Anwalt hat ihm fristgerecht geantwortet. Sie haben hier also nix verloren … nix verloren! Das ist alles Zivilrecht, verstehen Sie!? Zivilrecht. Und im Grunde ist mit ihm ja auch schon alles geklärt.«

Lydia sah sie mitleidig an. »Das bezweifle ich, Frau Bilscher. Kennen Sie eine Frau Freyer …« Sie hätte eigentlich weitersprechen wollen, doch der Name von Frau Freyer entlockte ihrem Gegenüber ein hysterisches Gelächter, das in einem langgezogenen, hohen Ton endete. Josefa Bilscher hatte den Kopf dazu in den Nacken geworfen und sah zur Decke, als könne sie dort etwas sehen. »Die Freyer!? Die Bix, die faule, die elende. Die hot noch ihr Lebtag nie was gschaffet, die Blärrkäddr, und ihr Bruder, des a rechter Allerweltsgscheidel, der hot bloß Scheißdregg em Hirn! Die … die … der Bratz hat ihr doch grad erst die …«, sie holte Luft, um das nächste Wort besonders ironisch klingen zu lassen, »… *Reha* bezahlt. Privatklinik … am Seeufer … aber der hat's ja.«

Jetzt schaltete sich ihr Mann ein. »Wie gesagt, es handelt sich um eine zivilrechtliche Angelegenheit. Unser Anwalt hat auf ein Schreiben von Herrn von Bratz fristgerecht reagiert, und wir werden da eine Einigung finden.«

»Schwerlich«, entgegnete Schielin.

Lydia beantwortete die fragenden Blicke der beiden: »Sigismund von Bratz ist ermordet worden.«

Die Brünette erschrak und drehte sich ihrem Gatten zu und kommandierte: »Mir saget koi oinziges Wort mehr!«

Schielin nannte ihnen einen Termin, an welchem sie zur Befragung auf der Dienststelle erscheinen sollten.

Als sie gingen, drehte sich Lydia in der Tür noch einmal um und sagte: »Des hilfd gega d'Meis, hodd der Baur gsagd, als sei Hof brennd hodd.«

Ob Frau Bilscher verstehen würde, was sie damit meinte?

Draußen am Auto ächzte Schielin ungewohnt laut und kommentierte launisch: »Die drei schweren Krankheiten – Cholera, Lepra und vo dr Alb ra …«

»Hey, hey, hey …«, konterte Lydia sofort über das Autodach hinweg.

»Ach, ist doch wahr … und du musst dich nicht angesprochen fühlen. Der See hat dich doch schon recht glatt gewaschen … ist doch nichts mehr zu hören von deiner misslichen Vergangenheit. Und Du musst doch zugeben … so eine Schwertgosch aber auch.«

Lydia sah ihn ernst an. »Wenigstens authentisch.«

Er rollte mit den Augen und wackelte mit dem Kopf. »Authentisch – eines der meist missbrauchten Worte unserer Zeit.«

Sie fuhren zurück zur Dienststelle. Lydia öffnete Threema und schickte Wenzel stichpunktartige Informationen über ihr Treffen. Interessant fand sie die Angabe, Bratz habe die Reha von Frau Freyer finanziert.

Wolkengebilde rollten erneut heran und bildeten einen grau-blauen Schleier über dem See, der jeden Sonnenstrahl aussperrte. Hier und da fielen einige Regentropfen.

Auf der Dienststelle herrschte eine eigenartige Stille. Der Lüfter des Kopierers im Gang war zu hören.

Die beiden flüsterten, als sie den Gang nach hinten zu ihrem Büro gingen.

Lydia fand auf ihrem Schreibtisch eine Kladde mit den Berichten der Polizeiinspektion vom Pfingstwochenende bis zum Dienstag. Sie moserte herum, wie lange es gedauert habe, bis die Berichte endlich vorlagen. Sie überflog die Meldungen. Nichts, was ihre Ermittlungen berührte. Keine Vorkommnisse in der Nacht von Pfingstmontag auf der

Insel. Keine Ruhestörung, kein Ehestreit, keine Betrunkenen – null. Die Streife war dreimal in der Nacht unterwegs gewesen: gegen nulleins, kurz nach vier und zuletzt vor dem Schichtwechsel nochmals.

Wenigstens waren die Spurengutachten da, und sie holte Schielin aus seiner Nachdenklichkeit. »Perfekt! Das Spurengutachten – Armbanduhr!«, rief sie laut und klickte die Mail vom Landeskriminalamt an. Ein Lächeln machte sich auf ihrem Gesicht breit. »Na also – Übereinstimmung mit unserem Opfer, unstrittig. Die Blutspritzer und Anhaftungen auf dem Armband stammen auch von ihm.«

Sie reckte sich ein wenig über den Bildschirmrand hinweg. »Läuft …«

Schielin ließ sich in den Bürostuhl nach hinten fallen. »Wir dürfen gespannt sein, wie Herr Eberhard erklären wird, an die Uhr gekommen zu sein. Was denkst du?«

Lydia antwortete lächelnd: « Dämlich wie er ist, wird er erzählen, sein Vater hätte sie ihm geschenkt.«

Schielin sagte: »Das wäre zu schön, um wahr zu sein. Und was gibt es zur DNS-Spur vom Zauncontainer hinten?«

Sie schüttelte den Kopf. »Dazu liegt noch kein Gutachten vor … wäre ja zu schön.«

Ihr Anruf bei Janina Ball blieb erneut erfolglos, weshalb sie sich die Autoschlüssel schnappte und kurzerhand auf die Insel fuhr. Irgendwie hatte sie kein gutes Gefühl. Zuerst klingelte sie am Haus in der Maximilianstraße. Ohne Erfolg.

Ein kühler Wind wehte durch die Gassen der Insel. Zu kühl für einen Tag in dieser Jahreszeit. In der Maximilianstraße waren nur wenige Leute unterwegs. Die Tische und Stühle vor den Cafés standen frierend und vereinsamt da. Sie schlenderte am Stoffladen von Marie Lind vorbei, überlegte kurz, ob sie neue Kissenbezüge brauchen wollen würde, nahm dann aber die Passage hinüber zum Theatercafé. Nicht weit von da, am Kirchplatz, hatte Janina Ball ihre Wohnung. Sie sah nochmal auf dem Smartphone nach der Adresse und nahm den Weg zwischen Münster und St. Stephan, wo alle Parkplätze belegt waren.

Auch an der Wohnung keine Reaktion auf ihr Klingeln. Sie blieb unter dem Vordach stehen, wo sie vor dem kühlen Luftzug etwas geschützt war und überlegte, was sie tun könnte.

*

Wenzel und Robert Funk kümmerten sich wie abgesprochen um die Befragung der beiden Freyers.

»Wie heißt sie nochmal?«, fragte Robert Funk, als er sich angeschnallt hatte. »Ariane … Ariane Freyer und ihr Bruder heißt Helmut.«

»Na dann auf zu Ariane und Helmut.«

Wenzel hatte Helmut Freyer telefonisch erreichen können, und zu seiner Verwunderung war der nicht wie erwartet mit Montagearbeiten befasst, sondern sagte sofort, er würde mit zur Wohnung seiner Schwester kommen.

»Er ist bei ihr in der Wohnung. Da haben wir beide beieinander. Der fürsorgliche Typ.«

»Mhm.«

Am Kreisverkehr am Europaplatz stauten sich die Autokolonnen und der Parkplatz am Karl-Bever-Platz war bereits ausgelastet. Vor der Schranke stand eine Reihe Autos, deren Fahrer ungewohnt geduldig warteten.

Wenzel fuhr langsam an ihr vorbei. »Hätte nicht gedacht, wie anziehend eine Gartenschau wirken kann.«

Robert Funk stimmte mit einem Brummen zu. Sie mussten immer wieder anhalten, weil ihnen Fahrradgruppen entgegenkamen.

»Was sich heute so alles auf ein E-Bike hockt?«, ätzte Wenzel herum, »früher hat man die mit dem Rollstuhl rumgeschoben.«

Robert Funk blieb einsilbig. »Andere Zeiten eben. Vor Corona hätten die nie so lange vor ner geschlossenen Schranke gewartet. Und vergiss nicht – auch Du wirst alt.«

Wenzel knurrte. »Ganz sicher nicht auf nem E-Bike.«

Helmut Freyer empfing sie an der Wohnungstür und brachte sie durch einen lichten Gang ins Wohnzimmer, wo sie in zwei schmalen Stoffsesseln Platz nahmen und warteten. Kurz darauf kam Ariane Freyer. Wenzel schätzte sie auf Anfang vierzig. Eine spindeldürre Gestalt. Die Backenknochen traten spitz aus ihrem Gesicht hervor. Die Gesichtshaut hatte einen gelblichen Schimmer, die Augen waren flattrig, und in den langen braunen Locken schimmerten erste graue Strähnchen. Sie stützte sich auf ein Paar Krücken und schleifte das linke Bein etwas nach. Gekonnt ließ sie sich auf dem Zweisitzersofa neben ihrem Bruder nieder und legte die Krücken auf dem Teppich ab.

»Grüß Gott, die Herren Polizisten«, sagte sie, und sowohl Wenzel als auch Robert Funk waren von der tiefen, hallenden Stimme überrascht. Die hätte man dieser schmächtigen Person niemals zugetraut. Es war, als wäre eine andere Person im Raum zugegen, die sprechen würde.

Wenzel kam schnell zur Sache, erläuterte knapp den tragischen Grund ihres Besuchs, erwähnte die erste Befragung ihres Bruders und erkundigte sich höflich nach dem Befinden. Er hatte Lydias Information erhalten und auch Robert Funk darüber informiert. Der nahm sogleich die Rolle des netten Onkels ein und steuerte das Thema Reha an.

»Oh, das hört man natürlich gerne, wenn eine Reha erfolgreich war und man sich danach besser fühlt als zuvor. Sechs Wochen … herrje … eine lange Zeit.«

Ariane Freyer nickte und lächelte. Ihre Augen waren wässrig und der Blick unstet.

Wenzel entschloss sich für die Methode Holzhammer und fragte: »Fühlte sich Sigismund von Bratz denn für Ihren Gesundheitszustand in irgendeiner Weise verantwortlich, wo er diese Reha doch finanziert hat?«

Beiden Freyers fiel sozusagen das Gesicht herunter und sie sahen einander verdattert an.

Ihr Bruder versuchte sich an einer Antwort. »Äh … ich weiß nicht … verantwortlich eher nicht, oder … aber irgendwie wohl doch …«

»Ist ja nicht so ganz günstig, nicht wahr?«, lächelte Robert Funk die beiden an und fühlte mit den Fingern, ob seine Krawatte richtig saß.

»Ja … nun … sicher ist das nicht günstig, in dem Sinne «, antwortete Helmut Freyer.

Wenzel rieb sich am linken Auge, als wäre dort ein Staubkorn zu beseitigen. Währenddessen sprach er die erste Befragung an. »Sie sprachen von einer Wohnungskündigung, Herr Freyer. Unsere Ermittlungen haben jedoch andere Informationen zutage gefördert. Ihre Schwester sollte demnach eine Interimswohnung auf der Insel beziehen und die Wohnung hier sollte barrierefrei gestaltet werden. Ist das so, oder vielleicht doch ganz anders?«

Helmut Freyer sah seine Schwester fragend an, als wüsste sie die Antwort auf die Frage. »Habe ich von einer Kündigung gesprochen … ich kann mich ehrlich gesagt nicht daran erinnern … vielleicht ein Missverständnis … ein Kommunikationsproblem …«

»Kann sein«, wiegelte Wenzel ab und wendete sich an

Ariane Freyer. »Sie werden demnach weiterhin in der Wohnung bleiben?«

Sie nickte.

»Es gibt da diesen Brief der Umweltbehörde diese Liegenschaft betreffend. Sie wissen davon?«

Helmut Freyer sagte: »Ja, wir wissen davon«, obwohl die Frage an seine Schwester gerichtet war. Robert Funk registrierte ein feines Zucken in ihrem Körper.

»Gut, Sie kennen also den Brief ... und woher? Er ist ja an die Hausverwaltungsgesellschaft gerichtet, die *ImmoBil*. Hat diese Ihnen den Brief zur Kenntnis gegeben ... auch anderen Mietern?«

Ariane Freyer sah zu Boden, als fühle sie sich von dem Gespräch im Moment nicht betroffen. Ihr Bruder wirkte verunsichert. »Nein, wir haben diesen Brief nicht von der *ImmoBil* erhalten.«

»Ah, interessant ... von wem denn?«

Seine Schwester meldete sich zu Wort. »Von einem Freund meines Bruders ... es ist kompliziert ...«

Robert Funk lachte vergnügt. »Frau Freyer – wem, wenn nicht uns, könnte man besser komplizierte Sachverhalte darlegen?«

Sie fand es weniger vergnüglich und wendete sich mit einem strengen Blick ihrem Bruder zu, was einer Aufforderung gleichkam zu reden.

Wenzel sah sich um, jedoch nur, um einen kurzen Blickkontakt zu Robert Funk aufzunehmen. Diese Ariane Freyer, die mit Krücken in den Raum geschlichen war, hinterließ hier auf dem Sofa ein völlig anderes Bild: willensstark, hart, zurückhaltend, beinahe lauernd. Ihr Bruder dagegen hockte geradezu verstört und verunsichert neben ihr.

Ganz anders, als Wenzel die Situation erwartet hatte, weil

er von einer siechen, bettlägerigen Person ausgegangen war. Er forderte Helmut Freyer mit einer Handbewegung auf zu reden.

Der begann zögerlich. »Droben … droben im dritten Stock ist vor einigen Monaten eine größere Wohnung frei geworden. Um die hundert Quadratmeter, und der Balkon geht sogar zum See hin raus. Ich habe das meinem Freund gesagt …«

»Wozu?«

»Ja …, weil der Interesse hat … an einer Wohnung.«

»Wie heißt er denn, Ihr Freund?«

»Enderle … Adalbert Enderle.«

Wenzel stutzte, als er den Namen hörte. »Der Trockenbauer aus Kressbronn etwa?«

»Ja, kennen Sie ihn?«

Wenzel sah ihn durchdringend an und wusste die Situation nicht recht einzuordnen. Diesen Enderle würde er sich noch einmal vorknöpfen. Und was Lydia wohl zu dieser Sache sagen würde?

»Gut. Und wie kam Herr Enderle zu diesem Brief?«

Freyer musste sich räuspern. »Wie gesagt, er hat sich für die Wohnung interessiert und Kontakt mit der Frau Bilscher aufgenommen und mit den Eigentümern. Die Wohnung hat zuvor ein alter Mann bewohnt, der gestorben ist, und die Wohnung hat dann seine Tochter geerbt und verkauft, und dann haben die sich eben getroffen und es ist dann zu einem Notartermin gekommen …«

»Und dann?«, fragte Wenzel fordernd und leicht genervt.

»Bei dem Notartermin ist der Vertrag nochmals besprochen worden und es hat einen grausigen Streit zwischen dem Notar und der Verkäuferin gegeben, weil irgendein Dokument gefehlt hat, es ging wohl um eine Testamentsvollstreckung und einen Nachweis dafür vom zuständigen

Amtsgericht oder so. Der Streit war so arg, dass die Frau vom Notar dazukam, die das im Nebenzimmer mitbekam und dann schlichtete. Und als die dann da war, hat der Adi mitbekommen, wie die Bilscher der Frau vom Notar ein paar Unterlagen über den Tisch schob und rumgetuschelt hat. Und dann hat der Adi gefragt, was das für Unterlagen seien, und die Frau vom Notar hat ihn groß angesehen und gesagt, es wären die Unterlagen zum Punkt drei des Vertragsentwurfs – Altlasten – und ob er die denn nicht zuvor erhalten hätte. Und er wusste gar nicht, was mit Altlasten gemeint war und es ihr gesagt, und dann hat sie ihm Kopien gemacht und gegeben.«

»Und dann!?«

»… ging's richtig zur Sache, da beim Notar, weil der Adi ist dann da ausgeflippt, wo er das gelesen hat von der Verseuchung, und die Bilscher und die Verkäuferin haben so getan, als sei das alles ja nur formhalber und so, aber er hat dann rumgebrüllt von Betrug und so, und der Notar hat den Raum verlassen müssen, weil ihm schlecht geworden ist, und der Adi ist dann auch gegangen und es war kurz davor gewesen, dass er der Bilscher eine aufgelegt hat und der Frankfurter Matz auch, so hat er mir es danach eben gesagt, weil er gleich danach zu mir gekommen ist und mir den Brief vom Umweltamt gezeigt hat.«

»Und den Brief, den haben Sie behalten?«

»Ja, er hatte ja zwei Kopien und eine hat er mir dagelassen und gemeint, es wäre ja interessant für mich zu wissen, wo Ariane wohnt.«

»Und wie interessant war es für Sie … ich meine, was haben Sie mit dem Brief gemacht – ihn an Herrn von Bratz geschickt oder gab es ein Treffen …?«

Freyer sah zu seiner Schwester, die seinen Blick nicht erwiderte, sondern nach wie vor unbeteiligt dasaß. »Wir haben uns das natürlich durchgelesen und Herrn von Bratz angerufen, und dann ist er gekommen und wir haben ihm das gezeigt, und er hat ihn gelesen und war sehr aufgebracht darüber, weil er davon nichts wusste, und er hat sich entschuldigt und gemeint, er werde sich wieder melden, und dann hat er den Brief mitgenommen und uns aber ein paar Tage später die Kopien wieder zukommen lassen.«

»Wusste Herr von Bratz, von wem und unter welchen Umständen Sie das Umweltgutachten erhalten hatten?«

»Nein. Danach hat er gar nicht gefragt.«

»Was hat er unternommen?«

»Er hat gemeint, er müsse dringend mit einem Freund darüber reden und er werde auch mit der *ImmoBil* …«, Freyer überlegte kurz, »… in Kontakt treten … so hat er gesagt, in Kontakt treten.«

»Mhm. Hatten Sie Forderungen gegenüber Herrn von Bratz?«

»Forderungen?«

»Ja, Forderungen. Ich meine, aus welchem Grund hat er die Reha Ihrer Schwester finanziert? Machten Sie Forderungen ihm gegenüber geltend?«

»Nein, nein. Wir haben keine Forderungen gestellt. Er hat das gemacht, weil er, weil er, weil er …« Freyer wusste nicht so recht weiter.

Seine Schwester ließ ihren Bariton hallen: »Er fühlte sich verantwortlich … deshalb. Weil er sich verantwortlich fühlte.« Sie hatte sich leicht vorgebeugt und sah Wenzel mit ihren flattrigen Augen an.

»Verantwortlich …«, wiederholte der, »für was verantwortlich?«

»Für meine Situation eben«, antwortete sie.

Robert Funk schaltete sich wieder ein. »Ah, er fühlte sich für Ihre Situation verantwortlich? Gibt es denn einen kausalen Zusammenhang zwischen Ihrer Erkrankung und der Wohnsituation?«

Sie fuhr mit ihrer Zunge über ihre Lippen und sah weiter zu Wenzel. »Das kann ich Ihnen nicht beantworten.« Sie gab die Spannung wieder auf, die ihr Körper angenommen hatte, sah auf den Teppich und ließ ihr Rückgrat gegen die Lehne des Sofas sinken.

»Wusste Herr von Bratz von Ihrem Freund, von Adalbert Enderle? Kannte er ihn?«, richtete sich Wenzel an Freyer.

Der sah ihn fragend an und schürzte die Lippen. »Mhm, ich denke nicht ... nein.«

»Aber Adalbert Enderle sollte doch hier bei der Wohnungsrenovierung tätig werden, und beauftragt wurde er von Sigismund von Bratz.«

Freyers Augen wurden groß. »Wirklich? Das wusste ich nicht ... ist mir neu.«

»Sie haben nicht voneinander gesprochen?«

»Wer?«

Wenzel wurde sauer. »Ja Herrgott! Ob Sie darüber gesprochen haben ... miteinander.«

Freyer hob abwehrend die Hände. »Nein ... nein ...«

Robert Funk beobachtete das Geschwisterpärchen und wurde nicht recht schlau aus den beiden. Wenzel hatte für den Augenblick genug von ihnen. Ein kurzer Blickkontakt mit Robert Funk machte die Sache klar und sie verabschiedeten sich förmlich.

Ohne einen Ton zu wechseln, stiegen sie ins Auto. Erst als Wenzel am Europaplatz angekommen war, ließ er einen unterdrückten, wütenden Laut hören.

Robert Funk lachte. »Hab schon gedacht, ich muss mir Sorgen machen. Hast ja lange ausgehalten.«

»Was sagst du zu den beiden?«, wollte Wenzel wissen.

»Die Frau gefällt mir nicht, überhaupt nicht. Sie umgibt etwas Düsteres, fast würde ich es Bösartiges nennen. Und ihr Bruder ist ein rechter Laffe. Ich wäre gerne Mäuschen in der Bude bei denen.«

»Geht mir genauso. Wenn dieser Eberhard nicht wäre und die Armbanduhr …, und die Krankheit, die die hat, ist mir wohlbekannt …«

»Schnaps«, sagte Funk, »eindeutig Schnaps.«

Freyer war mit den beiden zur Wohnungstür gegangen und hatte sie dort verabschiedet. Kaum war er zurück im Wohnzimmer, wurde er von einer Fluchkanonade heimgesucht. Seine Schwester hockte auf dem Sofa und ihr Gesicht hatte eine hässliche Bleiche angenommen. »Du bist so ein Idiot … so ein Idiot, weißt du das! Du bist blöder als alles, was mir bisher begegnet ist. Alles, wirklich alles hast du versaut, alles. Halt doch einfach die Klappe und mach das, was du am besten kannst, nämlich blöd in der Gegend rumglotzen. Ich hatte ja schon gedacht, du erzählst ihnen alles … so blöde, wie du bist!«

Er stand hilflos da und wedelte mit den Armen.

»Wieso bist du überhaupt hier aufgekreuzt, he!? Ich hätte die beiden alleine abgefrühstückt, du Blödmann. Aber nein, mein blöder Bruder muss sich ins Auto hocken und hier aufkreuzen.« Sie stand mit einem Sprung auf und lief an ihm vorbei in die Küche. Als sie mit einer geöffneten Flasche Bier zurückkam und er immer noch an gleicher Stelle stand, fuhr sie ihn erneut an. »Hau ab jetzt … verschwind! Ich muss nachdenken, wie das jetzt weitergehen soll, und da bist du mir nur im Weg … Depp! Keinen Ton hätte ich zu den beiden gesagt. Null und nix … niente. Wenn sie dich wieder befragen – einfach die drei Affen machen. Kost doch nix, und die werden schließlich dafür bezahlt.«

Sie nahm einen kräftigen Zug aus der Flasche, rülpste ihn an und glotzte böse ins Zimmer. »Ich hätt ihn so weit gehabt … ich hätt ihn so weit gehabt.«

*

Zum Ausklang des Nachmittags sammelten sich wieder alle im Besprechungsraum.

Zuerst fasste Schielin die Erkenntnisse aus dem Besuch bei den Bilschers zusammen, dann war Wenzel an der Reihe und berichtete vom Geschwisterpaar Freyer.

»Seltsame Geschichte«, meinte Schielin, »eine Alkoholikerin, meint ihr also.«

Lydia hatte Janina Ball auf der Insel zwar nicht angetroffen, doch im Heilig-Geist-Spital in Erfahrung bringen können, dass die Mutter am Sonntagnachmittag im Hospiz verstorben war. Dort bekam sie die lapidare Auskunft, Frau Ball hätte verlauten lassen, für einige Tage wegzufahren. Lydia erklärte: »Die Einäscherung kann erst in zwei, drei Wochen erfolgen, und die Beerdigung wird somit auch erst später stattfinden.«

Kimmel nahm alle Kraft zusammen: »Das Spurengutachten bestätigt die Zuordnung der Armbanduhr. Sigismund von Bratz hat sie getragen, und wie Form und Anordnung der Blutspuren anzeigen, hat er sie auch zum Zeitpunkt des Mordes getragen. Es wird eng für Eberhard von Bratz werden. Wie will er das alles erklären, und was ist eigentlich mit seiner Frau?«

»Die hockt in der Wohnung rum und heult«, sagte Robert Funk.

»Würde es was bringen, die noch mal in die Mangel zu nehmen?«, fragte Kimmel und seine Stimme klang so, als glaube er selber nicht daran, damit etwas zu erreichen.

Robert Funk knurrte und sah skeptisch drein. »Mhm … das wird nichts bringen, denke ich.«

»Na gut. Übermorgen ist übrigens Haftprüfungstermin. Kam gerade vom Landgericht Kempten rein.«

Schielin schnitt eine Grimasse, die Unzufriedenheit ausdrückte.

»Was ist?«, fragte Kimmel.

»Der Spurenvergleich vom LKA ist vorhin endlich reingekommen. Die fremde DNS-Spur an der Tatwaffe stammt weder von Eberhard noch von seiner Stiefschwester.«

Kimmel spürte, wie diese lapidare Aussage seine Anspannung schlagartig erhöhte. »Ach …«

Schielin vollzog eine wegwerfende Handbewegung. »Du, wir kriegen ihn trotzdem dran. Keine Sorge.«

Kimmel nickte. »Ja ja, das mit der Uhr ist ja wirklich problematisch für ihn. Man darf sich das ja gar nicht vorstellen … einem Toten eine Uhr klauen … noch dazu dem eigenen Vater … oder Stiefvater.« Er sah müde in die Runde. »Wie geht's weiter?«

Wenzel wollte Adalbert Enderle in die Mangel nehmen, Lydia und Schielin hielten es für wichtig, Janina Ball aufzutreiben. Schielin interessierte vor allem der Notar in St. Gallen, doch er erwähnte es erst gar nicht, um Kimmel nicht weiter aufzuregen. Der verabschiedete sich vorzeitig: »Tut mir leid – ich muss heute eher gehen … Arzttermin.«

Sie blieben beieinander und warteten, bis er die Dienststelle verlassen hatte, um über seine Verfassung zu reden. Jeder hatte bemerkt, wie sehr ihn der Fall belastete und er vom Wunsch nach einem schnellen Abschluss ergriffen war. Gommi setzte noch mal Kaffee auf, und sie begannen die unterschiedlichen Varianten des Falls zu diskutieren. Alle trauten Eberhard die Tat zu, und die Armbanduhr, die man in der Wohnung bei ihm gefunden hatte, war wirklich eine belastende objektive Spur.

Wenzel meinte: »Die Nummer mit der Uhr, das ist eine böse Geschichte für diesen Kerl, aber wenn wir kein Geständnis von ihm bekommen, sondern stattdessen eine Schauergeschichte den teuren Wecker betreffend, dann könnte es doch noch problematisch werden. Ich denke, wir sollten diese Umweltnummer nicht ganz aus den Augen lassen ... das ist auch keine schlechte Fährte, wie ich finde. Und die handelnden Personen dabei – die Freyers und die Bilschers, da könnte schon was gehen.«

Lydia sah das skeptischer. »Der Bratz hat den Bilschers mit seinem Brief zwar das Messer auf die Brust gesetzt, aber so richtig geschockt waren die zwei nun auch nicht, nun ja, wenn die überhaupt etwas schocken kann. Ein Motiv wäre es schon, aber wir wissen noch nicht, was ihr Anwalt dem Brief von Bratz entgegenzusetzen hat.«

»Habt ihr sie nach einem Alibi gefragt?«, wollte Funk wissen.

Schielin verneinte. »Nein. Das haben wir uns für die Vernehmung aufgehoben.«

»Diese Ariane Freyer«, schaltete sich Wenzel wieder ein, »also, wenn mir eine unangenehmere Person einfallen sollte, muss ich wirklich nicht lange überlegen. Und was ihr von der Bilscher erzählt habt, ist ja nun nicht gerade vorteilhaft; was sie allerdings über diese Freyer hat hören lassen ... das muss nicht ganz ohne Wahrheitskern sein.«

Schielin meldete sich nun. »Wir müssen abwarten, wie sich dieser Eberhard verhält. Vielleicht bekommen wir ja wirklich ein Geständnis. Allerdings bin ich da inzwischen skeptisch. Er hatte zwar die Armbanduhr in Besitz. Diese hat Sigismund von Bratz während der Tat am Handgelenk getragen, wie die Blutspuren es nahelegen. Eberhard hat demnach die Uhr erst nach der Tat vom Handgelenk seines Vaters … Stiefvaters … genommen … was für eine grausige Vorstellung. Und jetzt das große Aber: Die Blutspuren vom Zaun und am Eisenprofil sind ihm nicht zuzuordnen – nicht ihm und auch nicht seiner Stiefschwester, was bedeutet …«

»… der Täter läuft noch da draußen rum«, ergänzte Lydia. »Mir wird richtig schlecht bei dem Gedanken, und ich mache mir ernsthaft Sorgen um Janina Ball.«

Trockenbau

Im Schutz der Dunkelheit hatten sich während der Nacht dunkle Wolken über den See geschoben. Statt lichter Sommerstimmung hing nun ein düster-melancholisches Grau über allem und hemmte emotionale Eruptionen. Die Temperaturen erinnerten an Frühjahr oder einen späten Herbst, und allenthalben musste mit einem Regenguss gerechnet werden.

Nach einer knappen Morgenbesprechung hatte sich Wenzel gleich auf den Weg zu einer Baustelle auf der Wasserburger Halbinsel gemacht. Dort war Adalbert Enderle beschäftigt und stand für eine Befragung zur Verfügung.

Wenzel steuerte vorsichtig auf die Halbinsel und stellte den Wagen direkt vor dem Schloss ab.

Eine kühle Windbö pfiff über das Wasser, und er zog schnell den Reißverschluss seiner Jacke zu. Wenigstens lag ein Hauch von Kaffeeduft in der Luft. Am Parkplatz des Schlosshotels entdeckte er den Kleintransporter mit der Aufschrift *Trockenbau Enderle*.

Trotzdem machte er noch einen kurzen Abstecher zur Hafenpromenade und von dort den Steg hinaus bis zum Anleger. Die alten Holzdalben hinter den modernen Liegeplätzen für die Motorboote und Segeljachten sahen aus wie alte, verfaulte Zähne. Die Skulptur *Styx*, nur wenige Meter von ihnen entfernt, ließ ihn eher an den Song der gleichnamigen Band denken und weniger an den schreckenerregenden Fluss, der das Lebenden-Reich zum Hades hin abtrennt. Er lehnte sich ans Steggeländer und sah hinüber nach Lindau, das im Dunst lag. Der Pulverturm zeichnete sich schemenhaft ab. Unter ihm schwappte unruhig die braungraue Wasseroberfläche. Sonderliche Erwartungen an den Tag kamen nicht auf. Styx also.

Babe I'm leaving
I must be on my way
The time is drawing near

Er musste grinsen, über die Wirkung und den Zauber des alten Songs und wie unaufdringlich ihm der Text plötzlich wieder präsent war. Für Sigismund von Bratz war es wohl eine kurze Fahrt über den Styx gewesen.

Von Lindau her tuckerte die *Schwaben* heran und würde bald anlegen. Hinter ihm sammelten sich bereits die Fahrgäste und mit ihnen kam ein wenig Aufregung in die düstere Bedrückung, die sich aus zartem Pfeifen des Windes, dem arrhythmischen Plätschern des Sees und den gellenden Schreien der Möwen speiste – alles der grauen Melancholie eines Tages unterworfen, der nicht in Schwung kommen wollte. Er machte sich auf den Weg hinüber zum Schloss und fasste den Entschluss, besonders freundlich zu agieren.

Adalbert Enderle war im Dachgeschoss mit dem Einziehen von Zwischenwänden befasst. Laute, beat-lastige Musik dröhnte aus dem steinernen Treppenhaus. Als Wenzel den weiten Raum betrat und Enderle ihn gewahrte, zückte er sein Smartphone und stellte die Musik leise. »Muss ja wichtig sein, wenn Sie extra herkommen«, stellte er nüchtern fest.

Wenzel stellte seine Fragen und Enderle bestätigte alles das, was Freyer ihnen gesagt hatte, wobei nicht annähernd der Eindruck entstand, die beiden hätten sich zuvor abgestimmt. Auf die Frage, ob Freyer ihn angerufen habe, antwortete Enderle freimütig mit »Ja, schon. Er hat gemeint, es könnte sein, dass die Polizei noch mal auf mich zukommt, wegen der Wohnungssache.«

»Sie haben Sigismund von Bratz nicht auf die Angelegenheit angesprochen – Sie kannten ihn ja, und Sie sind mit den Freyers befreundet … wäre ja möglich gewesen, oder?«

Enderle verneinte. »Ne, hab ich nicht. Wozu denn auch?«

Wenzel fiel nichts weiter ein, er drehte sich um und betrachtete die Baustelle.

Enderle meinte: »Echt cool! Jetzt auf einmal ist es also interessant und damals hat es niemanden gejuckt.«

»Wie meinen Sie das?«, fragte Wenzel, »niemanden gejuckt?«

»Ja, Sie sind gut. Die Staatsanwaltschaft! Kempten! Ich habe das alles zusammenkopiert und an die Staatsanwaltschaft geschickt, weil … ja weil ich mir betrogen vorgekommen bin. Die Bilscher, die hat mich da beim Notar verschaukeln wollen, des Luder, des …«

»Sie waren bei der Staatsanwaltschaft?«

»Ja, sogar selbst, in Kempten, weil ich da zu der Zeit ne große Baustelle hatte und da habe ich Anzeige erstattet wegen Betrug.«

»Und?«

»Die haben gesagt, es sei kein Betrug von der Bilscher, weil ich ja den Notartermin abgebrochen hätte und ja nicht gezahlt habe, aber sie wollten prüfen, ob es ein versuchter Betrug ist.«

»Und?«

Enderle grinste breit und wedelte mit seinem Smartphone. »Früher elektrisch, heute digital …«

Er fing an zu tippen und geziert über das Display zu wischen. Ohne aufzusehen forderte er: »Mailadresse!«

Wenzel gab sie ihm, um gleich darauf ein Vibrieren in der Brusttasche der Jacke zu spüren.

»Da ist alles beisammen«, sagte Enderle stolz und hielt erneut sein Smartphone hoch, »ich scanne ja inzwischen alles … einfach alles. Ich kleiner Handwerker bin schon voll digital – und ihr beim Staat braucht überall noch einen Stempel und ne Unterschrift auf drei Durchschlägen. Ganze Wälder habt ihr auf dem Gewissen!« Er lachte laut in den Raum, drehte die Musik wieder laut und ging an die Arbeit.

Wenzel rief ein »Danke!« in das Dachgebälk und ging zurück zum Auto, wo er die PDF-Dateien der Mail durchsah. Enderle hatte nicht übertrieben. Es war wirklich alles beisammen. Er überflog den Vorgang und stutzte einige Male.

Danach ging er noch mal hinaus auf den Steg, wo sich vorne an der Anlegestelle bereits wieder kleine Gruppen Wartender versammelt hatten, die diesmal auf das Kursschiff nach Lindau wollten.

Er sah, wie die *Karlsruhe* um die Landspitze von Nonnenhorn kurvte und Kurs auf Wasserburg nahm. Nur eine Handvoll weißer Segel war draußen auf der Wasserfläche auszumachen und an den Appenzeller Hügeln, hinter denen sich sonst stolz der Alpstein erhob, stießen die grauen Wolken an das grüne Band. Säntis, Altmann, Hoher Kasten – in der Welt des Imaginären verschwunden.

*

Schielin ging noch einmal die bisherigen Vernehmungen durch, um sich für den Haftprüfungstermin vorzubereiten. Mittendrin sah er auf und fragte über den Bildschirm hinweg: »Was ist eigentlich mit dem Obduktionsergebnis? Die Spurenbefunde kommen ja alle halbwegs im erwarteten Zeitfenster, aber die in München scheinen uns nach hinten durchzureichen. Sollten wir da mal anrufen und Druck machen?«

Lydia war gerade mit dem letzten Spurenbericht befasst und übernahm die relevanten Stellen in ihren Bericht an die Staatsanwaltschaft. »Mache ich gleich.« Sie arbeiteten weiter.

Als sie fertig war, griff sie zum Telefon und rief zuerst den Notar Dr. Berger an. Vielleicht hatte er eine Ahnung, wo man Janina Ball erreichen konnte. Der Gedanke an sie ließ sie nicht los.

Berger klang ehrlich erfreut, als sie sich gemeldet hatte und bevor sie überhaupt etwas sagen konnte, meinte er: »Ja, ich hatte schon mit Ihrem Anruf gerechnet. Jetzt ging es ja doch ganz schnell und ich habe gestern die ausständigen Unterlagen verschickt.« Lydia sah auf ihre Schreibunterlage mit all den Krakeln, Notizen, Zeichnungen, Strichmännchen, Telefonnummern – in unterschiedlicher Gemütslagenschrift und allen möglichen Farben – und überlegte, wovon er sprechen konnte. Mehr als ein »Mhm …«, entgegnete sie zunächst nicht, weil sie sich keine Blöße geben wollte, traute sich dann aber doch zu fragen, was denn schnell gegangen sei.

Berger war nun seinerseits verdutzt. »Ja nun … als ich am Freitag die Freigabemitteilung der Staatsanwaltschaft erhielt, habe ich die Sache, von der wir sprachen, abschließen können … die Stiftung … Sie wissen doch …?«

Lydia stand auf.

Schielin hatte ihre Irritation bereits an der Stimmlage erkannt, seine Arbeit eingestellt und sah zu ihr hin. Sie rollte mit den Augen und zuckte mit den Schultern. Ihre nächste Frage brachte ihm den Kontext näher. »Herr Dr. Berger, Sie meinen, die Staatsanwaltschaft Kempten hat die Leiche freigegeben?«

»Ja … äh … haben Sie darüber keine Information?«

»Nein, das wussten wir bisher nicht«, gab sie zu.

Schielin sah sie ungläubig an.

»Ja, und Sie haben nun die Angelegenheit des Nachlasses abschließen können … das bedeutet, Sie dürfen uns nun über die Details informieren, nicht wahr?«

»Ja. Möchten Sie es gleich wissen?«

»Natürlich möchten wir das«, klang sie gierig und lauschte in den Hörer, während sie Augenkontakt mit Schielin hielt. Der hörte nur, wie sie zustimmend »Ja … ja … aha … ah, das ist … interessant …«, sagte. »Nur noch eine Frage, Herr Dr. Berger. Wir versuchen, Frau Ball zu erreichen. Haben Sie eine Information darüber, wo sie sein könnte?«

Nach einer längeren, freundlich-höflichen Verabschiedung legte Lydia auf.

Sie fauchte herum. »Die gehören geteert und gefedert, die Münchner. Die Leiche ist schon letzte Woche freigegeben worden. Weiß der Himmel, wo der Obduktionsbericht rumliegt.«

»Ja gut, und weiter?«, forderte Schielin. »Die Stiftung?«

»Er hat keine Ahnung, wo sich Janina Ball aufhält. Er hat selbst schon versucht sie zu erreichen.«

»Mhm …«

»Sie ist es … sie wird die Stiftung verwalten … Sigismund von Bratz hat Janina Ball sozusagen als Alleinerbin eingesetzt.«

Schielin sah Lydia Naber lange an. »Ohh …«

»Was Ronsard wohl dazu sagen wird?«, fragte sie ernst.

Schielin fuhr sich nachdenklich mit der Handfläche über Gesicht und Kinn und meinte ohne jede Wertung: »Janina Ball also … die große Profiteurin.«

Als Wenzel einige Zeit später auf der Dienststelle erschien, trafen sie sich für ein kurzes Info-Update im Besprechungsraum. Gommi war ganz aufgeregt, als Lydia auf ihn zukam und wissen wollte, wo der Obduktionsbericht sei und ob er da vielleicht etwas verpennt habe. Er durchforstete alle Postfächer und stellte relativ beruhigt fest: Fehlanzeige.

Kimmel hörte nur zu und ersparte sich jeden Kommentar. Janina Ball war den neuen Informationen nach diejenige, die am intensivsten vom Tod ihres Arbeitgebers profitierte. Robert Funk wies eindringlich darauf hin: »Das dürfen wir nicht aus den Augen verlieren, denn die Zusammenhänge fügen sich durchaus zusammen. Es sind gerade mal zwei Jahre, die sie in Lindau ist ... seine Assistentin – und er liegt tot in einer Kühlkammer herum und ihr gehört alles. Stiftung hin oder her – durch seinen Tod ist sie zur Millionenerbin geworden, und die drei Nachkommen sind ausgebootet. Dazu diese Schriftstücke an den Notar in St. Gallen, die nie abgeschickt wurden ... und ein paar Tage später liegt der alte Herr erschlagen am See ... also Leute.«

Lydia gefiel diese Entwicklung genauso wenig wie Kimmel, allerdings aus einem anderen Grund. Sie konnte ihre Sympathie für diese Janina Ball einfach nicht unterdrücken. Sie blieb skeptisch. »Auf diese Weise jemanden zu töten, dazu gehört nicht nur die physische Voraussetzung, man muss das auch wollen. Dieser Schlag ... von hinten auf den Schädel ... das war brutal. Traust du ihr das zu?«

Statt Robert Funk meldete sich Schielin: »Die Physis hat sie jedenfalls dafür, als durchtrainierte Balletttänzerin. Auf ihrem Schreibtisch in der Maximilianstraße standen Fotos herum. Ich könnte es nicht ausschließen.«

Lydia schnaufte laut und resigniert. »Wir sollten sie jetzt erstmal finden, denn nach wie vor mache ich mir Sorgen.

Wir wissen ja nicht, wie sich die Sache gestaltet – also nachkommenstechnisch – wenn sie plötzlich …«

Sie wollte es gar nicht aussprechen.

»Du meinst, wenn sie jetzt tot wäre?«, vollendete Wenzel.

Um diesen Gedanken entfachte sich eine ziellose Diskussion, die keine neuen Ansätze erbrachte. Robert Funk fand den Gedanken allerdings nachdenkenswert und konnte die Sorge, die Lydia formuliert hatte, nachvollziehen. Die ganze Zeit schon war ihm in Bezug auf das Verschwinden von Janina Ball etwas in den Sinn gekommen, eine Idee, ein Hinweis, den er jedoch nicht konkretisieren konnte. Während sich die anderen noch austauschten, dachte er angestrengt nach. Gommi lieferte ihm das Stichwort, als er sagte, es wäre doch schon überhaupt seltsam, wenn einer, der selbst Jurist sei, drei Notare brauche.

»Trehle!«, rief Robert Funk in die Runde und erntete fragende Blicke. »Ja dieser Dr. Trehle, den wir befragt haben, Conny, der hat uns doch erzählt, er habe, als er seine Immobilien umgeschichtet hat, dem Bratz auch seine Berghütte im Bregenzerwald verkauft. Erinnerst du dich dran?«

»Ja, schon.«

»Lydia hat doch erzählt im Hospiz hätte man gesagt, sie wollte für ein paar Tage weg … Ruhe haben und so … also wenn ich meine Ruhe haben wollte, und ich hätte eine Hütte im Bregenzerwald …«

Lydia schnippte mit den Fingern. »Ja klar …! Ich rufe gleich mal den Walter Lurzer in Bregenz an und den Trehle, der ja wohl noch wissen wird, wo er mal ne Hütte hatte.«

Hundle, der unter dem Tisch gelegen hatte, stand auf, gähnte und trottete gelangweilt hinaus, wo er sich laut auf die Holzdielen fallen ließ.

Von draußen kam ein feines Rauschen. Es regnete kleine Tropfen. Dennoch war die Stimmung aufgekratzt.

Wenzel war nun an der Reihe und berichtete von seinem Treffen mit dem Trockenbauer. Er holte sein Smartphone hervor. »Hört mal zu, wie die Staatsanwaltschaft Kempten den Vorgang bewertet hat. Finde ich eine interessante Rechtsposition«, er drehte den Bildschirm ein wenig, um auf dem kleinen Display besser lesen zu können: »*Der Strafanzeige wird gemäß* § 152 Abs. 2 keine Folge gegeben. Gründe: Zwar mag die Irritation des *Anzeigeerstatters über das Geschäftsgebaren der Beschuldigten völlig nachvollziehbar sein, jedoch hat das Verhalten der Beschuldigten die Schwelle zur Strafbarkeit noch nicht überschritten.*

Der Anzeigeerstatter schildert, dass er auf der Suche nach einer Eigentumswohnung war und sich das Objekt in Lindau Aeschach angesehen hatte. Im Rahmen der dem notariellen Kaufvertrag vorgelagerten Verkaufsgespräche wurde der Anzeigeerstatter nicht darüber informiert, dass der Boden des Objekts kontaminiert war. Dies erfuhr der Anzeigeerstatter erst während des Termins beim Notar. Hierbei hat der Notar an die Beschuldigte Frau Bilscher die Frage gerichtet, ob sie das Schreiben des Landratsamtes mit sich führte. In diesem Zusammenhang sei der Begriff ›Altlasten‹ gefallen. Die Beschuldigte Bilscher hätte ihm das Schreiben daraufhin ausgehändigt. Hierdurch erfuhr der Anzeigeerstatter von der Kontaminierung.

Aufgrund der Tatsache, dass die Beschuldigten, insbesondere die Beschuldigte Bilscher als Immobilienmaklerin, diesen Umstand bisher verschwiegen hatten, fühlte sich der Anzeigeerstatter getäuscht und erstattete Anzeige.

Da der Kaufvertrag letztlich nicht geschlossen wurde, liegt kein vollendeter Betrug vor. In Betracht käme lediglich ein versuchter Betrug durch die Beschuldigten dadurch, dass diese unmittelbar dazu angesetzt haben, den Anzeigeerstatter mittels Täuschung zum Abschluss eines für ihn nachteiligen Vertrages zu veranlassen.

Hierzu wäre jedoch erforderlich, dass die Beschuldigte alles getan hätte, was aus ihrer Sicht erforderlich ist, um einen täuschungsbedingten Vertragsabschluss herbeizuführen. Vorliegend dient gerade der Termin beim Notar einer umfassenden Zurkenntnisbringung aller wesentlichen Umstände für den Vertragsabschluss. Da im Rahmen dieses Aufklärungsgespräches der Umstand seitens der Beschuldigten eingeführt wurde, hat die Beschuldigte selbst den bisher aufrecht erhaltenen Irrtum über die Beschaffenheit des Grundstückes berichtigt. Zwar geschah dies durch Aufforderung des Notars, es kann jedoch nicht mit der für eine Anklage erforderlichen Sicherheit ausgeschlossen werden, dass die Beschuldigte dies nicht selbstständig noch vorgetragen hätte. Erst wenn die Beschuldigten auf Nachfrage des Notars erklärt hätten, dass keine Altlasten vorgelegen hätten, hätten sie alles aus ihrer Sicht Nötige getan, um die Täuschung aufrecht zu erhalten. Stattdessen haben die Beschuldigten aber über die Altlasten mittels des Schreibens der Umweltbehörde, wenn auch konspirativ empfunden, informiert. Eine Versuchsstrafbarkeit liegt somit noch nicht vor.

Bezüglich etwaiger entstandener Ansprüche auf Schadensersatz wegen zu spät mitgeteilter Informationen über die Beschaffenheit des Bodens wird ausdrücklich auf den Zivilrechtsweg hingewiesen.

Etwaige zivilrechtliche Ansprüche werden durch diese Entscheidung nicht berührt.«

Es gab in der anschließenden Diskussion unterschiedliche Meinungen. Vor allem Wenzel war mit der Haltung der Staatsanwaltschaft nicht einverstanden. Deren Begründung würde seiner Meinung nach bei Immobiliengeschäften unmöglich machen, einen versuchten Betrug zu begehen, denn hätte die Bilscher das Schreiben des Umweltamtes zurückgehalten, wäre es zu einem vollendeten Betrug gekommen. »Ich hätte die schon auch vor Gericht gezerrt, an seiner Stelle«, sagte er abschließend.

Kimmel meldete sich nun zu Wort und meinte, die Entscheidung der Staatsanwaltschaft habe in keiner Weise Einfluss auf den aktuellen Fall. »Wie geht's jetzt weiter?«, wendete er sich an Schielin.

»Wir suchen nach Janina Ball, bereiten den Haftprüfungstermin vor und schauen mal, was die Stiefgeschwister uns zu erzählen haben, das Ehepaar Bilscher kommt noch zur Vernehmung und wenn wir viel Glück haben, finden wir irgendwo, irgendwann, irgendwie auch noch den Obduktionsbericht.«

Lydia telefonierte fast den gesamten Nachmittag umher, ohne auch nur ein Gran an Information darüber zu erhalten, wo Janina Ball sich aufhalten könnte. Die Handynummer von Trehle meldete permanent, der *Gesprächspartner* sei *nicht erreichbar*. Völlig resigniert hockte sie am Schreibtisch, spielte mit dem Kugelschreiber, ächzte und stöhnte über die Situation, bis Schielin sie fragte: »Immer noch in Sorge?«

»Immer mehr. So ein Gefühl, weißt du.«

»Mhm. Ruf doch mal diesen Dr. Berger an und frage, ob er vielleicht einen Zweitschlüssel für die Wohnung in der Maximilianstraße hat. Ohne Schlüssel und Sicherheitscode für die Alarmanlage brauchen wir da nicht rein. Ich denke, wir schauen uns jetzt mal da um und danach öffnen wir ihre Privatwohnung am Kirchplatz. Was hältst du davon?«

»Viel … sehr viel. Auf die Idee bin ich gar nicht gekommen.«

»Jetzt hast du deinen Wohnungsaufbruch – fast ein wenig illegal. Und umschauen können wir uns dabei auch.«

Robert Funk steckte seinen Kopf ins Büro und flötete, er habe was. Er hatte die Edelmetallshops abgeklappert und gefragt, wer in letzter Zeit Investment-Barren von Degussa gekauft habe. Käufer waren nicht aufgetreten, allerdings berichtete einer der Händler von einem merkwürdigen Besuch eines Paares, einige Tage zuvor. »Die Beschreibung passt auf Eberhard und seine Gattin«, sagte Funk, »die wollten das Gold versetzen und Kohle machen … könnte man zu gegebener Zeit gut gebrauchen, diese Information.«

Wie Schielin vermutet hatte, war es tatsächlich Dr. Berger, bei dem Schlüssel und Zugangsdaten hinterlegt waren. Ohne zu zögern, kam der Lydia Nabers Bitte nach, denn sie klang besorgt, und auch er ließ sich von ihrer Sorge anstecken. Und kam selbst mit auf die Insel, was die Sache für alle einfacher machte. Eine Streife war zur Unterstützung vor Ort gekommen und der Schlüsseldienst war auch zugegen, um gegebenenfalls Unterstützung leisten zu können.

Schielin und Lydia nahmen die Treppe und baten Dr. Berger, vorerst zurückzubleiben. Auf den Treppenstufen vor dem Wohnungszugang stand eine Glasflasche mit Vollmilch. Schielin stippte sie an. Nichts bewegte sich. Von Flüssigkeit war keine Rede mehr. Lydia leuchtete mit der Smartphone-LED, und im grellen Licht gewahrte man den grün-bläulichen Schimmer auf der Oberfläche. Sie klagte: »Oh je, das schaut nicht gut aus …«

Sie betraten nun die Wohnung und als Erstes schnupperten beide, ob vielleicht etwas zu riechen war. Nichts. Wenigstens das war beruhigend. Es roch trocken und angenehm nach Holz, Papier und Leder.

Sie gingen Zimmer für Zimmer durch. Auch droben in der Schatzkammer war alles unauffällig.

Die Wohnungsöffnung am Kirchplatz ging schnell vonstatten. Dr. Berger fungierte als Zeuge. Die Wohnung machte den Eindruck, kontrolliert verlassen worden zu sein. Was in den Kühlschrank gehörte, stand auch dort, kein Fenster stand offen, die elektrischen Geräte waren ausgeschaltet und die Wohnungstür war von außen versperrt gewesen. Alles so, wie es sein sollte.

Bei Lydia überwog fürs Erste die Erleichterung, wenngleich sie ihre Suche nun weiter fortsetzen mussten.

Jagdhütte

Lydia Naber war am nächsten Morgen die erste auf der Dienststelle. Der Haftprüfungstermin war bereits für neun Uhr festgesetzt und das Erste, was sie anpackte, war Kaffee zu kochen. Gommi kam bald darauf mit dem Frühstücksgebäck und Schielin erschien pünktlich, als der Frühstückstisch gedeckt war. »Das nenne ich Timing«, empfing sie ihn.

Er blieb wortkarg. Die ganze Nacht hatte er sich mit den wenigen Fragen beschäftigt, die er dem Stiefgeschwisterpaar stellen wollte. Vor allem ihre möglichen Antworten beschäftigten ihn. Er war in der Tat aufgeregter als bei anderen Terminen und bat Gommi noch, die Anhörung von Dr. Trehle für die Akten fertigzumachen und ihm ins Büro zu legen.

Dieser Trehle hatte im Zusammenhang mit der Nachlassregelung etwas gesagt, eine Formulierung verwendet, die er nochmals nachlesen wollte. Eilig war es damit allerdings nicht.

Die vertraute Fahrt nach Kempten brachte sie durch ein noch schläfriges Allgäu, dessen Täler und Hügel an diesem Morgen in großem Gleichmut lagen, denn die düstere Wolkenschicht war auch über Nacht geblieben. Abermals hatte es geregnet, die Straßen waren nass und mangels der über den Berghängen aufgehenden Sonne blieb nur der Verzicht auf jene epischen Momente, die die über den Bergen aufsteigende Sonne mit ihren Lichtstrahlen zaubern konnte, und die malerische Akzente setzten.

Zu bereden hatten die beiden nichts, und hinter Wohmbrechts, wo *Radio Vorarlberg* nicht mehr zu empfangen war, schaltete Lydia auf *Bayern 1* um. Einzig die Nachricht von einem Storch in Hard, der von der Feuerwehr aus einem Netz gerettet worden war, hatte sie aufmerksamer werden lassen.

An der Residenz angekommen meinte Lydia: »Es mag dir seltsam vorkommen, aber ich bin viel angespannter als sonst, und die Sache hier hat mich die ganze Nacht beschäftigt.«

»Dann sind wir schon zu zweit«, entgegnete Schielin und lächelte.

Die zwei Anwälte waren bereits da und ein jeder hatte eine der breiten Holzbänke im lang gestreckten Gang für sich requiriert. Der eine lief angestrengt auf und ab und telefonierte, der andere hockte eingesunken da, Dokumente auf den Knien, und las enerviert.

Sie grüßten und gingen weiter in den Vernehmungsraum, ein altes Richterzimmer, das groß genug war. Eine CO2-Ampel leuchtete grün, ein Fenster stand offen und dem laminierten Ausdruck war zu entnehmen, dass bis zu sechs Personen ohne Maske an den markierten Plätzen im Raum anwesend sein durften.

Lydia atmete innerlich und äußerlich auf. Eine Anhörung mit Maske wäre sehr anstrengend geworden, und auf die Aussagekraft der Physiognomie zu verzichten, wäre besonders nachteilig gewesen.

Die Richterin brachte die beiden Anwälte mit herein. Kurz darauf folgten die Justizbeamten mit Eberhard und Cornelia von Bratz.

Die beiden sahen erschöpft aus und vermieden jeden Blickkontakt zueinander.

Sie tuschelten mit ihren Anwälten, während die Richterin ihre Unterlagen still durchsah, hier und da einen Vermerk anbrachte und so die Zeit für eine kurze Abstimmung ließ.

Eberhard wirkte wackelig, selbst jetzt, da er saß. Seine Gesichtshaut glänzte matt in einem ungesunden Aschgrau. Die Augen blickten erschöpft aus tiefen Augenhöhlen hervor. Es konnten keine guten Nächte gewesen sein, hinter Gittern.

Seine Stiefschwester war kreidebleich im Gesicht, ihre Augen huschten hysterisch herum, blieben an nichts und niemandem länger als für Sekunden hängen, ihre Hände zitterten.

Die Richterin kündigte mit einem Räuspern den Beginn des Termins an, begrüßte die Anwesenden professionell, wiederholte die Personalien der beiden Festgenommenen, stellte die Anwälte vor und verwies auf den Kriminalhauptkommissar Schielin und die Kriminalhauptkommissarin Naber als zuständige Ermittler. Da keine Fragen bestanden, erläuterte sie den Sachverhalt der Vorführanzeige und blickte danach streng fragend in Richtung der Anwälte. Keiner der beiden fühlte sich angesprochen, und Schielin fiel ein Stein vom Herzen, als sie die Frage stellte, die er sich gewünscht hatte. Denn es wäre aus Ermittlungssicht unglücklich gewesen, hätte sie wissen wollen, ob sich anhand der Spurenlage neue Informationen ergeben hätten.

Schielin hatte noch nie mit dieser Frau zu tun gehabt. Mitte vierzig, langes glattes Haar, von ausnehmender Schwärze. Eigentlich ein italienischer Typ, dachte er, doch dazu passte der helle Teint ihres Gesichtes nicht. Sie verfügte über eine sonore, ruhige Stimme und ihre Gesamterscheinung verschaffte ihr Autorität und Souveränität. »Nach Sachlage, meine Damen und Herren, geht es um folgende Fragen: Kann der Beschuldigte nachvollziehbar erklären, auf welche Weise er in den Besitz der Uhr des Ermordeten geraten ist? Aus welcher Quelle stammen die Goldbarren, die man bei ihm auffinden konnte, und wie verhält es sich mit diesem wertvollen Buch, das aus der Sammlung des Getöteten entwendet wurde? Es liegt hierzu ein Überwachungsvideo vor. Daran anschließend möchten wir die Spurenlage nochmals erörtern. Gibt es zu diesem Fragenkomplex eine Erörterung, eine Erklärung?«

Der angesprochene Advokat druckste ein wenig herum und grinste breit in Richtung Schielin. »Mein Mandant wird in der Tat eine Erklärung abgeben, zuvor jedoch besteht durchaus die Frage, wie gesichert die Ermittler davon ausgehen können, die Uhr wäre dem Getöteten abgenommen worden?«

Schielin erläuterte die Aussage von Janina Ball, die angegeben hatte, Sigismund von Bratz wäre ohne diese Uhr niemals aus dem Haus gegangen. Zudem gebe es Videomaterial von Pfingstmontag, auf welchem das Opfer die Uhr trägt, und die Form der Blutspuren, deren Zustand, insbesondere der Feuchtigkeitsgehalt, wiesen exakt auf den Umstand hin, dass sie unmittelbar nach der Tötung vom Handgelenk genommen wurde.

Der Anwalt nickte zwar, blickte allerdings nicht sonderlich zufrieden drein. »Diese Zeugin, von der Sie sprechen, ist sie verfügbar?«

Lydia meldete sich. »Gerade in diesen Tagen ist diese Zeugin nicht verfügbar. Der Mord an ihrem Arbeitgeber war ein traumatisches Erlebnis für sie, zudem ist die Mutter dieser Zeugin am Sonntag verstorben. Sie hat sich für einige Tage zurückgezogen.«

Die Richterin hatte interessiert zugehört und wendete sich nun wieder dem Anwalt zu, der sagte, sein Mandant wolle durch ihn eine Erklärung abgeben. Die Richterin signalisierte ihm, dass er beginnen könne.

In umständlichen einleitenden Worten legte er dar, wie sehr Eberhard von Bratz vom gewaltsamen Tod seines Stiefvaters betroffen sei.

Lydia meinte an seiner Körpersprache feststellen zu können, wie unangenehm ihm diese Situation war, während der Betroffene selbst dasaß wie eine Statue und starr ins Nichts blickte.

Wie sie hörten, hatte Eberhard von Bratz in der Nacht von Pfingstmontag auf Dienstag die Wohnung in der Salzgasse verlassen und sich gegen dreiundzwanzig Uhr mit einer Bekannten auf der Lindauer Insel getroffen. Gemeinsam habe man die Zeit zwischen dreiundzwanzig Uhr bis etwa drei Uhr in der Wohnung der Bekannten verbracht. Er habe die Wohnung verlassen und sich auf dem Rückweg zur Ferienwohnung in der Salzgasse befunden. Der Weg habe ihn durch die Schmiedgasse zum Marktplatz geführt, wo er auf eine Gestalt aufmerksam geworden war, die dort auf dem Pflaster lag. Er sei zu dieser Gestalt gegangen und habe mit großem Entsetzen festgestellt, dass es sich um seinen Stiefvater handele. Im Zustand höchster Erregung und eines Schocks habe er die Armbanduhr vom Handgelenk des Toten genommen, dazu drei Blister mit je einem Goldbarren von einhundert Gramm. Verstört sei er in die Ferienwohnung zurückgekehrt und habe einfach nicht gewusst, wie er reagieren solle, was auch auf einen Schockzustand zurückzuführen sei. Die Uhr und die Goldbarren habe er nicht mitgenommen, um sie sich zuzueignen, vielmehr um sie zu sichern. In der Folge habe er aber Angst bekommen in Verdacht zu geraten und sah sich nicht in der Lage diesen Zwiespalt aufzulösen. Mit dem aus der Sammlung entwendeten Buch habe er nichts zu tun. Er habe es niemals zuvor gesehen. Es sollten sich keinerlei Spuren darauf befinden, die mit ihm in Verbindung zu bringen wären. Der Anwalt legte eine eidesstattliche Versicherung der Gespielin vor.

Nach einigen weiteren im Allgemeinen verorteten Floskeln endete der Anwalt mit der Frage, ob es denn neue Erkenntnisse hinsichtlich der Spurenlage gäbe.

Da er Schielin dabei ansah, fragte der unmittelbar: »Woran erkannte Ihr Mandant denn, dass der Mann, der da lag, sein Stiefvater war? Zu der Zeit ist die Straßenbeleuchtung nicht in Betrieb, zudem war es bewölkt. Wie konnte er außerdem den Tod der Person feststellen?«

Die Richterin nickte.

»Mein Mandant hat dem Toten ins Gesicht geleuchtet … mit seinem Smartphone, und aufgrund der schweren Verletzung am Kopf musste er davon ausgehen, dass er tot war«, lautete die nüchterne Antwort.

»Weitere Fragen?«, wendete sich die Richterin an Schielin und Lydia. Beide verneinten.

Cornelia von Bratz kam nun an die Reihe. Auch sie fixierte einen imaginären Punkt an der Wand gegenüber und vermied jeglichen Blickkontakt. Ihr Anwalt berichtete, sie hätte das wertvolle Buch aus der Sammlung in der Tat entwendet, und wenn man das Video betrachte, bekäme man durchaus den Eindruck, es handele sich der konspirativen Vorgehensweise wegen um einen Diebstahl, was es jedoch nicht gewesen sei. Vielmehr hatte sich über das Pfingstwochenende ein bohrendes Gefühl in ihr bemerkbar gemacht hinsichtlich der Ungerechtigkeit des Vaters gegenüber dem Stiefbruder Eberhard. Sie habe das Buch nicht für sich entwendet, sondern betrachtete es als Wiedergutmachung im Sinne einer höheren Gerechtigkeit.

Lydia hing an den Lippen des Juristen, dessen Rasur hätte

besser sein können, wie sie fand. Wenn sie es recht erkannte, tummelten sich auf seiner Krawatte Kühe, Schafe und Ziegen.

Sie wiederholte stumm die Formulierung *im Sinne einer höheren Gerechtigkeit*. Wenigstens verzichtete er auf weitere Trauer-Elegien.

Lydia fragte, nachdem er geendet hatte: »Hat Ihre Mandantin ihren Stiefbruder oder seine Ehefrau von dem Buch in Kenntnis gesetzt?«

»Nein, dazu bestand keine Möglichkeit«, antwortete der Anwalt.

Sie konterte: »Telefon … Mail … WhatsApp?«

»Wie gesagt, es bestand keine Möglichkeit, es persönlich zu übermitteln, wie sich das, wie man finden kann, auch gehört.«

»Wie kam sie denn in die Wohnung? Woher hatte sie einen Schlüssel?«

»Soweit sie sich erinnert, hat Sigismund von Bratz ihr einen Generalschlüssel ausgehändigt, bei ihrem letzten Besuch bei ihm.«

Schielin richtete sich an die beiden Anwälte. »Diese Blister mit den Goldbarren … Ihr Mandant, so formulierten Sie es, hätte sie sichern wollen … für wen denn?«

»Ganz allgemein eben … eine Reaktion im Schock.«

»Wo hat sie das Opfer mitgeführt?«

»In der Innentasche des Jacketts.«

»Er hat das Opfer also durchsucht?«

Der Anwalt schwieg.

»Gut … ist auch eine Antwort. Wie hätte er mit den Goldbarren verfahren wollen?«

»Sie den Berechtigten zuführen«, lautete die ungerührte Antwort.

»Das ist schön. Aus welchem Grund wollte er die Goldbarren denn verkaufen, also zu Geld machen? Das verstehe ich nicht.«

Die Aussage irritierte den Anwalt und er blickte zu seinem Mandanten, der sich jedoch nicht angesprochen fühlte und sich auch nicht rührte.

»Wie kommen Sie auf eine solche Vermutung?«

»Keine Vermutung. Der Geschäftsführer eines Edelmetallshops in Lindau hat sich an uns gewendet und von einem obskuren Verkaufswunsch berichtet. Die Beschreibung passt auf Ihren Mandanten und seine Ehefrau. Wir könnten eine Lichtbildvorlage oder Gegenüberstellung veranlassen.«

Nach einigem Hin und Her wurde klar, die Richterin wollte nicht näher auf diese Frage eingehen.

Lydia berichtete nun über die Erkenntnisse der Spurenauswertung. Die Augen beider Anwälte leuchteten, als deutlich wurde: Keine der gesicherten Spuren am Tatort und an der Tatwaffe konnte einem ihrer Mandanten zugeordnet werden.

Der unbekannte Dritte war in den Raum getreten, anhand einer DNS-Spur.

Es dauerte danach nicht mehr lange. Der Haftbefehl wurde außer Vollzug gesetzt, beide von Bratz konnten mit ihren Anwälten das Gerichtsgebäude als vorläufig freie Menschen verlassen.

»Dass sie auf freien Fuß kommen, damit hatte ich ja gerechnet«, schimpfte Lydia im Auto, »aber ich hätte kotzen können, als der Anwalt mit der Schocknummer kam. So ein eiskaltes Sackgesicht wie dieser Eberhard … vögelt da in der Gegend rum, beklaut seinen toten Stiefvater … eklig …

eklig, eklig, eklig!« Sie schlug vor Zorn auf die Innenverkleidung. Das Handschuhfach klappte auf und sie knallte es wieder zu.

Der Gedanke machte sie rasend, diese zwei verkommenen Gestalten würden nun wieder in die Wohnung in der Salzgasse einziehen und so tun, als gehörten sie da hin.

Schielin fuhr entgegen seiner inneren Verfassung mit großer Gelassenheit die kurvige Strecke zurück nach Lindau, verließ allerdings bei Hergensweiler die B12 und nahm die kleine Verbindungsstraße über Dabetsweiler und Neukirch. Er sagte ruhig: »Konzentriere dich auf die Natur.«

Lydia warf ihm kurz einen erbosten Blick zu und schaute dann demonstrativ zum Seitenfenster hinaus.

Kühe standen im Schatten alter Obstbäume. Streuobstwiesen wechselten sich mit Weihern, Weiden und Wäldchen, deren Ränder ganz nah an den Straßenverlauf heranrückten. Um die Weiler lagen solitäre Höfe und drumherum kreisten Schwalben. Hier und da war ein Traktor auf den Weidewegen zu sehen. Im Triangel der Sektorenantenne einer Mobilfunkstation hing ein Storchennest. Ein Turmfalke schoss von der Seite kommend über die Telefonleitung, die dem Straßenverlauf folgte, und verschwand in einem Wäldchen. Darüber kreisten Milane und eine Etage höher ein Bussard.

Schweigend fuhren sie dahin und Lydia hatte keine Vorstellung davon, was Schielin beabsichtigte. Der steuerte nun die Argen entlang und hielt am Parkplatz von Schloss Achberg. »Komm, wir gehen ein paar Meter. Hier ist heute nichts los und es hilft beim Runterkommen.«

Etwas widerwillig folgte sie ihm, doch bald spürte sie, wie recht er hatte, nicht auf direktem Weg zur Dienststelle und in das dortige Getriebe zurückzukehren.

Außerhalb des Fahrzeugs waren auch die Geräusche zu hören. Der Wind spielte hoch droben mit den Baumkronen, der Kies knirschte unter ihren Schuhen und drunten rauschte in der Manier eines Wildbaches die ansonsten friedliche Argen. Rechts ragten erhaben und schweigend die Mauern des Schlosses auf. Schielin warf ihnen einen langen Blick zu und rezitierte im Stillen: *Die Mauern stehn sprachlos und kalt, im Winde klirren die Fahnen,* und dachte bei sich: keine Birnen, keine Rosen, keine Schwäne, keine Küsse.

Sie blieben eine Weile in der Einsamkeit des Flunauer Stegs. Ein Eisvogel strich unter ihnen hindurch und ließ einen gellenden Pfiff hören.

»Bilscher, Freyer und Janina Ball«, sagte Schielin, »das sind jetzt unsere Spuren.«

Lydia schwieg.

»Ja … ja, diese beiden Bratzen von eben … sie sind verkommen, eklig, hinterhältig, verlogen, sie sind Abschaum. Mein Gefühl, das mich eine Zeit lang verlassen hatte, sagt mir deutlich: Sie waren es nicht. Keiner von beiden hat zugeschlagen und keiner von beiden hat zugeholfen.«

Lydia nickte und schwieg. Es war greifbar, wie Janina Ball immer mehr in den Fokus geriet, und auch ihr Verschwinden brauchte nicht unbedingt mit Trauer in Zusammenhang stehen.

»Kimmel wird furchtbar enttäuscht sein«, sagte sie.

»Mich beschäftigt die ganze Zeit die Frage, was Bratz in jener Nacht unten am See wollte – mit drei Goldbarren in der Tasche. Das ist doch überhaupt nicht nachvollziehbar. Je mehr wir an Informationen bekommen, desto diffuser wird alles. Schrecklich.«

Der steile Anstieg des Rückwegs brachte die Physis in Schwung, und als sie auf der Dienststelle ankamen, waren ihre Gemüter halbwegs aufgeräumt. Schnörkellos berichteten sie vom Sachstand und zeigten weder Resignation noch Niedergeschlagenheit.

Auf dem Weg vom Besprechungsraum ins Büro tippte Lydia auf Wahlwiederholung: Trehle.

Sie reagierte erst gar nicht, als aus dem Lautsprecher eine Männerstimme zu hören war, so sehr war sie noch mit ihren Gedanken woanders. Erschrocken riss sie das Smartphone ans Ohr, als sie realisierte, jemanden erreicht zu haben. »Dr. Trehle, spreche ich mit Herrn Dr. Trehle?«

»Ja«, kam es knapp und abweisend, »und wer sind Sie bitte? Normalerweise nehme ich keine Anrufe an, die sich mit *anonym* ausweisen.«

Sie stellte sich mit knappen Worten vor und kam schnell zu ihrem Anliegen. »Meine Kollegen berichteten, Sie hätten eine Hütte im Bregenzerwald gehabt, die Herr von Bratz erworben hat.«

Sie lauschte, denn am anderen Ende war es eine Weile still. »Ja … schon …, aber was tut das zur Sache?«

Sie blieb lieber im Ungefähren. »Eine reine Formalität, Herr Dr. Trehle. Wo genau befindet sich denn diese Hütte?«

Wieder Stille. Sie schüttelte den Kopf. Was überlegte er denn immer so lange, der Kerl.

»Verstehen Sie, ich weiß nicht, ob da wirklich die Polizei spricht, verstehen Sie. In der heutigen Zeit …«

»Ah … ich verstehe. Dann hätte ich folgende Bitte: Rufen Sie unsere Zentrale an und lassen Sie sich mit mir verbinden. Sie können die Telefonnummer kontrollieren. Mein Name ist Naber, Lydia Naber.«

Tatsächlich meldete sich Dr. Trehle gleich darauf und sie

notierte die Wegbeschreibung. Trehle lachte zum Schluss. »Meiner Meinung nach war er nie da oben. Es ist eine sehr einfache Hütte … altes Erbe aus der Familie, jenem Teil, der auch der Jagd zugetan war. Schade …«

*

Schielin kam von Kimmel zurück, mit dem er das weitere Vorgehen besprochen hatte. Er sah auf die Uhr. Die Bilschers konnten bald auftauchen.

»Ich weiß, wo die Hütte ist … hab Trehle erreicht«, platzte sie heraus und hatte schon den Telefonhörer in der Hand und Walter Lurzers Telefonnummer anwählen lassen. Es tutete schon.

»Gut … sehr gut.«

Gommi kam dazu und wollte etwas loswerden. Es ging um eine Adresse, die er nicht finden konnte, obwohl er überall recherchiert hatte, und seiner Meinung nach könnte da etwas nicht passen.

Lydia schob ihn freundlich zur Seite und meinte, dann müsse er eben nochmals alles durchsehen, nach der Adresse.

Im Hinausgehen sprachen sie mit Wenzel und Robert Funk noch ab, die Vernehmung der Bilschers zu übernehmen.

»Was hat Walter gesagt?«, fragte Schielin, als sie den neuen Bahnhof passierten.

»Er wird dazukommen, weil wir ja in Österreich sind, und er freut sich uns wiederzusehen, und ob wir geimpft seien, wollte er wissen.«

»Aha … wo geht es denn genau hin?«, fragte Schielin.

»Wir treffen uns am Parkplatz vom *Werkraum Bregenzerwald* in Andelsbuch. Da gibt's nen Espresso und Walter kriegt einen Überblick über den Fall. Die Hütte selbst liegt am östlichen Ende von Schnepfau, ein Stück oberhalb am Waldrand. Es gibt nur einen Stichweg als Zufahrt, der mit einem gelbgrünen Schild gekennzeichnet ist.«

Sie bog auf die Autobahn ein und schnell hatten sie den Pfändertunnel erreicht. Am Kreisverkehr vor Dornbirn staute es ein wenig, bevor es in Richtung Achraintunnel weiterging. Links und rechts in den ausgedehnten Streuobstwiesen tummelten sich unzählige Störche und im Eisengewirr der Hochspannungsleitungen waren einige ihrer Nester auszumachen.

Walter Lurzer wartete bereits am vereinbarten Parkplatz. Sie hatten sich lange nicht gesehen und begrüßten sich ausgiebig und herzlich.

Nachdem sie ihn über die Details und Unwägbarkeiten ihres Falls informiert hatten, fragte er: »Meint ihr wirklich, sie ist da droben in der Hütte. Eine junge Frau, allein? Ist schon sehr einsam, vor allem in den Nächten. Paris – sie könnte auch in Paris sein, oder meint ihr nicht auch?«

»Nicht so einfach mit Paris, in Zeiten von Corona.«

»Stimmt auch wieder. Wir werden bald mehr dazu wissen.«

Zwischen Mellau und Au bogen sie auf die schmale kurvige Straße ein, die sie nach oben, bis fast an den Rand der tiefhängenden Wolken brachte. Wie Trehle beschrieben hatte, stießen sie im Wegverlauf auf die Markierungstafel und folgten dem geschotterten Weg, der erst durch Weiden führte, durch einen Sporn des Bergwaldes, wo es sofort stockfinster wurde, und anschließend auf eine Freifläche, an deren Ende die Hütte bereits zu sehen war.

Lydia war enttäuscht, denn sie konnte kein Auto erkennen. Janina Ball fuhr einen Mini. Das hatte sie bereits recherchiert.

Trotzdem fuhren sie bis auf die Schotterfläche direkt vor die Hütte. Früher eine Behausung für Hirten, die durch die Zeitläufte ihre Bestimmung verloren hatte und zu einer einfachen Ferienbleibe umgebaut worden war. Sie stiegen aus und warteten. Wenn jemand in der Hütte wäre, so sollte er die Motorengeräusche und das Knirschen der Reifen auf dem Kies gehört haben – angesichts der himmlischen Stille, die hier gegenwärtig war.

Nichts rührte sich. Walter Lurzer ging ums Haus und kam mit erhobenem Daumen zurück. »Da hinten steht ein Mini mit Lindauer Kennzeichen. Wisst ihr, was sie für ein Auto fährt?«

Lydia stupste Schielin an und jubelte unterdrückt: »Ja!«

Ein Grünspecht querte den Hang zum Waldrand hin und verschwand im Dunkel zwischen Stämmen, Zweigen und Laub. Gleich darauf schallte sein Lachen herüber, und als es verhallt war, wurde die Stille erneut dichter fühlbar.

Schielin ging die Stufen zur Holzveranda hoch und klopfte mehrmals laut gegen die Holztür. »Frau Ball!? Sind Sie da?«

Sie warteten auf eine Reaktion. Lydia schaute auf ihr iPhone: kein Netz.

*

Robert Funk und Wenzel warteten auf der Dienststelle auf die Bilschers. Wenzel lehnte am Fenster und blickte hinaus in den Hof, während Robert Funk am Schreibtisch saß und mit dem Bürostuhl sanft wippte. Er wurde nicht schlau aus diesem Fall. Die Sache mit den Goldbarren trieb ihn um.

Dieser Sigismund von Bratz war einfach nicht der Typ, der nach Mitternacht am See ein paar Goldbarren spazieren trug, weil ihm das ein gutes Gefühl verleihen würde. Charaktere solchen Couleurs gab es durchaus, und nicht mal so wenige – aber dieser Bratz? Nein.

Gommi kam vorbei und war ganz aufgeregt. »Den Obduktionsbericht hab ich jetzt gefunden. Die Münchner haben den an die Polizeiinspektion Lindau geschickt und da ist er tagelang rumgelegen. Ich trau mich des gar ned der Lydia zum sage tue …«

Wenzel gab sich amüsiert: »Echt? Die Trachtler haben den einfach liegen lassen? Cool.« Er sah, wie zwei schwarze Limousinen in den Hof fuhren. »Fische stinken immer vom Kopf her«, kommentierte er boshaft, »und unsere Kundschaft ist auch grad gekommen.«

Das Ehepaar Bilscher war in Begleitung eines Anwalts erschienen. Frau Bilscher trug einen schwarzen Hosenanzug und eine helle Bluse.

Wie zu einer Beerdigung, dachte Robert Funk und begutachtete den Goldschmuck. An jeder Hand glänzten mehrere Ringe, die Kette am Hals war deutlich zu massiv geraten und die Ohrringe zu groß. Der schmale Kopf mit dem Kurzhaarschnitt und das Kantige ihres Gesichts wurden unangenehm betont.

Da will jemand zeigen, was er hat, dachte Robert Funk, unterdrückte ein Lächeln und versteckte seine Gedanken hinter einer distanzierten Höflichkeit, während er die drei ins Vernehmungszimmer leitete. Dort ergriff der Advokat sogleich das Wort, kaum dass sie Platz genommen hatten.

Robert Funk ließ ihn eine Weile reden. Wenzel fixierte derweil die Bilscher mit einem rücksichtslosen Blick aus schmalen Augen.

Als der Anwalt mitteilte, eine Erklärung abgeben zu wollen, wies Funk ihn mit einem warmen Lächeln darauf hin, er könne der Zeugenvernehmung gerne beiwohnen, solange er nicht störe. Er richtete auch gleich die ersten Fragen an Frau Bilscher, die nichts weniger von ihr und ihrem Mann abverlangten, als ein Alibi für die Nacht von Pfingstmontag auf Dienstag zu liefern.

Die beiden waren über die Pfingstfeiertage verreist. »Kurzurlaub«, sagte sie schnippisch, »von Freitag bis zum Mittwoch Gardasee.« Sie nahm ihre Handtasche auf den Schoß und kramte ein Papier hervor, das sie Funk zuschob. »Buchungsbestätigung.«

Robert Funk nahm es auf, warf einen schnellen Blick darüber und fragte: »Zeugen?«

»Zwei befreundete Ehepaare.« Sie nannte ihm Namen, Anschrift und Telefonnummern.

Gut vorbereitet, dachte Wenzel und ließ sie nicht aus den Augen. Der Anwalt wusste demnach, woher der Wind wehte. Er bemerkte, wie sie sich auf dem Stuhl etwas zur Seite drehte, um seinem Blick zu entgehen. Es war ihr also unangenehm.

Ihr Mann hockte dumpf neben ihr und glotzte auf die Tischplatte. Ein Gemütsmensch vor dem Herrn, doch was blieb ihm in dieser Lebenskonstellation auch anderes übrig.

Robert Funk kam auf den Brief zu sprechen, den Sigismund von Bratz geschrieben hatte und in welchem er von der *ImmoBil* eine Erklärung bezüglich der Umweltproblematik einforderte.

»Fühlten Sie sich in irgendeiner Weise von diesem Brief unter Druck gesetzt?«, wollte er wissen.

»Nein. Iberhaupt it. Unser Herr Anwalt hat ja Antwort gebe khett, nur dass der arme Herr von Bratz ja nun tot isch.« Es klang ungewollt zynisch.

Sie nestelte erneut an ihrer Handtasche herum, die sie auf dem Schoß behalten hatte und holte ein Briefkuvert hervor. »Hier, unser Brief. Wir hatted gar koi Problem it mit Herrn von Bratz, müsset Sie wisse. War alles abgschproche.«

Robert Funk sah sie fragend an, während er das Kuvert öffnete und das Schreiben hervorholte. »Ja ... des war so! Der Herr von Bratz war ja persönlich bei uns und mir händ alles beredt khett. Wir waret von dem Brief gar net ein bissle erschrocke ... läset Se ...« Sie deutete energisch auf das Schreiben in Funks Hand. Der blätterte das Schreiben auf und las. Als er fertig war, gab er den Brief an Wenzel weiter.

»Können wir das Schreiben kopieren?«

»Sie dürfet es sogar behalte«, antwortete sie gönnerhaft.

Gommi kam aus seinem Büro, als er hörte, wie die drei die Dienststelle wieder verließen. »Des war aber eine kurze Gschicht«, empfing er Wenzel, der im Gang auf Funk wartete und mit seinem Smartphone wedelte. »Teilnehmer nicht erreichbar«, sagte er, »einmal, wenn es wirklich wichtig wäre.«

Als Robert Funk dazustieß, fing Gommi wieder mit der Adresse an, die er nicht finden konnte. Robert Funk hatte zunächst gar keine Ohren für sein Gejammer und fragte Wenzel, ob er Lydia oder Schielin hatte erreichen können. »Fehlanzeige. Die sind irgendwo im Bregenzerwald und haben kein Netz.«

Gommi gab nicht auf. »Du warst doch mit dem Conny dort gewesen, Robert, aber die Adresse stimmt doch hint und vorne net.«

»Schau halt noch mal ...«, sagte Robert Funk genervt, hielt schließlich aber doch inne. »Jetzt erklär mir das noch mal in Ruhe – welche Adresse stimmt nicht?«

Gommi erklärte es ihm nun erneut in betont langsam gesprochenen Worten.

Wenzel hörte irritiert zu. »Du warst doch aber mit Conny dort, oder nicht?«

Robert Funk rollte die Augen und sah zur Decke. »Unglaublich … und wer sagst du, wohnt dort?«

»Ein Dr. Breitschwerdt. Ich hab ihn schon angerufen. Er war die letzten Wochen beruflich im Ausland und ist seit vorgestern erst wieder zurück.«

Robert Funk überlegte. »Das gibt's nicht … das gibt's einfach nicht. Wir fahren da jetzt hin!«

*

Die Berghütte am Waldrand war im Innern ebenso schlicht wie gemütlich eingerichtet. Ein enger Windfang erwartete einen hinter der Tür. Von dort ging es nach rechts in einen großen ungeteilten Erdgeschossraum.

Man betrat zuerst den Kücheenbereich, der lediglich aus einem alten Holzherd bestand. Ein langes Ofenrohr querte von da den Raum über eine Tür hinweg, die nach hinten führte. Der Boden um den Ofen war mit alten Steinplatten ausgelegt, und die Wärme im Raum machte deutlich, dass angeschürt war.

Ein einfacher Tisch stand vorne am Fenster, und in die Nische, die sich durch den Windfang ergab, war eine Eckbank gezimmert. Auf der anderen Seite stand ein massiver gusseiserner Heizofen, daneben ein bequemes Canapé mit vielen Kissen in unterschiedlichen Größen. An der Holzwand hing eine alte Motivdecke mit dem unvermeidlichen, röhrenden Hirsch. Darüber ein Regal mit Büchern. Von irgendwo kam das monotone Klacken einer Uhr.

Lydia, Schielin und Walter Lurzer standen etwas unschlüssig herum. Janina Ball war nach hinten gegangen, um sich frisch zu machen, wie sie gesagt hatte. Sie hatte geschlafen und sah verheult aus. Ohne besonderen Verdruss reagierte sie auf die Nachricht, man habe ihre Wohnung geöffnet, weil man sich Sorgen gemacht habe. Sie zuckte nur mit den Schultern und murmelte etwas wie »Ist ja eh schon wurscht.«

Auf der alten Küchenkommode machte Lydia einige leere Flaschen Wein aus. Sie ging näher, um die Etiketten anzusehen. Zwei Moriskentänzer waren darauf abgebildet – äußerst hübsch. Der Wein trug den Namen *Clerc Milon*. Bordeaux. Sah gut und teuer aus.

Janina Ball kam zurück und fläzte sich der Gewohnheit der letzten Tage folgend aufs Sofa, sprang aber gleich wieder auf. »Entschuldigung ... gehen wir nach drüben an den Tisch.«

Sie setzten sich, jeder an eine Seite des Tisches. Schielin eröffnete das Gespräch. »Sehr schön hier ... eine Jagdhütte?«, fragte er, um angesichts der intimen Umgebung weniger dienstlich zu erscheinen.

»Sowas in der Art«, lautete die unbestimmte Antwort. Sie gähnte und fragte: »Ich brauche nen Kaffee ... wollen Sie auch, oder fürchten Sie, ich könnte Sie vergiften?«

Sie wollten. Und es ging schnell, weil im Wassertank bereits heißes Wasser vorhanden war. »Hier gibt's immer nur Nescafé«, kommentierte sie, stellte vier Tassen auf den Tisch, von denen einige schon angeschlagen waren, dazu einen Tetrapack Milch und einen Karton mit Würfelzucker.

Ganz schön unprätentiös, die Ex-Geschäftsführerin einer Kunstgalerie in Paris, dachte Lydia bei sich und schielte auf das Display ihres Smartphones – kein Netz. Wenzels Ermittlungen bekam sie nicht aus dem Kopf. Hatte diese dynamische, energiegeladene Frau es wirklich geschafft, sich ein erhebliches Erbe unter den Nagel zu reißen? Und wenn ja, aus Habgier, oder gab es alte Rechnungen zu begleichen?

»Was verschafft mir die Ehre?«, fragte Janina Ball und sah von einem zum anderen. »Gibt es neue Katastrophen? Ich muss sagen, mein Bedarf ist gedeckt …«

Schielin wollte gerade ansetzen, da lachte sie bitter. »Und internationale Ermittlungen sogar … ist ja Österreich hier.«

Walter Lurzer grinste und nahm noch einen Schuss Milch. Der Nescafé war stark geworden.

Janina Ball nahm das rechte Bein auf die Sitzfläche und legte den Kopf etwas zurück. Ihre Locken fielen zum Teil ins Gesicht, was sie nicht störte, und selbst in ihrem ausgeleierten Sweatshirt und den pluderigen Hosen, die sie trug, wirkte sie stolz und schön. Schielin saß ihr gegenüber. Zu den Seiten Lydia und Walter Lurzer.

Schielin sprach leise. »Wie Sie sich vorstellen können, beschäftigt uns nach wie vor der Mord an Sigismund von Bratz.«

»Das kann ich mir vorstellen«, sagte sie, ohne ihre Haltung zu verändern.

»Es gibt einige neue Erkenntnisse, die zu neuen Fragen führen. Inzwischen hat die Rechtsmedizin den Leichnam freigegeben … wissen Sie bereits davon?«

Sie nickte. »Dr. Berger hat mich informiert, ja.« Sie hob das Kinn etwas an, was mehr Aufmerksamkeit signalisierte. Beinahe war es, als lauere sie auf die nächste Frage.

»In diesem Zusammenhang ist auch die Angelegenheit des Nachlasses geklärt worden.«

»Ist sie«, blieb sie mehr als knapp und deutete ein feines Nicken an.

»Wenn man die Gesamtsituation nun bewertet …«, eierte Schielin ein wenig herum, »… dann muss man sagen – Sie sind diejenige, die durch den gewaltsamen Tod Ihres Chefs am intensivsten profitiert.«

Ihre Augen wurden ein wenig enger und das Bernsteinfarbene bekam eine raubtierhafte Anmutung. Sie antwortete lange nicht. Eine ganze Weile hielt sie das aus. Das Klacken der Uhr drang wieder in den Vordergrund.

Schließlich sagte sie mit ruhiger Stimme: »So? Und weiter? Ich habe Ihre Feststellung zur Kenntnis genommen. Ja, ich bin diejenige, die von diesem schrecklichen Tod profitiert, und ja, so müssen Sie das wohl auch betrachten.«

Lydia lernte diese Frau nun von ihrer anderen Seite kennen. Kein Wunder, dass Sigismund von Bratz ihr das operative Geschäft überlassen hatte. Sie konnte sich vorstellen, wie gut die beiden zusammengepasst hatten.

Schielin nahm ihre letzten Worte als Aufforderung. »Sie sagten, Sie seien in der Nacht von Pfingstmontag auf Dienstag in Ihrer Wohnung am Kirchplatz gewesen … alleine.«

Sie nickte.

»Gut. Wir sind bei der Auswertung des Notebooks unter anderem auf eine Datei gestoßen, in welcher die Ein- und Ausgänge von Postsendungen dokumentiert werden – jene Postsendungen, die von Bedeutung sind.«

Sie nickte wieder. »Ja, das erledigt ein eigenes Programm mit Barcodescanner … auch so eine Forderung der Versicherung.«

»In dieser Datei sind wir auf einen Vermerk gestoßen, aus der Woche vor Pfingsten, der offen geblieben ist. Es geht dabei um eine Sendung an einen Notar oder eine Kanzlei in St. Gallen. Herr von Bratz hatte diesen Eintrag besonders markiert. Die Sendung ist bislang nicht als gesendet quittiert worden – das ist uns aufgefallen. Und unsere Frage ist nun, wo sind diese Unterlagen und worum ging es bei der Einbindung von Notaren oder Anwälten in St. Gallen?«

Janina Ball war beeindruckt von dieser Frage. Zwar zeigte sie keine direkte Reaktion. Sie veränderte weder ihre Sitzposition, fuhr sich auch nicht mit der Hand ins Gesicht, noch wischte sie ihre Locken aus der Stirn. Lydia sah jedoch, wie sich ihr Gesichtsausdruck zuerst straffte und schnell wieder entspannte.

Mit einem Ausdruck von Überraschung sagte sie: »Oh ja … diese Auslaufdatei … an die habe ich gar nicht mehr gedacht … das stimmt natürlich. Das war ihm sehr wichtig … ich bin etwas überrascht davon … wie genau Sie die Dinge überprüfen. Respekt.«

Es klang beinahe wie ein Geständnis.

»Hat oder hatte diese Sendung mit der Regelung des Nachlasses zu tun?«

Sie wackelte fein mit dem Kopf, als wäre sie sich selbst nicht schlüssig. »Naja, nicht direkt jedenfalls.«

»Können Sie es näher erklären? Es ist wichtig.«

Sie nahm ihr Bein von der Sitzbank und lehnte ihre Arme auf die Tischplatte, wodurch sie nach vorne sank und Schielin dabei näher kam. Ihre Stimme bekam einen zynischen und ärgerlichen Schlag. »In den Filmen bekommen die Mordverdächtigen doch immer gesagt, sie müssten nichts sagen und dürften einen Anwalt hinzuziehen. Gilt das für mich nicht?«

»Sie sind bislang Zeugin, Frau Ball«, antwortete Schielin.

»Ach. Das kommt mir aber gerade ganz anders vor.«

Schielin blieb verbindlich und wiederholte seine Frage. »Frau Ball. Sie waren nun mal die Assistentin des Opfers und für den Postversand zuständig … wir möchten doch nur von Ihnen wissen, wo diese Dokumente sind?«, wiederholte Schielin seine Frage.

»Sie glauben doch wohl nicht wirklich, ich … ich hätte Sigismund getötet?«

Ihr Oberkörper straffte sich und sie blickte Lydia lange in die Augen. »Das kann doch nicht sein!?«

»Sagen Sie doch einfach, was es mit dieser Sendung auf sich hat, Frau Ball«, wurde Schielin nun fordernder.

Sie wendete sich ihm zu und ihr Gesicht strahlte die gleiche Strenge aus wie ihre Stimme, obschon sie schwer atmete. »Diese Sendung … dieses Paket mit Dokumenten existiert nicht mehr. Er hat es mir gegeben und wir haben in den Wochen zuvor lange darüber diskutiert und zum Schluss sogar ein wenig gestritten.«

»Ja und wo ist es, haben Sie es hier?«

»Nein. Ich habe es in der Woche vor Pfingsten mit nach Hause genommen und noch am gleichen Abend in den Ofen geworfen und darin verbrannt. Wie es war, ganz und gar, mit Haut und Haaren – weg!«

Lydia sah sie verständnislos an und fragte: »Aber aus welchem Grund haben Sie das getan?«

»Ja, weil ich es nicht wollte, weil ich es einfach nicht wollte, und er war da überhaupt nicht zugänglich … und am Abend zuhause, bei einem Glas Wein … ich saß da und habe nachgedacht und nachgedacht und Wein getrunken – und irgendwann habe ich den Packen so wie er war ins Feuer geworfen … aus und vorbei. Ich wollte danach mit ihm reden und … ich bin mir sicher … glauben Sie mir, er wäre ausgeflippt, aber ich hatte das einkalkuliert und auch in Kauf genommen.«

»Es ging dabei um eine andere als die gegenwärtige Lösung, die Stiftung betreffend, nicht wahr?«, stellte Schielin fest.

Sie sah ihn konsterniert an. »Was? So ein Quatsch … aber das müssten Sie doch inzwischen wissen, worum es da ging?«

Ihre Art der Gegenattacke irritierte Schielin und er versteckte es hinter einem harschen »Ich frage aber Sie!«

Sie schüttelte den Kopf. »Es waren die Verträge und

Kopien der Nachlassregelung für eine Notargemeinschaft in St. Gallen. Es ging darin allerdings um die Inanspruchnahme einer schweizerischen Sterbehilfeorganisation, für die er sich entschieden hatte. Vor knapp einem Jahr wurde bei ihm ein Gehirntumor diagnostiziert, der zu unserem großen Unglück ein relativ schnelles Wachstum hatte – inoperabel. Niemand wollte da ran. Wir waren wirklich überall. Die Vorstellung, ein Pflegefall zu sein, hat ihn regelrecht aufgerieben.« Sie unterbrach und sah in die Runde. »Aber das müssen Sie doch wissen. Er wurde doch obduziert … da stellt man so etwas doch fest!«

»Wusste Dr. Berger davon?«, fragte Lydia und wünschte alle zum Teufel, die den Obduktionsbericht versandelt hatten. Wie eine biblische Plage würde sie über die Luschen kommen!

»Ja, natürlich. Das war ja auch der Grund für Sigismund, seinen Nachlass zu regeln.«

Schielin setzte erneut an. »Woher sollen wir wissen, ob das alles der Wahrheit entspricht – Erkrankung hin oder her. Fakt ist dennoch: Sie sind vor knapp zwei Jahren nach Lindau gekommen, haben als Assistentin bei ihm angefangen und stehen nun als Alleinerbin da. Sie müssen doch verstehen, dass das Fragen aufwirft.«

Sie nahm einen Schluck Kaffee, ließ die Tasse lange an den Lippen. Als sie sie wieder abgestellt hatte, fixierte sie ihn mit einem bissigen Blick und ihre Lippen zogen ihm eine Schnute. »Assistentin … soso. Ich bin seine Tochter!«

Alle am Tisch waren darum bemüht, beherrscht zu bleiben und keine Übersprungslaute von sich zu geben.

Sie fuhr fort. »Geahnt hatte ich es schon geraume Zeit, eigentlich schon kurz nach meiner Ankunft in Lindau. In den Unterlagen, die ich von Dr. Berger erhalten habe, steht es schwarz auf weiß«, sie machte eine entschuldigende

Geste, »komplizierte Geschichte … und null Happy End. Der Vater wird einem ermordet und wenige Tage später stirbt die Mutter. Kein guter Plot … oder? Und ich erfahre von keinem der beiden persönlich die Wahrheit. Da liegt nur so ein schnödes Dokument in einem Kuvert – Anerkennungsurkunde. Ja bravo! Gut gemacht, Janina!«

Schielin sah von Walter Lurzer zu Lydia und wieder zurück. Er war sprachlos. Lydia begann langsam ein Gespräch über die Familienbeziehungen, um Schielin Zeit zu verschaffen nachzudenken, wie es weitergehen sollte.

Janina Ball erzählte: »Das ist unglaublich blöde. Bis zum Schluss, wirklich bis zum Schluss habe ich ihn mit *Herr von Bratz* angesprochen. Stellen Sie sich das mal vor. Und ich wusste es ja! Ich dachte mir, ihn einfach zappeln zu lassen, schließlich hat er sich über dreißig Jahre nicht zu erkennen gegeben, was hätte ich da für einen Grund gehabt … und nun …«

»Wie sind Sie draufgekommen?«, fragte Lydia.

»Meine Mutter, als sie nach Lindau zurück ist … ich habe einfach mal nachgerechnet … es gab da niemanden in ihrem Leben aus der in Frage kommenden Zeit … und als ich einmal hier war und die beiden zusammen erlebte … naja … übrigens mit der gleichen Konspiration wie ehedem. Nur nicht einer Familie gegenüber, sondern mir – ihrer Tochter.« Sie nahm einen Schluck Kaffee, bevor sie weitersprach. »Es gibt da so eine besondere Handbewegung … die sehr individuell ist und schwer zu beschreiben. Ich mache die, seit ich denken kann. Er genauso. Das ist mir aufgefallen, und ich habe dann einen Gentest machen lassen.«

Schielin fuhr hoch. »Was!? Sie haben was!?«

Sie zuckte mit den Schultern. »Eine Freundin in Frankreich betreibt so ein Labordings … das Ergebnis war eindeutig. Und meine Mutter … als sie es mir hätte sagen wollen, konnte sie sich nicht mehr mitteilen.«

Schielin wurde ernst. »Erschrecken Sie bitte nicht über die nächste Frage, Frau Ball. Wer würde profitieren, wenn Sie stürben? Nehmen Sie sich Zeit und denken genau darüber nach. Wer?«

*

Robert Funk hockte auf dem Beifahrersitz und lamentierte vor sich hin. »Das kann doch nicht sein, oder? Wenn das wahr wäre …«

Wenzel knurrte: »Schnall dich endlich an!«, denn die ganze Zeit über nervte ein piepsender Warnton.

Er fuhr über die Reutiner Straße und vorbei an der Steig-Brauerei in Richtung Bäuerlinshalde, wo er vor dem Haus parkte, das Robert Funk ihm zeigte. Sie klingelten und ein Mann öffnete ihnen. Um die vierzig, braungebrannt, sportliches Aussehen, legere Kleidung – ein Casual-Typ. »Bitte?«, fragte er fordernd und ohne unhöflich zu klingen.

»Dr. Breitschwerdt?«, fragte Robert Funk und zückte seinen Dienstausweis, den sein Gegenüber mit einem Seitenblick registrierte, ansonsten unbeeindruckt blieb.

Selbstbewusster Typ, konstatierte Wenzel für sich, während Robert Funk fragte, ob ein paar Minuten Zeit bestünden für einige Fragen, nichts Ernstes.

Breitschwerdt trat zur Seite und ließ sie eintreten.

Robert Funk sah sich um. Unverändert. Alles war unverändert. Genau so, wie es war, als er mit Schielin hier gewesen war.

»Wie kann ich Ihnen helfen?«, fragte der sportliche Typ.

»Das hier ist Ihr Haus?«, fragte Robert Funk.

»Ja, und das soll auch so bleiben.« Breitschwerdt lachte.

Robert Funk lächelte. »Sie sind oft längere Zeit abwesend?«

»Ja, im Grunde bin ich ständig unterwegs.«

»Wer bewohnt in diesen Zeiten dieses Haus?«

Breitschwerdt richtete sich auf. »Niemand ... ich verstehe Ihre Fragen nicht.«

Robert Funk vollzog eine beschwichtigende Handbewegung. »Verwandtschaft ... Freunde ...?«

»Nein, um Gottes willen. Und Freunde? ... Die sollen ja Freunde bleiben, nicht wahr? Ich habe nichts festgestellt ... es fehlt nichts, die Alarmanlage war okay ... alles in Ordnung hier, als ich zurückgekommen bin. Und Frau Niebler hat mir auch nichts gesagt.«

Funk lächelte offener. »Wer ist Frau Niebler?«

»Die Nachbarin schräg gegenüber. Sie hat einen Schlüssel für das Haus und ein Auge drauf, wenn ich weg bin. Sie gießt im Garten ... Sie verstehen schon ...«

»Ich verstehe«, sagte Robert Funk, »Das war es schon. Machen Sie sich keine Sorgen ... alles in Ordnung.«

»Sind wieder Einbrecher unterwegs, nicht wahr?«

Wenzel nickte ihm mit einem gequälten Lächeln zu. »Immer ... die sind immer unterwegs.«

Zurück am Auto, fragte er: »Was war denn das jetzt?«

»Niebeler ... wir gehen sofort zu der Niebeler.«

Wenzel lachte böse: »*Niebler*, hat er gesagt ... du bist ja voll neben der Kappe, jetzt sag schon ... Du und Conny, ihr wart in dem Haus, gell? ... und der hat euch verladen ...?«

Funk war schon einige Meter weiter und Wenzel lachte noch mal laut und schadenfroh: »Ha! Soko Reutin – die zwei mit dem Esel ...«

Robert Funk klingelte aufgebracht am Haus Niebler. Eine ältere Dame kam persönlich die Stufen herab, um nachzusehen, wer es war. Robert Funk stellte sich vor, zeigte seinen Dienstausweis und bat sie, einige Fragen zu beantworten. Sie wurden nach oben gebeten. Robert Funk kam sofort zur Sache. »Kennen Sie einen Dr. Trehle, Frau Niebler?«

Sie schlug sofort ihre Hände vor den Mund und sah die beiden entsetzt an. »Ach herrje … was ist denn schon wieder?«

Treffer.

»Sie kennen ihn also?«

»Ja sicher. Ich hab ihn ja grad vor zwei Wochen erst hier in der Einliegerwohnung wohnen lassen. Wo soll er denn sonst hin …«, jammerte sie.

Wenzel linste auf sein Smartphone und ließ die Wahlwiederholung für Lydia laufen. Diesmal klappte es. Er entschuldigte sich mit einem Blick und ging hinaus in den Gang, um ungestört telefonieren zu können.

Er kam gar nicht erst dazu, etwas zu sagen, denn Lydia überschwemmte ihn mit ihren Neuigkeiten, und er lauschte gebannt. Zwischendurch fragte sie: »Wo bist du eigentlich, es hallt so?«

»Mit Robert auf der Suche nach Dr. Trehle«, ließ er launisch hören.

»Den suchen wir auch. Wir müssen sein Handy orten lassen.«

»Ist er unser Mann?«, fragte er.

»Ist er«, lautete ihre knappe Antwort.

Er ging gar nicht mehr hinein, sondern gleich zurück zum Auto. Robert Funk kam kurze Zeit darauf auch und fluchte: »So eine Ratte!«

Wenzel sagte: »Lydia hat es bestätigt: Es ist unser Mann!«

Auf der Dienststelle trafen in kurzer Zeit alle zusammen und hockten wie gewohnt beisammen.

Wenzel berichtete von der kurzen Vernehmung der Bilschers und schob eine Kopie des anwaltlichen Antwortschreibens über den Tisch. Schielin las und gab das Schreiben an Lydia weiter. »Und von Bratz hat das da mit den Bilschers quasi abgesprochen?«, fragte er.

»Ja. Wie Frau Bilscher in ihrer unnachahmlichen Art berichtet hat, muss er außer sich gewesen sein vor Zorn – dass ausgerechnet Trehle ihn übers Ohr gehauen hat.«

Lydia hatte es nun auch gelesen. »Also der Trehle war von vornherein über die Umweltproblematik informiert, hat allerdings seinem alten Freund von Bratz die Wohnung verkauft und das Schreiben der Umweltbehörde zurückbehalten – ist das so richtig?«

»Korrekt«, bestätigte Wenzel. »Was den Bratz so rasend gemacht haben muss, war die Tatsache, dass er die Immobilien von Trehle nur kaufte, weil der pleite war. Das hat er im Zorn bei den Bilschers rausgelassen und den beiden abverlangt, darüber zu schweigen … wie ein Grab.«

»Bitte! Wie kann ein Notar pleite gehen?«, fragte Lydia konsterniert.

»Spielbank«, sagte Robert Funk knapp, »Trehle ist ein Zocker … va banque … immer Höchsteinsatz.«

Kimmel war völlig erschüttert von der Tatsache, dass ein Notar nicht nur pleite, sondern auch ohne festen Wohnsitz sein konnte, und wollte von Gommi wissen, ob aus den Daten des Einwohnermeldeamts denn gar nichts zu holen war. Der erzählte nun, wie er die Adresse von Dr. Trehle hatte überprüfen wollen und er im Einwohnermeldesystem weder unter der angegebenen Adresse, noch in der Straße, noch in Lindau einen Eintrag hatte finden können – und im ganzen Landkreis nicht. »*Ins Ausland verzogen* steht da und mehr nicht.«

»Haben wir eigentlich diesen verfluchten Obduktionsbericht inzwischen von der Trachtentruppe bekommen?«, wollte Lydia wissen.

Gommi nickte.

»Da gehe ich später persönlich rüber zum Herrn Obertrachtler und verpasse ihm … egal …«, und zu Kimmel gewandt sagte sie bestimmt: »Du bleibst hier. Für so was bist du noch nicht in der richtigen Verfassung und überhaupt zu verbindlich.«

Kimmel wehrte sich nicht.

Schielin konnte es immer noch nicht glauben. »So ein abgebrühter Hund ist mir selten begegnet. Empfängt uns da im Wohnzimmer eines völlig fremden Hauses und labert uns zu mit seinen philosophischen Betrachtungen über die Zeit … hintergeht seine Freundin, die ihn bei sich wohnen lässt … ganz schöner Seggl.«

Kimmel war ganz anders geworden, als er hörte, wie ausgekocht dieser Trehle ans Werk gegangen war. Natürlich – wie konnte man auch auf so etwas kommen. Die Telefonnummer Trehles hatte Schielin vom Notar Dr. Berger erhalten. Allein das schaffte ja schon Vertrauen. Als sie ihn angerufen hatten, musste Trehle aus der Situation heraus reagiert haben und gleich die Adresse des gerade unbewohnten Hauses in der Nachbarschaft angegeben haben, an dessen Schlüssel er über diese Frau Nieberle kam, oder wie hieß sie nochmal? In jedem Fall: ausgekocht!

»Wer das nervlich draufhat, nachdem er einen Mord begangen hat, der fährt einen Toten auch auf der Schubkarre über die Insel«, stellte Schielin fest. Keiner widersprach ihm.

Robert Funk sinnierte darüber, wie das mit dem Klingelschild gewesen sein könnte, brachte aber keine konkrete Erinnerung mehr hervor. Hatte da Trehle gestanden?

»Schon was von der Handyortung?«, fragte Kimmel.

Lydia verneinte.

»Hat er noch andere Anlaufadressen à la Nieberlein, oder so?«

Robert Funk verneinte. »Bisher ist uns da nichts bekannt, und Frau Niebler hat da auch keine Idee. Er muss völlig vereinsamt sein, weil er über die Jahre alle seine Freunde seiner Spielsucht wegen über die Klinge hat springen lassen.«

Schielin fragte Gommi: »Weißt du seinen Geburtsort?«

»Nonnenhorn.«

»Mhm. Nonnenhorn also. Er ist völlig verarmt, mittellos, und ich frage mich, wie er noch den Handyvertrag zahlen kann. Wir ermitteln gerade, über welche Bank das läuft, denn es ist keine Prepaid-Nummer. Er hat demnach noch Bankkonten und – irgendwo hier am See ist er untergekrochen.«

»Wenn er pleite ist, besteht wenigstens nicht die Gefahr, dass er das Handy tauscht«, meinte Lydia, »andererseits hätte er sich ja diese wertvolle Armbanduhr und die Goldbarren krallen können.«

Schielin hatte diese Frage auch schon beschäftigt, aber er war zu einem anderen Ergebnis gekommen. Sigismund von Bratz hätte sich mit Trehle treffen können, um ihm ein sozusagen letztes Angebot zu machen: drei Goldbarren – und das Ende einer langen Freundschaft. Ein letztes *Farewell.*

Er erläuterte seine Theorie und fand keinen Widerspruch. Vorstellbar war es.

»Er hat nichts mehr. Im Kraftfahrt-Bundesamt taucht er auch nicht auf – kein Fahrzeug«, ergänzte Wenzel, »im Grunde hockt er schon in der Falle.«

»Und diese Janina Ball?«, fragte Kimmel. »Was ist mit der?«

»Sie wollte oben in der Hütte bei Schnepfau bleiben, aber

das war uns zu gefährlich. Trehle könnte da noch Schlüssel haben, ebenso wie für die Wohnungen auf der Insel in der Salzgasse. Wer weiß, was der Kerl noch vorhat, denn – sollte Janina Ball etwas zustoßen, wäre er wieder im Spiel.«

»Oh …«, ließ Kimmel hören und Lydia fuhr fort: »Walter hatte aber eine Alternative für sie, mit der sie einverstanden war und wo sie fürs Erste leben kann. Eine Hütte bei Schwarzenberg. Sehr schön. Gehört einem seiner Cousins, oder so.«

»Mhm … hat sie sonst noch was erzählt?«

Schielin meldete sich: »Die Goldbarren eben. Im Tresor in der Maximilianstraße hatte von Bratz immer eine größere Menge Bargeld und ein paar Goldbarren. Offensichtlich gibt es im Sammlerbereich Geschäfte, die man mit diesem Zahlungsmittel abwickelt – auf Treu und Glauben.«

Bevor Kimmel nachhaken konnte, meinte Lydia: »Wir wollen das aber gar nicht genau wissen, wie das Geschäftsgebaren da in manchen Fällen ausgestaltet ist. Uns interessiert allein, aus welchem Grund er die Goldbarren in der Nacht dabeihatte – und auf diese Frage hatte auch Janina Ball keine Erklärung. Er hatte die sonst nie herausgenommen.«

Wenzel knurrte. »Die einen schichten ihre Immobilien um, die anderen horten Gold im Haustresor und interessieren sich nicht dafür … nicht so ganz meine Welt. Ich bin froh, wenn Bier im Haus ist.«

»Du bist dafür ja auch noch am Leben«, pöbelte Lydia.

»Dann also erstmal diesen Dr. Trehle finden«, fasste Kimmel zusammen.

Schielin blieb noch bis lange nach Einbruch der Dunkelheit auf der Dienststelle und war an diesem Abend der Letzte, der ging. Den Gedanken, was das Motiv für Trehle gewesen sein konnte, seinen Freund so brutal zu töten, verdrängte er, sobald er in ihm nagte. Zunächst mussten sie mehr über Trehle in Erfahrung bringen. Anhand des Geburtsorts und weiterer Recherchen bekam er heraus, dass Trehles Großeltern mütterlicherseits aus Wasserburg stammten. Nonnenhorn und Wasserburg – da kannte er sich also aus. Wo verkriecht man sich, wenn alles zusammenbricht? Da, wo man sich heimisch fühlt und sich auskennt.

Zuhause angekommen, führte ihn der erste Weg nach hinten zur Weide. Er öffnete vorsichtig das Tor. Einer der Friesen schnaubte. Ronsard war an der Mehlschnauze hinlänglich wahrzunehmen. Er trabte gelangweilt heran, und Schielin spürte umgehend seine Körperwärme, befühlte Schnauze, Nasenrücken und Ohren – alles im grünen Bereich. Er tätschelte ihn. »*Er hat keine Feinde, und alle seine Freunde hassen ihn.* Ein schlimmer Satz, nicht wahr? Ist mir hängen geblieben, die ganze Zeit über, und er lässt mich frösteln. Er hat sich damit beschrieben, dieser Trehle hat sich damit selbst beschrieben.«

Elternhaus

Gleich am nächsten Morgen traf er sich mit einem Mitarbeiter des Gemeindeamtes in Wasserburg, den er am vorhergehenden Abend noch telefonisch erreicht hatte. Der war sich unsicher, ob er Schielin würde helfen können, als sie die knarrende Holztreppe hinauf zur Dachkammer stiegen. »Wie gesagt, wir selbst haben keine aktuellen Akten vom Standesamt mehr. Da oben lagern nur noch Altbestände und auch nur, weil bisher niemand die Zeit gefunden hat, da mal auszumisten. Das Einzige, was vernichtet worden ist, das waren die Akten aus der Nazizeit.«

Unter dem Dach sah es weniger verheerend aus, als Schielin erwartet hatte.

»Wonach suchen Sie denn genau?«

»Mich interessiert der Familienname Trehle. Ist das hier alphabetisch geordnet?«

Der andere stutzte. »Trehle – der Notar Trehle?«

»Ja, kennen Sie den … wissen Sie was über die Familie?«

»Kennen nicht gerade, aber natürlich weiß ich, wer das ist. Seine Großeltern hatten droben … Richtung Hattnau … einen Bauernhof. Das ist so ein Feiner, gell, immer mit Fliege und so?«

Schielin nickte. »Was ist mit dem Bauernhof heute?«

»Vergammelt. Seine Schwester hat bis zu ihrem Tod drin gewohnt … totgesoffen … ist schon ein paar Jahre her.«

»Erben?«

»Soweit ich weiß, drei Kinder. Die werden sich aber nicht einig darüber, was damit werden soll … Interessenten für das Grundstück gibt es jede Menge, wie Sie sich vorstellen können, aber Erbengemeinschaften sind eine Plage, die meisten jedenfalls.«

»Hat Dr. Trehle noch Kontakt zu Leuten hier in Wasserburg … Freunde, Bekannte, alte Schulkameraden?«

Schulterzucken. »Darüber weiß ich nichts. Oft ist er mir hier nicht begegnet, der Trehle.«

Schielin ließ sich die Lage des alten Bauernhofs genauer beschreiben und verzichtete auf die Suche nach alten Akten. Was er hatte erfahren wollen, war ihm zugefallen.

Langsam fuhr er aus Wasserburg hinaus in Richtung Hattnau, so wie es ihm beschrieben worden war. Obstwiesen, Weiden, weite Blicke, grasende Kühe, der See allgegenwärtig. Ein Paradies.

Bald sah er das alte Gehöft vor sich liegen. Es war ein kleines Stück von der Straße entfernt. Stadel, Wohnhaus und ein kleineres Gebäude mit eingebrochenem Dach. Ein Schotterweg führte zum Hof hinüber. Das Gras links und rechts davon stand hüfthoch. Er drückte aufs Gas und blieb am Ortseingang von Hattnau stehen, wo er telefonierte. Kimmel schnaufte schwer, als er Schielin sagen hörte: »Ich denke, ich weiß, wo sich Trehle verkrochen hat.«

Lydia war gerade auf der Insel unterwegs. Sie hatte von Janina Ball den Schlüssel für das Haus in der Salzgasse erhalten und sah dort nach dem Rechten. Eine zwiespältige Angelegenheit, aber sie wollte damit vermeiden, dass sich Janina Ball in der Verantwortung sah, sich selbst darum zu kümmern. Es war einfach zu gefährlich, solange sie Trehle nicht hatten.

Die drei Ferienwohnungen waren inzwischen allesamt geräumt, und sie befand sich gerade auf dem Weg durch den Hafen in Richtung Bahnhof, wo sie Robert Funk später abholen sollte, als Wenzel sie erreichte und von Schielins Entdeckung in Kenntnis setzte.

Ein schneller Blick auf den Fahrplan, und sie entschied spontan, mit dem Kursschiff nach Wasserburg zu fahren. Schielin konnte sie dort aufnehmen.

Die *München* lag abfahrbereit an *Platz 2*, und eine Gruppe Radfahrer mühte sich daran ab, ihre Gefährte die Treppen nach unten und hinüber auf das Schiff zu bringen. Sie nutzte die Zeit und gab die neue Information an die Handyortung durch. Die mochten Priorisierungen.

Oben am Freideck lehnte sie sich an das rote Geländer und genoss das Vibrieren der schweren Diesel. Die leichte Brise, Möwengeschrei und das Reisefieber der anderen – schon machte sich Urlaubsfeeling bemerkbar.

Als das Schiff im Hafen drehte, ruckelte und zitterte es beträchtlich, bevor es geschmeidig zwischen Löwenmole und Leuchtturm hinauszog und in einem weiten Bogen um das Leuchtfeuer herum nach Westen schwenkte. St. Georg war bereits gut auszumachen. Sie schickte Schielin eine kurze Info über Threema und schaute, wie das Ufer drüben an ihr vorbeizog.

*

Schielin hatte eine Position im Schutz eines Stadels entdeckt, von wo das Gehöft gut einsehbar war. Dort blieben sie und warteten. Der Nachmittag verging, ohne das eine Regung auszumachen war. Ab und an gingen sie ein wenig um das Auto, um sich die Beine zu vertreten. Die Dämmerung kam und es wurde Nacht.

Wenzel hatte daran gedacht, ihnen ein Nachtsichtgerät zu bringen. Der grüne Farbschleier, in welchem die Umgebung darin sichtbar wurde, verlieh selbst der Romantik von

Obstgärten, alten Bauerngehöften und Landstraßen eine geradezu dystopische Aura.

Es wurde kühl im Auto und Lydia wickelte sich in die alte Decke, die sie im Kofferraum gefunden hatte. »Kein Lichtschein, kein Rauch – der muss doch frieren. Und was futtert der? Kein Strom … insgesamt ist das doch ein elendes Dasein, nicht wahr? Am Ende des Weges angekommen … ich hätte ihn gerne lebend.«

»Du meinst Suizidgefährdung?«, fragte Schielin und nahm das Nachtglas von den Augen.

»Er ist ein Spieler … va banque … und es gibt keine Option mehr für ihn. Ich hielte das demnach für möglich.«

Schielin war anderer Meinung. »Denke ich nicht … gerade, weil er Spieler ist. Für die gibt es kein *rien ne va plus* … die meinen immer, es geht weiter. Und der da drinnen auch.«

»Wieso gehen wir nicht einfach rein?«, fragte sie.

»Würde ich gerne vermeiden. Er hat nichts mehr zu verlieren und – wie du schon sagst: Was futtert er? Entweder kommt jemand, heute Nacht, oder er kommt raus, auf dem Weg zu seiner Anlaufstelle.«

Sie drückte sich tiefer in den Sitz. »Weck mich, wenn du pennen willst.«

Gegen zwei Uhr morgens meldete sich Wenzel bei ihnen: Trehles Handy hatte sich in einer der drei Mobilfunkzellen um Wasserburg eingeloggt. Er war mit Funk schon auf dem Weg.

Eine Viertelstunde später sah Schielin im Nachtsichtgerät, wie ein Fahrradfahrer vom Gehöft her auf dem Schotterweg entlangfuhr. Er startete den Motor und fuhr los. Das Licht schaltete er erst auf der Straße ein. Lydia hielt mit Robert Funk Kontakt, der ihnen entgegenkam. Schielin drosselte die Geschwindigkeit, als er dem Radfahrer nahegekommen war. Von der Statur her eindeutig Trehle. Als die Scheinwerfer von Wenzel und Funks Wagen aufblinkten, ging alles ganz schnell. Schielin blockte Trehle, Lydia sprang aus dem Wagen, Robert Funk von der anderen Seite. Er schmiss sich mit seinem ganzen Gewicht auf den erschrockenen Kerl und bog ihm roh den Arm nach hinten. Lydia legte die Handschellen an und keuchte: »Sie sind festgenommen, Herr Trehle.«

Game over

Je näher das Wochenende rückte, desto kühler wurde es. Der Wind drehte und kam nun vom Pfänder her.

Im Laufe des Freitags gingen die Routinearbeiten ihren gewohnten Gang. Erkennungsdienstliche Behandlung, Spurenauswertung, Befragungen, Durchsuchung des Gehöfts. Dort, im ersten Stock, wo die Fenster noch einigermaßen dicht schlossen, hatte Trehle einen Raum recht passabel hergerichtet. Feldbett, zwei große Koffer als Kleiderschrank und der Blick auf Obstgärten und den Seespiegel. Bei gutem Wetter hatte man den Säntis direkt vor sich.

Hinter dem Haus war ein Brunnen, der noch intakt war, wodurch sich ein spartanisches Freiluft-Badezimmer betreiben ließ.

Niemand, der ihm begegnete, hätte denken können, unter welchen Umständen dieser Mann lebte. Die Kleidung immer noch korrekt und mit dem gewissen Golfplatz-Chic.

Die Spurenanalysen lagen am frühen Morgen schon vor, und zum Nachmittag hin holten sie Trehle zur Vernehmung aus der Zelle und brachten ihn in den Vernehmungsraum. Ein Plastikbecher mit Wasser stand für ihn auf dem Tisch.

Schielin wies ihm den Platz an und setzte sich mit Lydia gegenüber. Nichts an Trehle wirkte verunsichert. Seit seiner Festnahme hatte er nicht mehr gesprochen, nur mehr ab und an mit *Ja* oder *Nein* auf eine Anweisung oder Frage geantwortet. Während er sich zurechtsetzte, richtete er das Einstecktuch an seinem Jackett. Schielin fiel der weiße Streifen am linken Handgelenk auf. Die goldene Armbanduhr war verschwunden. Vielleicht hatte er sie versetzen müssen. Bei der Durchsuchung hatten sie einen größeren Bargeldbetrag gefunden. Über siebentausend Euro. Es war vermutlich der letzte Rest, über den er noch verfügte.

Lydia Naber übernahm die Einführung. Nach der Belehrung erläuterte sie den Grund der Festnahme, den Tatvorwurf und einige weitere Einzelheiten zum Fall. Trehle folgte ihren Worten mit distanzierter Aufmerksamkeit.

Er erinnerte sich an diesen Polizisten, der ihm gegenübersaß. Schielin. Er hatte ihn angerufen, und bei dem Gedanken daran packte ihn wieder dieses erregende, aufregende Kribbeln der Gefahr, das ihn so elektrisiert hatte, als er damals – nein, vor wenigen Tagen war es erst gewesen – am Telefon hing und ihm in der prekären Situation die Idee mit dem Haus von diesem Technologieschnösel von gegenüber gekommen war. Genial. Es war genial gewesen. Er sah sich wieder in diesem weiten Raum mit den beiden Polizisten reden – und wie lange das Glücksgefühl danach angehalten hatte! Viel länger, als wenn er irgendwo irgendwas gewonnen hätte.

Wie aus der Ferne drangen die Fragen dieser blonden Frau an sein Ohr, die einen feinen schwäbischen Akzent hatte. Er sah sie an und erkannte: Von ihr war nichts zu erwarten. Der Polizist hatte bislang noch kein Wort gesprochen. Die Blonde fragte, ob er sie verstehe. Natürlich verstand er sie. Wo er in der Nacht von Pfingstmontag auf Dienstag gewesen sei, wollte sie von ihm wissen. Er lächelte sie an und zuckte mit den Schultern. Es war ja nun ihre Aufgabe, ihm etwas nachzuweisen. Ihre Aufgabe. Das war ein genussvolles Spiel, wie er noch nie zuvor eines gespielt hatte. Er sah in das Objektiv der Videokamera, mit der sie das alles filmten. Sollte er winken? Er ließ es sein, sah den

Polizisten an und schwieg. Irgendwie waren sie auf ihn gekommen, doch sie konnten ihm nichts nachweisen. So war es. Und aus welchem Grund sollte er etwas sagen, außer im Ausdruck größter Empörung: »Ich habe auf eine anwaltliche Vertretung verzichtet, weil ich selbst Jurist bin. Sie halten mich zu Unrecht fest. Ich verlange also, mich wieder auf freien Fuß zu setzen. Es ist doch Willkür hier, Sie haben keinerlei Beweise vorgelegt und ich werde mich über die Art und Weise, wie Sie mich behandelt haben, beschweren. Ich wurde bei der Festnahme verletzt.«

Er beobachtete, wie die beiden einander Blicke zuwarfen. Die Blonde blickte mürrisch drein. Der Polizist hingegen lächelte. Er sagte: »Zu den Beweisen werden wir noch kommen«, und wollte abermals wissen, wo er gewesen sei.

Was sollte er auf diese Frage schon antworten. Er schüttelte nur den Kopf. Wenn er erst wieder draußen war, würde er das Schiff hinüber nach Bregenz nehmen und an Deck ein Glas trinken, bevor es einen schönen Abend im Casino geben würde. Gerade, ja gerade hatte er einen Lauf, einen richtigen Lauf. Er würde *Colonne* setzen, danach *Carré*. Für die Blonde hatte er nur einen mitleidigen Blick. Sie werkelte gerade mit dem Papierstoß herum, der vor ihr lag, zeigte ihm dann ein Foto und wollte wissen, ob er schon mal gesehen habe, was darauf abgebildet war – ein Metallstab. Er schüttelte den Kopf und sah zur Seite weg.

Sie zeigte ihm weitere Fotos. Manchmal warf er einen kurzen Blick darauf. An einem blieb sein Blick doch länger hängen, als er es gewollt hatte. Sigismund! Er lag auf einem dieser hässlichen Edelstahltische, wie man sie im Fernsehen öfters in Krimis sah. Sein Schädel sah furchtbar aus.

Er sah wieder weg.

Der Polizist beugte sich ein wenig über den Tisch und sagte: »*Er hat keine Feinde, und alle seine Freunde hassen ihn.*« Er erinnerte sich daran, das gesagt zu haben und nickte.

Der Polizist sagte: »Wir haben Ihre DNS auf dem Tatwerkzeug sichern können.« Er nahm es zur Kenntnis und registrierte, wie das elektrisierende Gefühl stärker wurde. Er hatte einen Lauf zurzeit.

Der Polizist sagte wieder etwas. Es war nun deutlicher, klarer und lauter zu vernehmen. »*Den Freund kennzeichnet es vor allem, dass er nicht richtet.* Herr Trehle – hat Sigismund von Bratz über Sie gerichtet? Hat er das? Haben Sie ihn deswegen erschlagen?«

Trehle lachte ein lautloses, angewidertes Lachen. Was wusste dieser Polizist schon von Sigismund, von ihm und von Freundschaft und wie sie verraten wurde, wie gerade Freunde einen zutiefst mit Füßen treten konnten, so wie es Sigismund getan hatte. Er … er hatte ihm die Idee mit der Stiftung unterbreitet, alles vorbereitet, auf dem Tablett sozusagen, und aus dem Nichts tauchte diese Schwarzhaarige mit den erotischen Lippen und verheißungsvollen Augen auf, und um den Kerl war es geschehen. Angeplärrt hatte er ihn, angeplärrt! Droben im Dachgeschoss: »*Wie käme ich dazu, dir diese Stiftung zu überlassen … wie käme ich dazu! Ruinieren würdest du alles, so wie du dich selbst und andere ruiniert hast mit deiner verfluchten Spielerei!*« Beschämend. Beschämend war es gewesen. Auf seine alten Schinken hatte er gezeigt und voller Zorn gepoltert: »*Du glaubst doch nicht, ich wollte, dass das hier als Jeton auf dem Spieltisch landet!?*« Und sich selbst als helfende Hand dargestellt, weil er ihm die Immobilien *zu einem anständigen Preis* abgekauft hatte! *Den Freund kennzeichnet es vor allem, dass er nicht richtet.*

»Ja!« Er erschrak, seine eigene Stimme so laut und sicher zu hören. War er es wirklich, der gerade gesprochen hatte?

Der Polizist fragte, nicht ganz ohne Überraschung in der Stimme: »Sie geben die Tat also zu?«

»Nein, natürlich nicht.«

Die Blonde fing wieder an zu reden und das in einer Art, wie er sie nicht ausstehen konnte – leise, nachdrücklich, bestimmt, selbstsicher und mit einer Spur Hohn, denn sie empfahl ihm, dem promovierten Juristen, dringend, einen Anwalt hinzuzuziehen. »Die Spurenlage ist verheerend, Dr. Trehle – Mord oder Totschlag, das ist hier die Frage.«

Er warf ihr einen vernichtenden Blick zu. Ob sie jemals eine *Voisins du zéro* gespielt hatte? Wohl eher nicht.

Der Polizist sprach nun wieder: »Wir haben Ihre DNS auch an der Metallbox an der Lindenschanze gesichert, von wo Sie die Tatwaffe haben. Sie haben sich dort verletzt – an einem Drahtstift gestochen, der Ihre Lederhandschuhe durchdrungen hat, und Sie bluteten. Vermutlich haben Sie es gar nicht bemerkt – das Adrenalin. Die Handschuhe saugten das Blut auf.«

Er sah ihn gnädig an. Sie stellten ihm natürlich eine Falle, wie sie das immer machten.

»Im gusseisernen Ofen, draußen in Wasserburg, im Haus Ihrer Großeltern, da haben wir in der Asche Lederreste sichern können. Es handelt sich um exakt das gleiche Leder, aus welchem auch die mikroskopische Anhaftung bestand, die sich in eine feine Metallkante auf der Tatwaffe eingefräst hatte. Sie hätten sie nicht ins Wasser werfen sollen.«

Dieser Polizist klang, ganz anders als die Blonde, gelangweilt. Er sah ihn an und in der Tat – er zeigte kein sonderliches Interesse an ihm, erwiderte nicht einmal mehr seinen Blick. Ein unerträgliches Benehmen. Er würde das in seine Beschwerde mit aufnehmen.

Die Blonde klang nun nachsichtig, als spräche sie mit einem Kind, dem sie ein dummes Verhalten vorhalten wollte: »Was sollte das mit der Schubkarre bezwecken, Herr Trehle?«

»Doktor …«, hörte er sich sagen.

»Entschuldigen Sie bitte, Herr *Doktor* Trehle, was sollte das mit der Schubkarre bezwecken?«

Er sah sie fahrig an und fragte sich, aus welchem Grund diese Frau das interessierte, wo es sie doch nichts anging. Es war gar nicht so einfach gewesen, Sigismund auf dieses Ding zu bugsieren. Was für eine Freude wäre gewesen, ihn vor der Tür dieser Schwarzhaarigen abzukippen – wie einen Sack. Er lächelte bei dem Gedanken. Doch er war mit dem Rad an einen dieser dummen Steine an der Baustelle gestoßen und das Ding war umgekippt. Warum auch immer, aber er hatte den Freund-Verräter nicht mehr in das Ding gebracht, dessen Eisenständer laut auf dem Kopfsteinpflaster gekratzt hatten, und dann war da das Auto gekommen und gleich danach waren Schritte zu hören gewesen. Ließ er den Sack eben liegen, wo er lag.

»Kann ich endlich gehen?«, fragte er bestimmt.

Die Blonde packte ihre Dokumente zusammen und sah zu ihrem Kollegen. Die beiden schwiegen eine Weile. »Sie werden in die Justizvollzugsanstalt verbracht, Herr Dr. Trehle«, sagte die Blonde.

Er schlug mit der Hand auf den Tisch und wurde laut: »Ich habe Termine … heute Abend!«

Der Polizist lächelte ihm mit bitterer Miene zu. »Gewiss … gewiss. Ich weiß auch wo und mit wem.«

Die Blonde war völlig gallig und fuhr ihn an: »Game over! Trehle … Doktor Trehle! Game over!«